国家出版基金项目
NATIONAL PUBLICATION FOUNDATION

"十三五"国家重点
图书出版规划项目

中华印迹

——中国印章功用和美学通史

（中）

周晓陆　王锐　主编

广西美术出版社

◎

目录

中

中国艺术印章

引言

关于中国印章艺术与分期

第一节　中国古代实用玺印的艺术探讨

中国古代玺印是中国古代文物的重要组成部分，它具有文物所包含的历史价值、科技价值、艺术价值（审美价值）和特殊的商品价值。在讨论中国印章艺术的时候，我们可以把它的艺术价值抽取出来研究。中国印章所表现出来的艺术品质是举世公认的中华民族艺术的重要表现，尤其是到了宋代之后的文人流派艺术印章，更是使中国印章和中国水墨画、中国书法三足鼎立，成为中华民族特有的艺术表现形式，表达了中华民族乃至东方的审美情趣和艺术创造。

图 0.1.1
东阳洢泽王卩（节）鍴

作为一类有悠久历史的器物，中国玺印从诞生之日起，就包含着古代东方的艺术情趣，这点主要透过印面的文字和内容表达出来，也表现在印章的印体、钮式甚至材质等方面。在中国古代实用玺印发展的过程中，其特有的艺术品质已在本套书的上卷表达得比较充分，但此时的玺印表现为其实用意义是第一性的，审美意义是第二性的，当然，这种实用和审美在同一件物体上不可分割，这一点，和所有的古代文物所遵循的实用审美原则大体一致。在中国古代实用玺印的发展中，印章的审美价值达到了很高的水平，虽然这还不是自觉的审美认识和治印艺术家的专门创造，但是它和印章的适用性、认证性、表达性以及彰显自我所必需的美感有关。

图 0.1.2
郙邦信鉨

在古代实用玺印的审美研究当中，印面的艺术是第一位的，印体艺术则是第二位的，这也表达了这类特殊文物的艺术关注的重心之所在。

我们在上卷的研究当中，把中国古代实用玺印的发展以南北朝后期、隋唐时代为界，分为前后两大段。一般，人们认为前一段的审美价值要更高一些，因为它们凝聚着令人惊叹的精美的艺术史实，并从其艺术营养中总结出了一些印章艺术发展的规律性问题；它们的美学意义在宋元时期，即由苏轼、米芾、吾丘衍等艺术家、印学家初步给予揭示，长期以来印艺界所称的“印宗秦汉”的传统正在这一段。

图 0.1.3
司马参

至于中国古代实用玺印发展后一段，在它所包含的艺术气质的研究和探讨上，要相对弱于前一段。当然，这一段对后来早期文人艺术印章的发展产生过直接或间接的影响，也依然值得我们重视。并且印人在新的时代条件下摆脱艺术评论当中的追求“隔代亲”现象，更为深入地吸收了南北朝后期、隋唐、宋元时期实用印、公用印当中的美学营养。

自北宋以来，文人流派印的出现，印人的艺术自觉的出现，使得我们应当反观一批又一批的印人艺术家：他们大量的治印创作主要向中国古代实用

图 0.1.4
大莫嚣鉨

玺印汲取了哪些营养呢？我们认为可归纳为以下几点：

1. 从“蓬勃期”中吸取了富有个性的天趣，各呈风姿、古意深邃的列国玺印给印人以极大启发。（图0.1.1—图0.1.4）

2. 从“典则期”中吸收了广博丰厚的营养，既有严整肃穆的面貌，如秦汉公印；也有婀娜飘袅的仪态，如新莽公印；还有多姿多彩的性格，如此时期的大量私印。这一时期吸取的艺术营养，常常成为后代印人的开蒙之科，即“印宗秦汉”。（图0.1.5—图0.1.8）

图 0.1.5
邦候

3. 从“涣解期”中吸收一种印章文字挣扎探索的精神，一种艺术的反叛精神，无论尖锐凌厉，还是萧散随和，都凸现了顽强的个性风骨，这在现当代印艺创作中表现十分突出。（图0.1.9—图0.1.10）

4. 从“蓬勃期”起即有一定数量出现，而在“更变期”成为典范的阳文大印面印章，吸取了“圆朱文”的营养。所谓“圆朱文”，归功于赵孟頫的创造可能是不准确的，说赵松雪善于汲取隋唐及隋唐以前的类似优良传统入印，可能比较符合实际。（图0.1.11—图0.1.12）

图 0.1.6
阳成婴

5. 古代实用印之中的艺术营养是多样化的，比如肖形印、押印对艺术流派印章的创作都产生过积极的影响。（图0.1.13—图0.1.15）

6. 古代泥封、印陶文字、烙印文字等，在抑印内容上显现出的自然、拙朴、生涩的风格，也为自清代之后直至近现代的印人广泛吸收。（图0.1.16—图0.1.19）

以上这几个方面的总结，主要是指印面艺术方面，也可以认为是影响后来印章艺术的六种古典的传统范式。从长期的文人治印实践看，他们所吸取的传统实用印章的艺术营养，主要集中于实用玺印的前一段；实用印章后一段的艺术营养，在近年来也愈来愈多地被人们所关注。

图 0.1.7
朱庐执刲

在相当于中国古代实用玺印发展的第二段，文人流派艺术印逐渐出现并迅猛成长，越来越浓重地体现了艺术个性，体现了自觉的艺术追求，并且与实用印章尤其是公用印章发生了越来越彻底的分裂，这标志着真正意义上的文人流派艺术印章的出现。流派艺术印创作与实用印章的根本不同之处在于：艺术流派印章审美是第一性的取向，实用性是第二性的；如审美取向不能在作品中体现，则宁可放弃对实用性的追求。艺术流派印章是个性化的创作，它一般排斥了如同公印一般的整齐划一的表现；同时，主要根据文人的生活艺术的需要，借鉴历史上已有的传统，又不断创制出了多种印章艺术的品类。

以审美为第一性的全新取向的印坛开山鼻祖究竟是谁，至今在研究者间仍有争论。沙孟海曾经指出，北宋的伟大艺术家米芾有着治印实践，也有初步的理论探讨，是流派艺术印章的开山之作者，这是非常之灼见。开山鼻祖

图 0.1.8
延命子家印

不一定是印学理论或治印实践上最为成熟、最高成就者，所以现代的人们不应当苛责米芾的一些貌似稚拙而难能可贵的治印活动。

元代是中国艺术印学趋向成熟的时期，或称为长成的时期。标志之一是第一部研究印学的理论著作——吾丘衍的《学古编·三十五举》面世；标志之二是元代赵孟頫、吾丘衍、钱选、吴叡、褚奂、王冕等一批比较成熟的印人的治印实践。

到了明代，治印理论与艺术获得了突出的进步。明代的文彭、何震是流派印章艺术史上具有开派意义的先行者，他们的实践与理论，对中国印坛影响巨大。文、何之后，大致以徽（皖）、浙两派的此长彼消为主线，数以十计的大小流派如群龙弄江，把明清艺术印坛搅动得如沸水一般。诸多印人如颗颗璀璨的明星，相继升起在艺术的天幕。约略一数，其中的杰出人物有明朝的归昌世、李流芳、陈万言、顾听、梁千秋、程原、胡正言、赵宧光、金光先、魏植、苏宣、程远、何通、丁元公、甘旸、汪关、朱简、徐上达、沈野等；明末清初的程邃、黄吕、汪肇隆、林皋、许容等；清代的"扬州八怪"画家群体之中，也有多位治印好手。到了丁敬开创的浙派，先后举名的"西泠八家"（丁敬、蒋仁、黄易、奚冈、陈豫钟、陈鸿寿、赵之琛及稍晚的钱叔盖），都是艺、论均臻上乘的大艺术家；董洵、巴慰祖、胡唐、王声，又是一批力图恢复古代玺印面貌的俊彦；由邓石如兴起，皖派又添灵秀之气。

图 0.1.9
般伷之印

到了清代晚期，治印艺术更见精彩。金石等收获层出不穷，给予印学以开阔的眼界与充沛的营养。徽（皖）、浙两派在艺术上逐渐合流，新的作者、地方性流派不断出现，此时有吴让之、赵之谦、徐三庚、吴昌硕、胡钁、黄牧甫等名家巨匠辈出，创造了蔚为壮观、空前鼎盛的美景。亦是在此时，中国流派印章艺术大面积地传至东邻、远播海外，作为绮丽的东方艺术为世人所关注。

近现代以来，艺术印坛更是姹紫嫣红、争奇斗艳，逐渐取得并巩固了与国画、书法鼎足而三的地位。这段历史又是受着时政影响，一波三折地发展，首先是由清代的鼎盛阶段略显下行而艰难过渡，又在20世纪70年代迎来了中国印章艺术的再次腾飞。目前的问题在于，应当把近百年来的印艺创作再做很好的流派梳理与总结，找出规律与艺术特质，将"没有流派便没有艺术"的思想变为现代艺术印人的自觉实践。

图 0.1.10
冠军将军印

图 0.1.11
日庚都萃车马

图 0.1.12
卫国公印

图 0.1.13
战国肖形印

图 0.1.14
西汉肖形印

图 0.1.15
王（押印）

图 0.1.16
八思八文加押

图 0.1.17
格氏左司工

图 0.1.18
沅阳府

图 0.1.19
丽山饲官

第二节　中国艺术印章的分期尝试

本书对于中国艺术印章的分期，归纳为以下谈及的几个时期。这种分期是本书的一种尝试，其依据有两点。第一是中国古代历史的纵线，尤其是宋代以降王朝断代史的影响，这种影响仿佛树立了一棵“时间树”，文人印章的艺术创作不过是“时间树”次第发展过程中琳琅满目的艺术果实而已。第二，要考虑印章艺术本身传达的时间空间的递进关系，有艺术影响的问题，有师徒传承的问题，有流派曲折发展的问题，甚至有作者本人印风前后演进的问题，所以在这个意义上来说，这个分期又是允许有模糊界面的，即在两期之间存在着亦此亦彼、非此非彼的现象，须知艺术的分期是不可能绝对精确的。这种分期只是一种尝试，还要请印学界同仁、艺术史界同仁、读者们给予批评指正。下面简略地介绍各个时期。其中，第一个时期，即所谓的“史前期”在本卷当中不再以整章介绍，上一节讲到的六个方面的古典的营养，实际上就是“史前期”的内容浓缩。关于各期名目，本节以目录的形式做简要介绍。

1. 史前期。这一期从中国玺印起源到宋代之前。为什么称这一时期为“史前期”？因为自觉治印的艺术家队伍尚没有出现，重要的印学理论著作也没有出现，它是作为文人印章艺术的“史前”发展阶段，是古典玺印为后来艺术印章的发展奠基、储备的重要阶段。本卷不再介绍本期的具体问题。

2. 萌生期。这一期，我们把它定在宋代。这是因为宋代的印学理论、印人和印谱、书画鉴藏印已成批量出现。宋代的实用公印对艺术家印章实践产生了重要影响，出现了最早的关注印章艺术的重要人物，如苏轼、米芾等。

3. 长成期。这一期主要在元代，以赵孟頫、吾丘衍、王冕等人的创作和印学理论为代表。这一阶段是比较纯粹的艺术印章出现时期，也是治印艺术家群体出现的时期，比较成熟的中国文人艺术进入了实质长成的阶段。

4. 集派期。它发端于明代文彭、何震等人的实践，是明确的、具有个性的中国文人艺术流派出现的时期，这种艺术的集派意识与实践，对于后来中国印章艺术发展影响重大。也是在此时，中国文人艺术的重心逐渐转向江南地区和东南地区。

5. 繁荣期。这一时期的重要标志是皖派、浙派的形成、抗衡和彼此消长。这一时期，流派逐渐清晰，并有意识地梳理早期传统前辈印人的工作，应用到流派的全面繁荣之中。本期的许多重要印人的风格，成为后一期印人直接师承。

6. 鼎盛期。这一期大致在清代晚期。清代晚期几大家形成，浙派、皖派逐渐合流，金石学乃至考古学元素介入，独立的文人的艺术水平在现代发展之前达到了最高阶段。

7. 过渡期。这一期指清末以后，到民国时期。这一时期，由于战乱以及政治经济动荡的影响，文人艺术印的整体水平不是很高，但是受着繁荣期、鼎盛期印艺的影响，还是能在一个高水准上艰难地向前发展，有一些大家巨匠出现。尤其值得指出的是，这一时期地区性的印派林立，现代意义上的社团活动和学院式的教育出现，出版物和印章市场也趋于活跃。

8. 腾飞期。这一期主要指1949年之后，中国现代印章艺术的发展。这一期是一波三折的，有20世纪五六十年代的快步发展，有60年代后期到70年代的沉寂，还有70年代后期之后的大幅度的飞跃发展。主要受着考古学、文物学发现的刺激，受着繁荣期以来的营养的滋润，这一时期的印章艺术，在与中国水墨画艺术、书法艺术的三足鼎立中，成为最为鲜明、语言最为丰富、历史传统和现代理论研究最为成熟的一支。

本卷从第一章到第七章，将比较详尽地介绍中国艺术印章各个时期的发展情况。在本书的下卷讲述印章材质与印体艺术的时候，可以依照本章的思路，考虑中国古代实用玺印对宋以后用材和印体艺术方面的种种影响。

第一章

萌生期——宋代

宋代是中国古代文化史上的繁荣期，也是古代艺术印章的萌生期。之所以说是古代艺术印章的萌生期，是因为宋代在实用公印之外，出现了偏重艺术审美的文人篆刻艺术。宋代文治天下的社会背景，大批杰出艺术家的出现，以及从商代晚期以来两千余年间实用印章所积淀的艺术营养，合力孕育出了艺术印章。这一时期，以私印、词语印为主的文人用印形式多样、艺术个性突出。不少文人士大夫开始参与艺术印章的创作与设计，如大书法家米芾等，不仅参与了印稿的设计，还对古印和北宋公印的鉴赏颇有见地。以宋徽宗“宣和七玺”为代表的书画鉴赏印流行，成为后世“书、画、印”三位一体的文人书画模式的渊源。篆刻艺术家和金石学家开始对印章进行整理，开创了篆刻印谱和古玺印谱的先河，成为后世金石学家和篆刻家编辑印谱时追摹的对象。

第一节　宋代公印的形式变革与美学内涵

后周显德七年（960年），赵匡胤率部发动“陈桥兵变”，建立宋朝，史称北宋，至此中原地区长达半个多世纪的动乱局面结束。至宋太宗赵光义太平兴国四年（979年），除北方契丹族统治的辽国外，汉族聚居地基本归于宋朝统一中央集权统治。宋朝统治者从长期战乱的历史教训中吸取经验，通过强化文治和改革科举制度来加强自己的集权统治。在这一过程中，统治者出于自身爱好以及统治需要，大力发展文化艺术，书法、绘画、金石鉴藏与考据都有突破性的发展，宋代印章艺术也随之发生了巨大的变化。

宋代公印制度在经历五代十国时期的繁杂多变之后，亟须做出与其中央集权的一统性质相符合的调整，而这种调整势必与前朝（唐、五代）有所联系又显著区别。宋太祖于乾德三年（965年）下诏重铸中书门下、枢密院、三司使印。据《宋史・舆服志》记载：“先是，旧印五代所铸，篆刻非工。及得蜀中铸印官祝温柔，自言其祖思言，唐礼部铸印官，世习缪篆，即《汉书・艺文志》所谓屈曲缠绕，以模印章者也。思言随僖宗入蜀，子孙遂为蜀人。自是，台、省、寺、监及开封府、兴元尹印，悉令温柔重改铸焉。”可以看出，宋代公印改弦更张的原因是五代时公印“篆刻非工”。“工”者，巧饰之意，象人有规矩之形，徐锴的解释是“为巧必遵规矩、法度，然后为工”。五代时期的公印制造与使用匆促粗率，失去法度，因此宋代必须加以整肃。据《宋史・职官志》记载，少府监设有“铸印篆文官二人”，承担公印改革重任的铸印官是祝温柔。祝温柔的祖辈祝思言是唐僖宗时的礼部铸印官，故世习缪篆。所谓“缪篆”，是专门用于摹刻印章用的篆书，因笔画屈曲缠绕，形体平方匀整，饶有隶意，故称为“缪篆”。东汉许慎《说文解字·叙》载“五曰缪篆，所以摹印也”，缪篆在汉新莽时为官定“六书”之一，相当于秦八体书中的“摹印”。

从这一点来说，祝温柔可算是中国玺印篆刻史上极为重要的人物。因为唐、五代的公印，主要还是采用圆转婉丽的小篆书体入印，这实际上与秦汉魏晋以来的印章制度差异明显，是对秦汉玺印系统的制作和审美的解构和颠覆。但是从北宋祝温柔开始，力图返回“缪篆”体系，将公印这一用于执信的“国之重器”的文字形式和审美，再次恢复到秦汉时代的印章审美理想中去。当然，从实际结果的呈现上看，由于政治历史的发展，也由于物质条件和生产技术的改变，祝温柔所开创的公印形式必然是一种新的艺术风格，这种艺术风格是蕴藏了他个人审美理想的新的秦汉“缪篆”之美。宋代公印的特征体现在以下几点：

首先，宋代公印印面加大，印章边栏加粗。宋公印基本沿袭了唐代公印的大尺寸，具体在一寸八分至二寸一分之间，但是相对于隋唐五代公印的边栏而言，则加粗了很多，正如米芾所说的“近三馆秘阁之印，文虽细，圈乃粗如半指”。而宋代公印边框的粗度又随时代发展而不断加粗，南宋时更倍于北宋，如南宋“建炎谏官之印”。硕大的印面，加粗的边框，使得宋代公印呈现出一种庄重、威严之美，体现出一种具有权威性的正统感和仪式之美，这既是出自实用性的需要，也是在印章历史上未曾出现的新的审美风尚。

其次，宋代公印的印文对汉代缪篆进行加工改造，刻意增加笔画的蟠曲与缠绕，形成叠篆。唐代公印在增大的印面中，所使用的依然是小篆的字法，虽略有蟠曲之处，但基本笔画并未明显增饰，甚至有的字（如“印”字）还出现简省合并的意味，故印面的留白较多，显示出空阔简寂的审美意趣。宋代公印改变了唐代公印蟠条焊铸的制作方法，印面整体铸造，印文也改变五代公印“非工”的状况，采取了层叠蟠曲的增饰方式，将简单容易的笔画而造成印面空白的文字加以复杂的堆叠，从而使得每个字笔画之间的留白均匀，每个单独的印文都成为方正匀称的块面。加之印章边栏粗实，因此全印呈现出紧实茂密、均匀丰满的统一性。宋代公印文字的叠化程度亦随时间推移而逐渐加强，与边栏加粗程度的推进基本一致，最终在南宋及金代成熟定型，如南宋“尚书省印”（钤于安思远本《淳化阁帖》，图1.1.1）等印。

图 1.1.1
尚书省印，尺寸 4 cm × 3.8 cm

宋代公印的这种改变来源于制度的变化、制作方式的差异，以及使用条件的变化，但也不可否认其直接体现出以祝温柔为代表的宋代统治阶层审美观的变化。后世常称宋代公印文字为“九叠文”（事实上并非均一的“九叠”，而真正将这种叠化发展到极致的是金元时期），每一个字都被屈曲盘回成一个文字迷宫，一印中若干个小“迷宫”又融合成一个大“迷宫”，因此宋代公印印文的辨识往往并非一眼即知，而是颇费工夫。如此这般，中国印章的印文首次被赋予了一种迂回曲折、萦绕不已的复杂感，形成一种程式化、复杂化、神秘化的图像。宋代公印的这种变化，多少能够体现出符合于中央集权政治的权威、庄严、肃穆，由那些复杂的线条所带来的深邃莫测的神秘美感，也与高高在上的皇家威仪相符契。这种来自官方的审美不仅深刻地影响了宋代文人用印（私印），还对辽、西夏、金以及后世元、明、清、中华民国甚至新中国成立后的公印体系和审美标准做出了框定，影响深远直达千年。

第二节　宋代书画鉴藏印

宋代在经历前代频繁的战乱更迭之后，统治者重视文治，宋代社会也形成了重视文化艺术的风气，上至皇帝、宗室，下到士大夫、文人，书法、绘画、诗文、典籍等成为其精神生活的重要组成部分。与唐代不同的是，在经历过巨大的战争和社会动荡之后，前代遗存的法书、宝绘、图书散失与毁弃严重，因此前代艺术家的作品，往往更加受到宋代文人的珍视与爱护，宋代鉴藏印章的兴盛与丰富，与此有着重要的关联。

书画鉴藏印记的由来，早期可以上溯到唐代窦臮《述书赋》的记载，据说东晋仆射周顗有“古小雌文”的名章，钤于书画之上。窦臮在这里特别强调是“古小雌文”，“雌”者，阴也，即尺寸较小的白文印。唐代私印印面逐渐增大，且由于进入钤朱时代，印文多为朱文，周顗印章的印文被窦臮称“古”，可知这方印章确实与唐时习用的印章文字有较大差别。亦说明从东晋时起，已经有人将本来施钤于封泥之上的小私印，以印色印于绢本或纸本之上，可惜这枚印记今天已经无法看到。

唐代书画鉴藏印已经逐渐增多，如太平公主武氏家所用“三藐毋驮”玉印、张怀瓘所用“张氏永保”等，在《述书赋》中皆有详细记载。其后张彦远在《历代名画记》中专辟《叙古今公私印记》一章，所记录前朝及唐人书画印记更多，说明书画鉴藏印在唐代已经开始普及。宋代鉴藏印章印迹较之唐代保存得更多，从皇帝使用的内府鉴藏印，到大臣、官员、文人的私家鉴藏印，可谓蔚为大观。唐代皇室鉴藏印目前虽存有“贞观”“开元”“神

图 1.2.1
御书，尺寸 5.3 cm × 5.5 cm

龙”等，但除“开元”小印外，大都未必可靠，可能出于宋人摹刻，然而宋代内府鉴藏印之名目众多，令人叹为观止。如宋太祖有“秘阁图书”；宋徽宗有“御书”（图1.2.1、图1.2.2）、“宣和中秘”（图1.2.3）、“双龙”、“宣和”（图1.2.4、图1.2.5）、“政和”（图1.2.6）、“内府图书之印”、“睿思东阁”（图1.2.7），“重和”、“大观”等数十种之多，如果算入印文相同而形式不同者，更远超此数。南宋高宗赵构的鉴藏印数量更超过其父徽宗，有“乾（卦）”、“太上皇上之宝”、“损斋书印”（图1.2.8）、“希世藏”、“绍兴”（图1.2.9—图1.2.13）、“德寿”、“德寿宫书籍印”、“内府书印”、“内府图书”、“机暇珍赏”、“睿思东阁”、“睿思殿印”、“德寿殿宝”、“御府图书”、“御府法书”、“建炎”、“真阁”（图1.2.14）等二十余方。除皇帝之外，后妃也有鉴藏印，如高宗吴皇后有“坤（卦）”小印，刘妃则有“奉华堂”“闭关颂酒之斋”等。

徽宗内府某些鉴藏印的施用，已经形成制度和规矩，尤以内府装裱的古书画卷轴为典型。据徐邦达总结，徽宗赵佶常钤于书画卷上的印章有七玺，其具体使用规则如图1.2.15，七印均为朱文：1.“御书”葫芦形印；2.“双龙”印（圆形用于书法，方形用于绘画）；3.“宣和”连珠印；4.“政和”长方印；5.“宣和”印；6.“政和”连珠印；7.“内府图书之印”。第一印钤于绫卷天头中上部，第二、第三印分别用于前隔水与书画本幅上下接缝处，第四、第五印分别用于本幅与后隔水上下接缝处，第六印用于后隔水中上部，第七印用于赙尾纸上部。其中第四印有时改为“重和”或“大观”，但较少见。[1]

这种对内府珍藏书画的重视程度而衍生出来的用印制度，后来也被金章宗内府沿用，其鉴藏印套系亦为七枚（各家记述印文稍有异同），被称为“明昌七玺”：“秘府”葫芦印、“明昌”印、“明昌宝玩”印、“御府宝绘”印、“内殿珍玩”印、“君玉中秘”印、“明昌御览”印，其施用规则和部位与徽宗内府装卷完全一致。宋徽宗、金章宗的鉴藏印钤盖于书画上时一般有固定的位置，如“绍兴”印大多钤盖于本幅后下半部，古书画中有钤印位置错乱不合规矩的，则是后人伪造添加者。这样的用印规律符合书画装裱的形式规律，显示出皇室审慎、隆重的态度以及对于古书画的珍重，更兼有杜伪防奸作用，使得他人无法仿冒。

值得注意的是，宋代内府用印中的某些印章，往往不止一种，有的甚至

图 1.2.2
御书，尺寸 5.4 cm × 2.9 cm

1　徐邦达：《略论唐宋书画上所钤的公私印记》，载《印学论丛》，西泠印社，1987，第 108 页。

图 1.2.3
宣和中秘，尺寸 5.8 cm × 2.6 cm

图 1.2.4
宣和，尺寸 3.7 cm × 1.9 cm

图 1.2.5
宣和，尺寸 3.8 cm × 1.9 cm

图 1.2.6
政和，尺寸 2.8 cm × 1.7 cm

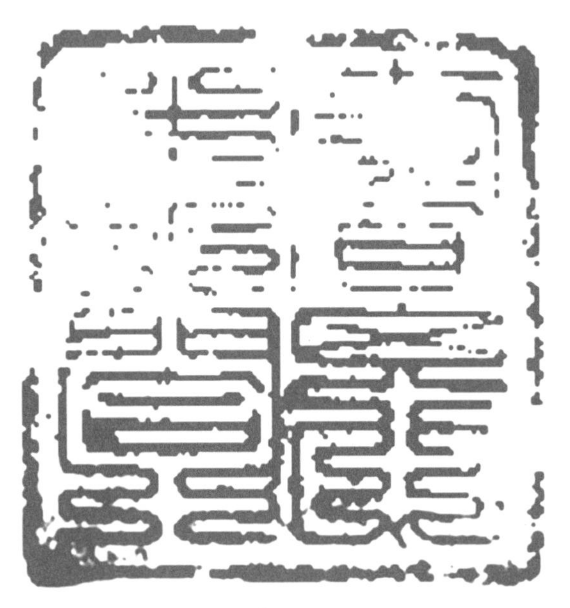

图 1.2.7
睿思东阁，尺寸 7.5 cm × 7.3 cm

图 1.2.8
损斋书印，尺寸 4.6 cm × 4.5 cm

图 1.2.9
绍兴，尺寸 3 cm×1.5 cm

图 1.2.10
绍兴，尺寸 2.9 cm×1.5 cm

图 1.2.11
绍兴，尺寸 3.6 cm×1.6 cm

图 1.2.12
绍兴，尺寸 3.3 cm×1.6 cm

图 1.2.13
绍兴，尺寸 3.8 cm×1.7 cm

图 1.2.14
真阁，尺寸 4.3 cm×2.7 cm

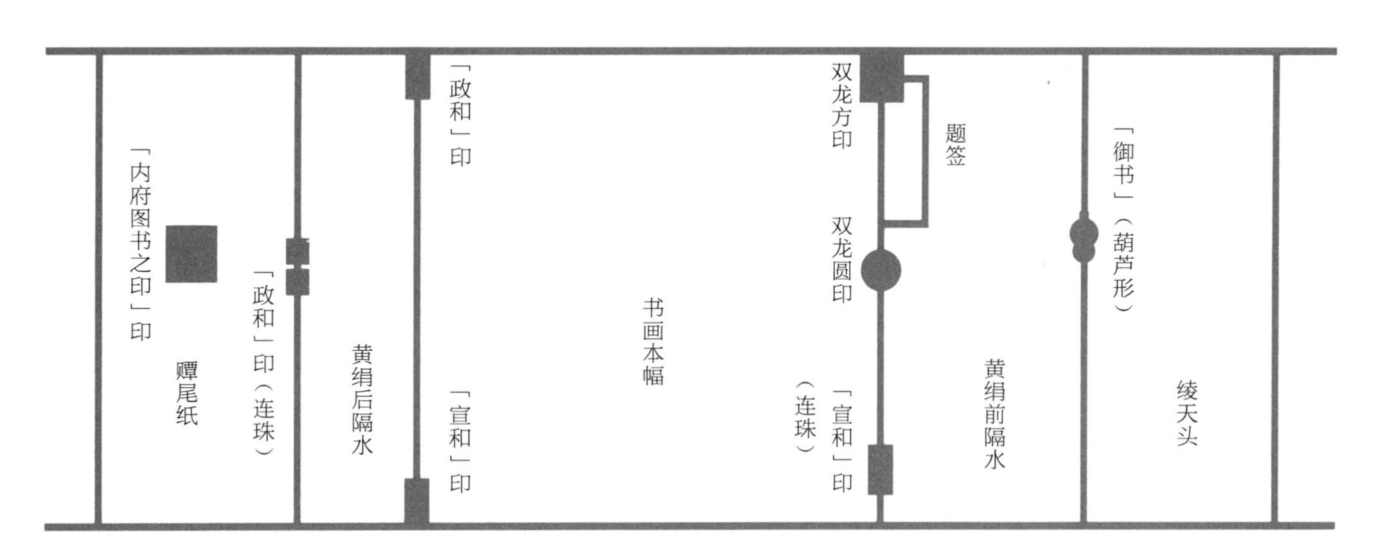

图 1.2.15
宋徽宗宣和七玺钤印部位示意图

多达四五种，如“政和”“宣和”“绍兴”等，往往同文而多式，其形式往往大同小异，或者字法、章法差别明显，这说明从宋代皇室开始，印章的凭信功能已经不是唯一的使用目的，同文而形式各异的印章的大量出现，说明此际已对印章的艺术特性有所关注。

在宋代官方装裱敕赐的刻帖之上，也有公印的出现，如上海博物馆所藏《淳化阁帖》第四、六、七、八卷，出现了另纸钤拓的南宋“中书省印”“门下省印”“尚书省印”三方印迹，这三枚印迹虽出现在宋孝宗淳熙十年（1183年）右丞相、枢密院使王淮题跋之下。但据《宋史·职官志》记载，建炎三年（1129年）中书、门下二省合并为中书门下省，故三省公印很可能是“官藏本”或“敕赐本”的标志。同帖之上，还出现了时代风格归属为北宋早期的“艺文之印”半印（图1.2.16）。“艺文”作为六艺群书的概称，意义范围很广，《宋史》亦汇集内府收藏历代图籍目录为《艺文志》，这一印章的出现，十分符合官方收藏的语境，也可一窥宋代官方鉴藏印的施用模式。[2]

图 1.2.16
艺文之印，尺寸 3.9 cm × 2 cm

宋代私人鉴藏印在这一时期也很多，蒋易《图书序赠李子奇》云：“元章晋唐真迹有收附图书，文曰‘米姓秘玩’，后人竞并为秘玩、珍玩、清玩、清赏之印者，自元章始。”米芾有“米氏审定”“宝晋斋”“米氏审定真迹”等一百多方自用印，在“兰亭八柱”褚遂良摹本的米芾诗题后就同时使用了“楚国米黻”（图1.2.17）、“楚国芊姓”（图1.2.18）、“米黻之印”（九叠篆，图1.2.19）、“米姓之印”（图1.2.20）、“米黻之印”（图1.2.21）、“米黻”（图1.2.22）、“米黻之印”（白文，图1.2.23）、“米黻”（竖式，图1.2.24）、“祝融之后”（图1.2.25）等九方印。经米芾收藏的古书画上几乎都有米芾鉴藏印，这也符合他自作诗所说的“跋印多时俗眼美”的观念。

图 1.2.17
楚国米黻，尺寸 2.5 cm × 2.1 cm

此外，韩侂胄有“绍勋”印，见于北宋崔白《寒雀图》与宋临顾闳中《夜宴图》上。张澂有“西秦张澂”“西秦张澂之印”“庋藏宝玩”等印，见于杨凝式《神仙起居法》上。贾似道有“悦生”（葫芦形，图1.2.26）、“似道”（图1.2.27）、“秋壑图书”（图1.2.28）、“机暇珍赏”、“贾似道印”、“秋壑珍玩”（图1.2.29）、“贾似道图书子孙永宝之”、“长”、“秋壑”（图1.2.30）等印，见于黄庭坚《松风阁诗卷》、赵佶摹张萱《虢国夫人游春图》卷、王羲之《快雪时晴帖》等名迹之上。李玮有“李玮图书”（图1.2.31）、“平海军节度使之印”，见于王羲之《奉橘

图 1.2.18
楚国芊姓，尺寸 2 cm × 1.8 cm

---

2 孙慰祖：《新收〈阁帖〉所见两宋印迹考》，载《可斋论印三集》，上海辞书出版社，2007，第 145 页。

图 1.2.19
米黻之印，尺寸 2.5 cm×2.5 cm

图 1.2.20
米姓之印，尺寸 2.3 cm×2.3 cm

图 1.2.21
米黻之印，尺寸 2.9 cm×2.7 cm

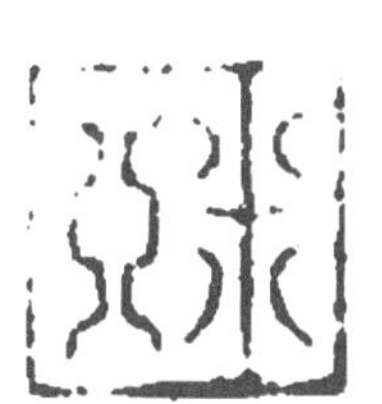

图 1.2.22
米黻，尺寸 2.2 cm×2.2 cm

图 1.2.23
米黻之印，尺寸 2 cm×1.9 cm

图 1.2.24
米黻，尺寸 2.5 cm×1.2 cm

图 1.2.25
祝融之后，尺寸 4.3 cm × 1.9 cm

图 1.2.26
悦生，尺寸 2.7 cm × 1.9 cm

图 1.2.27
似道，尺寸 2.5 cm × 2.5 cm

图 1.2.28
秋壑图书，尺寸 4.5 cm × 4.3 cm

图 1.2.29
秋壑珍玩，尺寸 3.1 cm × 3 cm

图 1.2.30
秋壑，尺寸 3.4 cm × 3.2 cm

图 1.2.31
李玮图书，尺寸 6 cm × 3.4 cm

帖》。李玮活动于北宋庆历至元祐年间，“李玮图书”印用的已经是十分成熟的九叠篆，说明宋代公印的形式美已经对当时上层的文人用印具有很大影响。曾觌有“曾觌私印”“纯父”“南康郡公”等印，见于马和之《唐风图》卷。邵叶有“邵叶文房之宝”；赵鼎有“赵氏藏书”；赵孟坚有“彝斋”印（图1.2.32），见于李白《上阳台帖》和褚遂良摹《兰亭帖》。此外，宋代以来各类文献中也记录了很多当时的鉴藏印，如岳珂《宝真斋法书赞》记李公麟《醉卧图诗帖》有“神品上上”印；周密《志雅堂杂钞》等书记载王诜（晋卿）有“晋卿珍玩”（卐字文）、“宝绘堂”（方寸印），另据《论印绝句》传他还有曲水砚形鉴藏印，见于王献之《保母帖》中。

图 1.2.32
彝斋，尺寸 2.5 cm × 2.1 cm

第三节 宋代文人印的传世印迹与考古实物

今天所能见到的宋代文人用印，可以分为三类，其一是见于宋代书画作品上的私家鉴藏印，这一部分已在上文中谈及。剩下的两类，一类是宋代传世书画作品上所见的书画落款印章，一类是现代考古发掘以及经过鉴定的文人印章实物。

在书画落款之后施钤本人的印记，在唐代尚未形成风气。窦臮《述书赋》曾云：“贞观、开元，文止于二。”[3]据徐邦达考证，唐玄宗自书《鹡鸰颂》有“开元”小印，但此卷墨迹近于勾填，故可能出自稍后翻刻。此外王羲之《雨后帖》有“贞观”连珠印及唐虞世南“世南”墨印，然此帖系宋人伪造，故不足为信。神龙本《兰亭序》（冯承素摹）有唐中宗“神龙”年号二半印，未见于唐人记载，此卷出自宋理宗驸马杨镇家，其人常临摹前代真迹并加盖“副騑书府”印流布，故这方唐印也并不可靠。

据史料记载，五代时前蜀（907—925年）茂州刺史许承杰“每修书题，印章微有浸渍，即必改换，书吏苦之”[4]。可知此时书信往来已经有钤印的行为，但是这是落款钤印还是封缄钤印，犹未可知。后周广顺二年（952年），李穀因伤臂不能执笔签署公文，太祖特准“刻名印署事”，[5]则是私印介入官方公事运作的明证了，这也说明此际以私印为凭信作为署款，在实际的社会生活中已是正常的现象。

宋代皇帝雅好书翰，其书法绘画之上，常钤盖印记，如宋徽宗赵佶有

3 窦臮：《述书赋》卷下，清文渊阁四库全书本。

4 孙光宪：《北梦琐言》卷十二，明稗海本。

5 薛居正：《旧五代史》卷一百一十二《周书三》，中华书局，1976，第 1484 页。

“御书”“宣和中秘”；宋高宗赵构有“太上皇上之宝”“损斋”；宋理宗赵昀有“缉熙殿宝”“御书”等印。宋宁宗杨皇后则有“杨姓之印”、“杨姓之章”、“坤宁翰墨”、“坤（卦）”（小方印）等。

不仅皇家翰墨如此，北宋文人阶层中，也逐渐掀起在信札、书画落款之上加钤印章的风气。北宋时欧阳修在《致端明侍读书》尺牍的月日落款上，钤有“六一居士”印（图1.3.1），是较早的文人落款用印证据。据明代张应文《清秘藏》记载，欧阳修还有“修”字名印和“醉翁亭子孙其永保之”印。

图 1.3.1
六一居士，尺寸 4.1 cm × 4.3 cm

相传苏洵有“老泉山人”印；苏轼有“赵郡苏氏”（《祷雨帖》）、“眉阳苏轼”（上海博物馆藏《宋四家书》，图1.3.2）、“耆德忠正”（《洞庭春色赋、中山松醪赋卷》，图1.3.3）、“东坡居士”（《归去来辞》《颍州祈雨诗》）等印，此外他还有“读书堂记”印章。苏轼印章实物传有杨氏丰华堂藏“苏轼之印”，据载为铜质狮钮，经孙慰祖鉴定为真品。其弟苏辙有“子由”印，见于《怀素自叙帖》题跋。

图 1.3.2
眉阳苏轼，尺寸 2.6 cm × 2.7 cm

米芾作为书画学博士，其用印多达一百余方，如其《公议帖》墨迹即钤有“米芾元章之印”九叠文印。黄庭坚有“山谷道人”印，见于《诸上座禅语》，另据张丑《清河书画舫》记载，黄庭坚书《曹子建诗》，以“非”字小印钤于错字处。文同有“东蜀文氏”，见于其《范仲淹〈道服赞〉》题跋，此外还有“静闲室”“文同与可”，两印见于台北“故宫博物院”藏《墨竹》大方轴。赵令畤有“赵氏”（半印），见于怀素《自叙帖》卷题跋后；赵景道有“进德斋记”，见于黄庭坚《致景道十七使君书》；郭熙有“郭熙图书”，见于《窠石平远图》《早春图》落款。文献记载中的宋代文人书画落款印亦多，如汪珂玉《珊瑚网》载吴说有“延州吴说”“吴说之印”等。

南宋文人印迹如周密有“公谨父”、“齐周氏”、“隐居放言”（见于赵孟頫行书《雪赋卷》题跋，图1.3.4）、“齐周密印章”、“嘉遁贞吉”（图1.3.5）、“周公董父”（图1.3.6）、“周公子孙”（图1.3.7）等印（俱见于赵孟坚《凌波图卷》跋）。诗人陆游有“始封山阴”（图1.3.8）、“放翁”（图1.3.9），见于其《自书诗》墨迹。扬无咎有“草玄之裔”“逃禅”“补之”“扬无咎印”等印，见于其《四清图》卷。金石学家赵明诚有“赵明诚印章”（图1.3.10）。郑思肖有“所南翁”印，见于《国香图》卷。文天祥有“履善”（图1.3.11）、“天祥”（图1.3.12），见于其《木鸡集序》。南宋宗室赵孟坚有“子固写生”（见于其《春兰图》）、“玉牒孟坚”“子固”（二印见于其《自书诗》卷）、“彝斋”等。赵孟葆有“孟葆”“兰室”“茂叔”等印，见于其《赵孟坚自书诗卷》题跋。

图 1.3.3
耆德忠正，尺寸 5.8 cm × 6 cm

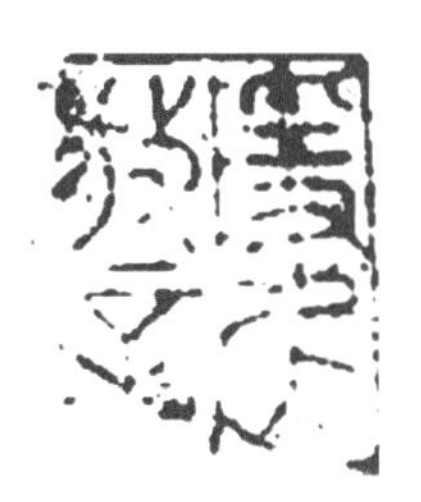
图 1.3.4
隐居放言，尺寸 2.8 cm×2.3 cm

图 1.3.5
嘉遁貞吉，尺寸 2.3 cm×2.3 cm

图 1.3.6
周公董父，尺寸 3 cm×3 cm

图 1.3.7
周公子孙，尺寸 4.1 cm×2.4 cm

图 1.3.8
始封山阴，尺寸 3.9 cm×3.9 cm

图 1.3.9
放翁，尺寸 4.2 cm×4.1 cm

图 1.3.10
赵明诚印章，尺寸 2.6 cm×2.5 cm

图 1.3.11
履善，尺寸 5.9 cm×2.7 cm

图 1.3.12
天祥，尺寸 2.2 cm×2.1 cm

近世考古发现的宋代文人用印，有苏州瑞光寺塔窨穴出土的北宋琥珀印“与贞私印”（图1.3.13）[6]；南京太平门外王家湾北宋墓出土的闲章“引意”（图1.3.14）；河南商丘城内发现的北宋张安道（1007—1091年）用印“张氏安道”（《宋史》有传，图1.3.15）[7]；河南郏县北宋苏适墓出土的苏适（1067—1122年）用印“适”（图1.3.16）[8]。此外出土的北宋私印还有“王正彦印”，印主王正彦，与苏轼、苏辙有交。其他零散出土品还有“朱昱印章”“刘景印章”等。

除以上印章以外，经孙慰祖鉴定确定为北宋私印的还有“无择”“从可宅记”“乐安□印”“平安家信”“读书堂记”“文房之印”“肃斋”“伯温印章”“安书”“卢氏印章”“忠节孙氏图书”“陈暄”“秋山”“乐安惠明德记”“乐安逢尧私记”“著远私记”“乐安用之私记”等。[9]

南宋的文人用印实物有南京江浦张同之墓出土的“张同之印”（图1.3.17a）、“野夫”（图1.3.17b）两面印，印侧四面篆书款“十有二月，十有四日，与予同生，命之曰同”（图1.3.17c）。[10]印主张同之（？—1195年），据考证为词人张孝祥之子，此印印侧边款更为宋代文人印章中仅见者。此外湖南杨家山王趯墓出土王趯（？—1170年）用印“趯”（图1.3.18），浙江新昌南宋墓出土卢遡（？—1174年）玉印“卢遡”（图1.3.19）。[11]山西大同金代玉虚观道士阎德源墓出土“德源”“龙山道人”“青霞子记”“天上方丈老人”“玉虚丈室老师”等印，[12]印主阎德源虽为金代道士，但实际也是一位文人。

上海博物馆还藏有南宋钱世瑞所用木印一组，印文有“吴越世瑞”、“天下人太平”、“钱氏文房”（图1.3.20）、“千里共明月”（图1.3.21）。[13]此外还有“柯山野叟”瓷印；程迥自用瓷印“沙随程迥”（图1.3.22），[14]印主程迥于《宋史》有传，曾于隆兴元年（1163年）登进士。

通过以上宋代文人用印的实物与书画印迹相对照，能够得到风格上较

6 乐进、廖志豪：《苏州市瑞光寺塔发现一批五代、北宋文物》，《文物》1979年第11期。

7 刘乾：《宋代张方平铜印》，《文物》1962年第12期。

8 李绍连：《宋苏适墓志及其他》，《文物》1973年第7期。

9 孙慰祖：《北宋私印鉴别初论》，载《可斋论印三集》，上海辞书出版社，2007，第129-130页。

10 南京市博物馆：《江浦黄悦岭南宋张同之夫妇墓》，《文物》1973年第4期。

11 国家文物局主编《中国文物精华大辞典·金银玉石卷》，上海辞书出版社，2005。

12 解廷琦：《大同金代阎德源墓发掘简报》，《文物》1978年第4期。

13 孙慰祖：《中国印章——历史与艺术》，外文出版社，2010，第205页。

14 萧春源：《珍秦斋藏印：汉魏晋唐宋元篇》，澳门民政总署文化康体部，2005。

图 1.3.13
与贞私印，尺寸 1.4 cm×1.4 cm

图 1.3.14
引意，尺寸 2 cm×0.8 cm

图 1.3.15
张氏安道，尺寸 2.8 cm×2.6 cm

图 1.3.16
适，尺寸 3 cm×3 cm

图 1.3.17a
张同之印，尺寸 1.6 cm×1.5 cm

图 1.3.17b
野夫，尺寸 0.8 cm×1 cm

图 1.3.17c
“野夫”边款：十有二月，十有四日，
与予同生，命之曰同

图 1.3.18
趯，尺寸 2.1 cm × 2.1 cm

图 1.3.19
卢迥，尺寸 2.2 cm × 2 cm

图 1.3.20
钱氏文房，尺寸 2.7 cm × 1.8 cm

图 1.3.21
千里共明月，尺寸 2.1 cm × 2.1 cm

图 1.3.22
沙随程迥，尺寸 4.8 cm × 4.7 cm

为一致的判别。总的来说，两宋时期文人用印的印文形式大体可以分为九叠篆、小篆、汉缪篆、古文奇字印四类，除此之外，两宋私印中还有一部分楷书印以及花押印，这部分印章可能在民间社会中使用得更为广泛。

从现存两宋文人用印的材质来看，有铜、玉、琥珀、瓷、石、木等多种，其中以铜质铸造品为最多。据宋代文献记载，“大中祥符五年（1012年），诏诸寺观及士庶之家所用私记，今后并方一寸，雕木为文，不得私铸”[15]。这条记载倒也符合北宋时曾经历“铜禁”的史实：官方颁布法令，除极少数特殊情况以外，严禁使用铜器，且禁止私人购买原铜矿石，只能由官方购买。但是对于当时文人而言，铜印依然是作为其用印的主要材质。两宋时期私印形制的特征是钮制多以橛钮、杙钮为主，北宋早期印钮较厚重，印台较高，以后逐渐趋向轻薄，这可能也与当时官方对铜器的管制有关。此外文人印章中，也出现坛钮、龟钮与兽钮，如“张同之印”“野夫”双面坛钮印、“与贞私印”琥珀龟钮印、“刘景印章”铜质鎏金龟钮印、“沙随程迥”瓷质龟钮印，以及“苏轼之印”铜质狮钮印等，反映出宋代文人阶层对于印章形制的审美需求，从某种程度而言，也增加了印章作为文人雅玩器物的观赏把玩性质。

图 1.3.23
刘东，尺寸 3 cm × 3 cm

从材质上考量，宋代使用石质印材应该是比较普遍的现象，这一点在实物遗存与文献记载中均有所印证。如南京太平门外王家湾北宋墓出土的“引意”石章，为叶蜡石质（一说青田石），据考古报告中同出铜钱可推定时间为宋徽宗建中靖国元年（1101年）。[16]北京丰台大葆台金代遗址出土的“大块文章”石印，显然应是宋金时期文人所用闲章，同时出土有滑石，两者之间不无关联。[17]此外萧高洪披露的宋代石质私印“刘东”（图1.3.23），据称是采用江西本地石料所镌刻，[18]笔者认为很可能就是《云林石谱》中所说的“修口石”。

石质印材的使用也屡见于宋代文献，楼钥《攻愧集》：“又内殿图书、内合同印、集贤院御书等，虽皆是李后主印，然近世工于临画者，伪作古印甚精，玉印至刻滑石为之，直可乱真也。”[19]楼钥是北宋时人，说明在当时已有制作假画者伪作古印，不但能刊刻质地坚硬的玉印，而且直接使用了质地较为松软的滑石类印材。除此以外，北宋杜绾的《云林石谱》已将石州

15 脱脱：《宋史》卷一百五十四《舆服志第一百七》，中华书局，1985，第 3591 页。

16 金琦：《南京太平门外王家湾发现北宋墓》，《考古》1961 年第 2 期。

17 马希桂：《北京大葆台金代遗址发掘简报》，《考古》1980 年第 5 期。

18 萧高洪：《超然神品——刘东私印及其相关问题》，载《印章历史与文化——萧高洪印论文选》，江西教育出版社，2000，第 165 页。

19 楼钥：《攻愧集》卷七十五，清武英殿聚珍版丛书本。

石、浮光石、辰州石作为时人镌刻图书（印章）的印石列出。[20]

石州石，石州（今山西吕梁市离石区）产，石生于深土中，色多青紫或黄白，其质甚软，颇类桂府滑石。微透明，土人刻为物像及品物，甚精巧。或雕刻图画印记，字画极深妙。

浮光石，产于光州（今河南信阳市潢州县）浮光山石、土中。亦洁白，质微粗糙，望之透明，扣之无声，仿佛如阶州者。土人琢为斛器物及印材，粗佳。

辰州石，辰州（今湖南怀化市沅陵县）蛮溪水中出石。色黑，诸蛮取之磨刃，每洗涤水尽黑，因名黑石。扣之无声，仿佛如阶州者，土人琢为方斛器物及印材，粗佳。亦堪制为砚，间有温润，不可多得。

此外还有泰岩、莱石、修口石等，质地较软，也足以用作印章镌刻。

泰岩，即袭庆府（今山东济宁市兖州区）泰山石，产于土中，大小逾三四寸，间有磊块碎小者，色灰白或微青，亦有嵌崄奇怪势，其质甚软可施镌砻，土人不甚珍爱。

莱石，即莱州（今山东莱州市）石，色青黯透明斑驳，石理纵横，润而无声，亦有白色石，未出土最软。土人取巧镌雕成器，其轻妙见风即劲，或为铛铫，久堪烹饪，有益于铜铁。

修口石，产于洪州分宁县（今江西九江市修水县），该石五色斑斓，全若玳瑁，石理细润或成物像，扣之稍有声。土人就穴中镌砻为器，颇精致，见风即劲，亦堪作砚，粗发墨。

可见早在北宋时期，石质印材用于篆刻已经绝非偶然现象，这比以往所认为的元末王冕以花乳石治印，或明代文彭以灯光冻治印要早数百年。石质印材给文人篆刻用印的发展带来了极大的便利，其刻制远比铜印便于操作，也更能直接反映印主与制作者的审美情趣，为文人用印的艺术化表现提供了便利的物质基础。宋代文人用印的数量和内容，也较前代有显著的扩大，其中最明显的体现，在于名号印和闲章的种类和数量增多，这既是由印章的使用范围扩大造成的，也是宋代文人表达情志的内在需要的驱动。

宋代文人除用于执信的正式名印之外，大多还刻制别号印，如高宗赵构的“损斋”、欧阳修的“六一居士”、吴琚的“云壑主人”等，都是有迹可循的北宋时期别号印，此外苏轼有“东坡居士”印，黄庭坚有“山谷道人”印。宋代还有大量带有文字游戏性质的典故姓名印出现，这一类印章又

20　杜绾：《云林石谱》，清知不足斋丛书本。

被称为“隐名隐姓印”。[21]如苏舜卿“配六国相印之裔”印，用苏秦典故隐姓氏；扬无咎用“草玄之裔”隐“扬雄”之姓；张天觉“埋轮之后”（图1.3.24）用汉代张纲埋轮典故；米芾“火正后人”“祝融之后”印隐米氏籍贯楚国；还有文献记载中辛弃疾有拆“辛”字为“六十一上人”印。[22]司马光“程伯休父之后”印，运用了《史记·太史公自序》“唐虞之际，绍重黎之后，使复典之，至于夏商，故重黎氏世序天地。其在周，程伯休甫其后也。当周宣王时，失其守而为司马氏”的典故，隐其姓氏。[23]姜夔“鹰扬周郊，凤仪虞廷”印，对应的是《诗经》“维师尚父，时维鹰扬”句，用周武王时姜太公誓师周郊典故隐“姜”姓，以《尚书》“箫韶九成，凤凰来仪”句中有虞氏以夔为乐正的典故隐“夔”字。

斋名印如高宗赵构刘妃有“奉华堂”印，文同有“静闲室”印，米芾有“宝晋斋”。闲文印如苏舜钦有“墨豪”，贾似道有“贤者而后乐此”，扬无咎有“逃禅”印，钱选有“翰墨游戏”印。文献记载中王诜有“宝绘堂”，李公麟有“墨戏”，司马光有“独乐园”，赵令畤有“得全堂记”，周密有“隐居放言”，等等。

图 1.3.24
埋轮之后，尺寸 3.2 cm × 3 cm

在出土及传世实物中，这类闲文印章也不少见，如前文提及的“引意”、“柯山野叟”、阎德源的“龙山道人”、钱世瑞的“天下人太平”和“千里共明月”等。民间的书简印中，还有“鸿雁归时好寄书”“云间千里雁足下一行书”等印，反映出使用闲章在文人阶层及民间书信往来中也已经十分普遍。

大量别号印、斋室印、闲文印的出现，极大程度地丰富了印章的类型和内容，使得印章的功用从凭信、鉴藏，发展为表达个人情感与志趣的媒介，成为文人阶层可以抒发胸怀、钤用把玩的长物，那么追求闲文印章艺术风格上的变化和情趣也就成为当时文人参与篆刻创作的重要动力。这类融入了个人思想、感情的文学性词语用印是闲章的重要组成部分，这类印章基本摆脱了印章的凭信功能，具备了叙事、抒情的功能，成为独立的艺术表达形式和欣赏对象。这是宋代印章显著与特有的现象，它标志着文人用印体系的真正独立。它与作为凭信功能的古代印章体系正式剥离、分化，具备了独立的内容体系、形式特征与使用功能，开拓了以往古代印章的表现功能与艺术内涵，形成了新的文人用印艺术风貌与文化性格，正式开创和引领了文人篆刻这一篆刻艺术主线，深刻影响着元、明、清直至当代篆刻艺术的发展。

---

21 陈振濂：《论宋代文人印章的崛起及其表现》，载《印学论丛》，西泠印社，1987，第 134 页。

22 朱珪：《名迹录》卷六，清文渊阁四库全书本。

23 孙奕：《新刊履斋示儿编》卷十二，元刘氏学礼堂刊本。

第四节 宋代印人、印事与印谱

宋代印章由于文献资料较少，相关印章实物和留存印迹不多，在很长一段时间里并未受到足够的重视，近二十年来，随着对宋代印章的关注，已有多位学者从各方面做出比较深入的讨论。从印章艺术的角度来看，宋代公印主要是从实用性的层面出发，其主观追求的艺术性质并不充分，而这种对于印章之美的艺术追求，更多地在两宋文人印章中得到体现。从篆刻史的发展角度来看，宋代印章具有艺术印章萌生期的特征，宋代开始出现与篆刻关联密切的印人（包括篆印者、篆刻家），也出现对印章具有浓厚兴趣和高度关注的文人如米芾、周密等，还出现与印章相关的收藏行为和谱录。也正是从此际开始，文人阶层参与到印章的制作中来，北宋的米芾、王诜等人，不但自己撰写印稿，而且以他们对于印章制作的熟悉程度来看，直接参与印章制作的可能性很大。南宋时期的文献中也已出现对印人的记录，如肖文彬、吴景云、曾大中等，他们与当时著名文人交游密切，可知并非不通文墨的匠人。[24]

文人篆刻艺术的初期发展阶段是文人参与撰写印稿，然后交付印工制作，宋代文人官员参与公印篆文成为这一阶段的先声。宋代大臣或书家为皇家及官方印章篆印文者有祝温柔、王曾、陈尧佐、薛奎、晏殊、陈执中、庞籍、王文盛、邵必、苏唐卿、刘沆、欧阳修、章惇、汪澈、梁克家、周葵、王蔺、葛邲、胡晋臣、陈骙、薛极、徐清叟等。其中不乏当时著名的重臣与文人，完全可以想象，这些文人应该也不同程度参与了自己所用印章的创作，他们所代表的士大夫阶层用印，也就必然渗透了这些文人的审美理想。

一、祝温柔

祝温柔，活动于北宋初年，乾德三年宋太祖赵匡胤下诏重铸中书门下、枢密院、三司使印。《宋史·舆服志》记载：“……蜀中铸印官祝温柔，自言其祖思言，唐礼部铸印官，世习缪篆，即《汉书·艺文志》所谓屈曲缠绕，以模印章者也。思言随僖宗入蜀，子孙遂为蜀人。自是，台、省、寺、监及开封府、兴元尹印，悉令温柔重改铸焉。”

一直以来，学者仅将祝温柔作为北宋铸印官来看待，或许因为他只负责

24 孙向群：《寻找真实的宋元——宋元篆刻家及其审美观的考察》，载西泠印社编《“孤山证印”西泠印社国际印学峰会论文集》，西泠印社出版社，2005，第131页。

铸制公印，而公印乃是实用器物，故而也不将他视为艺术家，这不得不说是一种忽视。如同我们在前面的章节中分析的那样，祝温柔作为变革隋唐五代公印形制及制作，形成宋代印章新的审美观的重要开创者，他在官方背景下将自己个性化的审美理想渗透和注入官方实用印章体系，使得宋代及以后的印章艺术风格得到改观，故绝不能仅仅以铸印官而小视之。

从祝温柔的家世背景来看，首先，其祖祝思言为唐礼部铸印官，且随从唐僖宗入蜀，可见其家族世代精通印章的铸造。其次，祝氏家族以印为官业，是以“世习缪篆”，说明祝温柔具有相当高的文化水平，也具备优秀的文字学和书法素养。祝温柔倡导的宋代“叠篆”又称“填篆”，有将印面空处均匀填满之意。米芾在《辨印帖》中所说“缪篆乃今所谓填篆也”，可以作为佐证。宋代朱长文在《墨池编》中说“填篆者……字间满密，故云填篆，亦曰方填书（篆）。至今图书印记，并用此书”[25]，北宋任广《书叙指南》卷五言“印中填篆曰缪篆”，陈澧《摹印述》言宋代叠篆然“实出于缪篆屈曲填满之法，但加甚耳”，这些都是对宋代印章中特有的“缪篆”字法的解读。这种使用“缪篆”来填充印面布白的形式，直接触发了后来文人篆刻艺术中对入印文字的“印化”艺术创造。所谓“印化”，就是构思、设计与调整篆刻入印文字，使之在字法、章法等各方面与预设的印章样式、风格相适合，是极为重要的篆刻创作方法。

因此，祝温柔的贡献不止在于主导改革了五代以来的公印制度，更重要的是形成了自己的艺术观念，在宋代形成全新的印章美学风尚。他提出的五代公印“篆刻非工”的观念，其实质正是一种艺术批判。“工”为巧饰之意，象人有规矩之形。徐锴曰：“为巧必遵规矩、法度，然后为工。”“工”的提出是富于洞见性的艺术观念，增加文字的复杂性，对文字采用增饰的方法来加强印面艺术性，这本身就是艺术创作的重要方法。故而祝温柔所崇尚与倡导的“缪篆”，是在汉印文字方正匀称的审美之上的进一步诠释，是一种具有个人理解的全新的文字之美，正是这种人为的、刻意性的字体造型变化，才产生了全新的美学意蕴，即宋代公印庄严、肃穆、复杂、神秘的印章之美，并且深刻影响后世的印章文字体系长达千余年。

二、米芾

米芾（1052—1108年），初名黻，后改芾，字元章，自号海岳外史、火正后人等。祖籍太原（今山西），后迁居湖北襄阳，又曾定居润州（今江苏镇江）。北宋书法家、画家、书画理论家，与蔡襄、苏轼、黄庭坚合称“宋

25 朱长文：《墨池编》卷一，清文渊阁四库全书本。

四家”。曾任校书郎、书画学博士、礼部员外郎。能诗文，擅书画，精鉴别，书画自成一家。他是书画家，同时也是北宋著名的鉴定家和收藏家。其个性怪异，举止癫狂，人称“米颠”。

米芾不仅在书画与收藏方面留下很多重要的作品和著作，对篆刻史以及印学研究也具有十分重要的贡献。米芾对印章研究的一大贡献是记录了大量唐代、五代和宋代的印章印文及使用情况，如米芾《参政帖》（图1.4.1）直接记录：“苏太简参政家物，多著‘邳公之后’‘四代相印’，或用‘翰林学士院印’。芾记。”今从钤于《自叙帖》上的苏氏鉴藏印印证，确有“许国后裔”“佩六相印之裔”“四代相印”等，与他的记录相符。此外，《书史》《画史》中关于鉴藏印的记录也非常细致，为后人了解鉴藏印的沿革与进行书画鉴定提供了大量珍贵的资料。

作为书画学博士，米芾对当时印章的鉴别能力很强。他在《书史》中提出“画可摹，书可临而不可摹，惟印不可伪作，作者必异”，这是首次把印章作为与书、画并列的艺术形式来看待。米芾认为印章与书画有着显著区别，是一种独立的艺术或技术。他认为“木印、铜印自不同，皆可辨”，对于因印材不同造成的实际效果差别，也是能够通过仔细观察鉴别的。米芾自述用印达百枚之多，据不完全统计，今天所能见到米芾各种书画墨迹、刻帖留下的印迹，多达四十余种，如果算上文献记载而未见实物的部分，数量就更多，可以说他是宋代遗存用印痕迹最多的人。同时，他对印章的各种记述和评论之多，涉及范围之广，在宋代文人中间也无人能出其右。除收藏、研究、鉴赏古今印章之外，米芾还直接参与了印章的艺术创作。

关于米芾参与印章制作的记载，可见于其自撰《书史》：“王诜见余家印记与唐印相似，始尽换了作细圈，仍皆求余作篆。如填篆自有法，近世填皆无法。”说明他不仅自篆印稿，而且还替友人王诜篆印，他批评近人填篆无法，正是自诩得法的表现，这种亲自撰写印稿的动机，无疑是因为他对当时常见的公私印记不满意，或者因为篆刻工匠为俗手，不能达到他对印章的审美要求。可知当时文人阶层对于印章审美的要求已经提高到相当的程度。

米芾《画史》载：“余家最上品书画，用姓名字印，审定真迹字印、神品字印、平生真赏印、米芾秘箧印、宝晋书印、米姓翰墨印、鉴定法书之印、米姓秘玩之印。玉印六枚：辛卯米芾、米芾之印、米芾氏印、米芾印、米芾元章印、米芾氏。已上六枚白字，有此印者皆绝品。玉印唯著于书帖，其他用米姓清玩之印者，皆次品也，无下品者。其他字印有百枚，虽参用于上品印也，自画，古贤唯用玉印。”这段记述说明米芾的自用印具有严格的等级和规矩，使用也有自己独特的法则。米芾题跋褚遂良摹的《兰亭序》，连用九方印章即是例证。他在《画史》中自述藏法帖“四角皆有余家印记，

图 1.4.1
参政帖

见即可辨”，所谓“跋印多时俗眼美”，正可见其用印之勤。

这段记载，在张雨《句曲外史集》中被引申为米芾“制白玉图书印六，文曰：辛卯米芾、米芾之印、米芾氏、米芾印、米芾氏印、米芾元章印”。虽然沙孟海也曾推测米芾可能已经开始自刻印章，但相关文献中并没有提及他有刻制的实践，只是记载了米芾亲自撰写印稿。北宋主流的印材是以铜、玉等质地坚硬的材料为主，身为士大夫阶层的米芾，在硬质印材上直接进行刻制的可能性几乎没有。但是宋代也有不少使用滑石、叶蜡石等较软的石料进行篆刻的记载和实物发现，所以从理论角度来推测，米芾亲自篆刻石印的可能性并非没有。

关于米芾收藏鉴赏古今印章的记录也很多，他不仅收藏古印，同时也热衷于鉴定和评骘前代及当时人的用印，尤其是书画鉴藏印。如其记载：“古帖多前后无空纸，乃是剪去官印以应募也。今人收‘贞观’印缝帖，若是黏著字者，更不复再入开元御府。盖贞观书，武后时朝廷无纪纲，驸马贵戚，丐请得之。开元购时，剪印不去者不敢以出也。开元经安氏之乱，内府散荡，乃敢不去‘开元’印跋再入御府也。其次贵公家，或是赂入，须除灭前人印记，所以前后纸悭也。今书更无一轴有‘贞观’‘开元’同用印者，但有‘建中’与‘开元’‘大中’‘弘文’印同用者，皆此意也。”这段记载的出发点虽然是书画鉴定与收藏，但对于以印章考鉴书画流传的方法，明显已经涉及印学研究中的印史考证了。

宋末元初人周密所著《云烟过眼录》卷三“天台谢奕修养浩斋所藏”条下记录了米芾的《辨印帖》：“老米《辨印帖》：绥平郡名卯里右政者，中有省文。有人收古印文曰‘相侯宣印’，乃是丞相富民侯薛宣印，最小，缪篆，乃今所谓填篆也。用辨私印二字。尚书礼部员外郎米芾审定。”其中对于“相侯宣印”的考证虽有失误，但对这方汉印记述的考证方法以及艺术风格的描述，在当时是十分具有开拓意义的。

米芾《书史》中有对于北宋公私印记的评述：“印文须细，圈须与文等。”又“我太祖‘秘阁图书之印’，不满二寸，圈文皆细，‘上阁图书’字印亦然。仁宗后，印经院赐经用‘上阁图书’字，大印粗文，若施于书画，占纸素字画，多有损于书帖。近‘三馆秘阁之印’，文虽细，圈乃粗如半指，亦印损书画也。王诜见余家印记与唐印相似，始尽换了作细圈，仍皆求余作篆。如填篆自有法，近世填皆无法。如三省银印，其篆文皆反戾，故用来无一宰相不被罪，虽没犹贬。中书仍屡绝，省公卿名完则朝廷安也。御史台印左戾，‘史’字倒屈入，用来少有中丞得免者。宣抚使印从亡自置，鲜有复命者。人家私印，大主吉凶也。”这些记载反映了米芾对印章的审美标准，米芾用印中虽然也有不少采用当时流行的“九叠篆”形式篆刻的印章，但他在文字资料中反映出来的更多是对唐代印章美学形式的肯定，例如他要求印文与边框皆细，而不是宋印的粗框粗文。正如宋代张舜民《画墁录》中指出的“唐印文如丝发，今印文如筯”，这当然首先出于他对书画鉴藏与落款时钤印污损纸幅的考虑，但同时这也是他对印章如何与书画搭配协调的深思熟虑。米芾在印章的审美上具有崇尚唐印的倾向，这与他喜着唐服以及崇尚唐贤书画是一致的。

这段文字还论述了宋代公印的沿革，指出公印印文与边栏之间的粗细关系的变革，米芾认为钤于书画经卷之上的印章不应过大，印文与边栏不宜粗，以免污损字画，故认为唐印印文与边栏的粗细适合书画鉴藏印章。后半段则述及宋印填篆时的“反戾”问题，认为宋印如当时的三省印、御史台印、宣抚使印，印文为了填密印面，常有不合于法度的屈曲。这种论述的本质已经涉及对当时印章的艺术批评，富有独特的见解，但也将这种篆印结字的程式规律夸大和神秘化了，从而陷入了以篆文字画卜官之休咎的“相印”之说。

“相印”之说起源很早，据说在汉代已有“相印”的经书。据《三国志·魏志》所引《相印书》记载，曹魏时期由陈群（长文）传韦诞（仲将），韦诞传印工杨利，杨利传许士宗，印工宗养再传程喜（申伯）。《隋书·经籍志》著录魏征东将军程申伯《相印法》一卷，《三国志注·夏侯尚传》也涉及许允相印之事。此外唐代虞世南《北堂书钞》引《相印经》：“印有八角十二芒，凡印欲周正，上隆下平，光明洁清，如此为善。”则列出了相印法的具体内容。至于米芾的“相印”法从何处得来尚不可知，然而他博学好奇，对于印章的使用和审美都有自己独特的见解，他提出的“相印”观念有着符合文字学、书法和印章创作艺术规律的合理之处，但同时也将印章神秘化而近于谶纬之术。

如果说米芾的“相印”近乎迷信，那么他对古今印章优劣的品评，则完全可以纳入篆刻批评的范畴了。如米芾《画史》记载，宋仁宗《黑猿图》上一方葫芦形印“字画奇甚”；又评价邵必画上的印章“多巧篆字”。米芾之前的鉴赏家如窦臮、张彦远等，对于古代书画上的鉴藏印，仅仅作为鉴别真伪的依据而加以著录，并不将其作为独立的艺术品进行评价，但是在米芾的著作之中，已然包含了对于古今印章的篆法、形制、材质等多方面的品评，并已经将印章作为独立的艺术形式看待。他所经眼的印章甚至还能激发他的诗情，如《龙真行为天章待制林公跋书云秘府右军书一卷有一龙形真字印故作》一诗就是较早的咏印诗作。

米芾嗜印成癖，他的自用印多达一百余枚，同时也喜蓄藏古印。苏轼《与米元章》尺牍：“某昨日啖冷过度，夜暴下，且复疲甚。食黄耆粥，甚美，卧阅四印奇古，失病所在。明日会食，乞且罢。需稍健，或雨过翛然时也。印却纳。”这封信中苏轼记述了自己得到米芾所赠四印，病为之而愈的事情。黄庭坚曾藏“元晖”古印，米芾爱之，便以“元晖”作为儿子米友仁的表字，黄庭坚赠印赋诗云：“我有元晖古印章，印刓不忍与诸郎。虎儿笔力能扛鼎，教字元晖继阿章。”成为印史佳话。以上两则事迹说明北宋时米芾、苏轼、黄庭坚等著名文人，都十分喜欢印章，并且已经形成了收藏古印的风气。

《书史》中还有对“传国玺”的记载：“世传秦传国玺多种，唐同时传二本，题曰：其一徐浩本，其一越州刺史王密本。徐螭钮，王雀钮，何所审定，相国寺中有刻作板本卖。又一本润僧收，与印本又不同，盖以蓝田水苍玉为之，取水德，而鱼虫鹤蟮蛟龙皆水族物，大略是取此义，以扶水德，然帝王自有真符尔。”传国玺据说是秦相李斯奉秦始皇之命篆“受命于天，既寿永昌”，以和氏璧镌刻成印，作为“皇权天授、正统合法”之信物。秦代以后，历代帝王皆以得此玺为符应，奉若奇珍，得之则象征其“受命于天”，失之则表现其“气数已尽”。传国玺的传说使无数好事者趋之若鹜，故历朝各种作伪赝品层出不穷，米芾以好奇著称于时，对于这样充满传奇色彩的玺印自然具有兴趣。故此条记载虽然可信度不高，但他依然将其作为关于印章独立的条目慎重记入《书史》之中，可见米芾对于印章研究倾入的关注程度之高。

以往我们论述米芾在篆刻史上的地位时，往往只提及他自篆印稿之事，其实他对篆刻和印学的认识和研究已经十分深广，虽然他的研究具有历史局限性，也存在错误之处，但他将印章之学拓展到印章的制作、记录、收藏、品鉴、研究、审美、批评等多个领域，已经是不容争辩的事实。在北宋时期的文人群体中，米芾独以书、画、印全面而著称，由以米芾为中心的交游圈——苏轼、黄庭坚、王诜等对印章有兴趣的文人群体的集体作用，最终催化和推进了文人篆刻艺术的进程。

三、其他印人

今天的篆刻艺术史往往从元明谈起，似乎宋代除了自篆印稿的米芾再无其他印人，这其实是一种颇为狭隘的观念。那么宋代是否有实在可考的印人存在呢？对于宋代印人的文献记载确实寥寥，但经过当代学者的爬梳剔抉，已经发掘出一些宋代印人。据宋楼钥《攻愧集》卷七十五记述：“又内殿图书、内合同印、集贤院御书等，虽皆是李后主印，然近世工于临画者，伪作古印甚精，玉印至刻滑石为之，直可乱真也。”说明当时制造前贤伪画者，已经开始制作伪印了，而且材质从玉到滑石，软硬兼有，这些印章既然是用于书画射利，那么逼真程度定然相当高，证明当时作伪者的篆刻技艺高超。其实这一点也得到了书画鉴定实例的证明，如唐玄宗《鹡鸰颂》上有“开元”印，但既然原本墨迹近于勾填，那么此印自然也是出自翻摹。王羲之《雨后帖》已被证明是宋人伪造，那么其上“贞观”连珠印及唐虞世南“世南”墨印，无疑也是宋代篆刻高手所为了。

米芾的好友王诜，可能也工于篆刻。王诜（1048—1104年），字晋卿，山西太原人。娶英宗赵曙之女蜀国公主为妻，拜左卫将军、驸马都尉。元丰二年（1079年）受苏轼牵连贬官。元祐元年（1086年）复登州刺史、驸马都尉。擅画山水，亦能书，善属文。王诜与米芾一样能书善画，且精于鉴赏，也是一位喜好印章的上层文人。据米芾《书史》记载：“惟印不可伪作，作者必异。王诜刻‘勾德元图书记’，乱印书画，余辨出‘元’字脚，遂伏其伪。”这里点出王诜“刻”印，可能出于其自刻，但也不能排除仅仅是王诜模仿勾德元原印印稿而交由匠人刻制的可能。因为王诜出身贵族，又是公主驸马，是否亲自操刀未能论定。他伪作印章的目的可能出于文人的游戏和矜夸，据说他曾雇使苏州裱褙匠人之子吕彦直双钩前代书帖，并将此“勾德元图书记”伪印钤于吕彦直摹写的《黄庭经》之上，但被熟悉前代印章的米芾识破。王诜与米芾、苏轼过从甚密，后世笔记中关于他的用印记载也很多，如《志雅堂杂钞》等笔记，传其家藏李建中古篆并行书《风后庙碑》及《烟江叠嶂图》，有“晋卿珍玩”印，作四面环旋的“卍字文”，又《保母帖》中有曲水砚式印章，其样制为前代所无。从王诜的这些印章，可见其具有与米芾一样“好奇”的个性，他的自用印具有这些突发奇想的形式设计，恐怕也是出于亲自构思。这种在自用印上的标新立异，显示出他有别于他人的个性化审美，而这一点，正反映了文人篆刻艺术印章的本质特征。

宋代见于记载的篆刻家还有杨克一。张耒《张右史文集》有《杨克一图书序》：“甥杨克一梦人授图书，凡三十有一体，大抵皆其姓名字，变易迭出颇奇。……图书之名，予不知所起。盖古所谓玺，用以为信者。克一既好之，其父补之爱之尤笃，能悉取古今印法，尽录其变，谓之《图书谱》。自秦汉以来，变制异状，皆能言其故。为人篆印玺，多传其工，有自远求之者数为予言。予不省之，独爱其用心不侈。致精于小事末务，故并录焉。”[26]这里提到杨克一热衷印章之道，精研古今印法及变化沿革，尤其提到他“为人篆印玺，多传其工”。古时刻印署款多不言“刻”而称“篆”，这一点已经在明代文人篆刻实物中找到多处明证。文中的“工”说明他很可能已经不止是撰写印稿，还自己制作印章了，而且他在当时已经名声远播，已经有人

26 张耒：《张右史文集》卷五十一，四部丛刊景明旧抄本。

远道而来求其治印。他同时也是一位印章研究者和印谱辑撰者，传辑有《集古印格》，是有确切记录的最早印谱。

吴景云，昭武（今甘肃临泽县）人，大致活动于南宋绍熙至端平年间。南宋文人真德秀在《赠吴景云》诗中提道："昭武吴景云善篆工刻，为余作小印数枚奇妙可喜，因有感为赋二首。"诗云："锟铻切玉烂成泥，妙手镌铜亦似之。若会此机来学道，石槃木钻有通时。腰间争佩印累累，真印从来少得知。不向圣传中有省，黄金斗大亦何为。"[27]由诗中可知吴景云善篆书，擅刻铜印，且颇得当时著名文人赏识，绝非普通的刻字工匠可比。

南宋印人还有萧文彬，文天祥《赠刊图书萧文彬》诗云："苍籀书法祖，斯冰篆家豪。昔人锋在笔，今子锋在刀。收功棠溪金，不礼中山毛。囊锥脱颖出，镌崖齐天高。"[28]此诗中"昔人锋在笔，今子锋在刀"一句，明白无误地提出了篆刻中"刀"（镌刻之美）与"笔"（书法之美）并重的观念，也说明萧文彬用来篆刻的印材，一定包括了可以入印的印石，并且他已经开始注重用刀刻去表现篆书印文的书法美。文天祥把篆刻中"刀"的重要性升华出来，说明此际的文人阶层已经对印章的审美提出了较高的要求。今存文天祥书《木鸡集序》中尚存的"天祥""履善"印章，很有可能正是出自这位宋代篆刻家萧文彬之手。

南宋陈槱《负暄野录》中《近世诸体书》记载："余尝评近世众体书法，小篆则有徐明叔及华亭曾大中，常熟曾耆年。然徐颇好为复古篆体，细腰长脚。二曾字则圆而匀，稍合古意。大中尤喜为摹印，甚得秦汉章玺气象。"这里提到的南宋印人曾大中，华亭（今上海松江）人，工小篆，喜刻印，得秦汉玺印气象，说明其篆刻取法于秦汉印章，反映出宋代文人篆刻对于秦汉印章审美标准的宗尚与趋同。

"印宗秦汉"思想的形成与初步提出，在南宋王厚之的《汉晋印章图谱》中也有所反映，是谱中有注云："右七十二印皆于古印册内选出，经前贤考辨有来历者收入，一可见古人官印制度之式，又可见汉人篆法敦古可为模范，识者自有精鉴也。"这种专门著录汉晋印章的谱录的出现，首先反映出南宋时期学者对于汉代以及魏晋印章已经具有比较明确的科学鉴别与分类方法，能够将汉晋印章从古玺印系统中识别出来，形成专门的序列加以著录和研究。其次，这种研究除其学术上的意义，即"可见古人官印制度之式"之外，更注意到了汉晋印章统一的艺术风格，认为"篆法敦古"且"可为模范"，值得篆刻家模仿学习。

27　真德秀：《西山先生真文忠公文集》卷一，四部丛刊景明正德刊本。

28　文天祥：《文山集》卷一，四部丛刊景明本。

此外，南宋藏书家陈起有《耘业许印章四韵叩之》诗："近因稚子传来意，知许衰翁两印章。字画莫教凡手刻，形模当取古人长。六书今独行秦峄，三体空闻设汉庠。后世阳冰能复古，未知何日寄文房。"诗中提及的耘业，篆刻能"复古"法，非一般"凡手"工匠可比。这里的"复古"法也颇值得推敲，其中反映出宋代文人篆刻印章审美中的复古思想。陈起在诗中不但将其比作李阳冰，诗题中所用"许"字，也足证耘业并不轻易为他人治印，诗末"未知何日寄文房"一句重申了陈起对耘业治印的期待之情。这位令南宋著名藏书家、刻书家心仪不已的印人，其身份很可能也是一位饱学之士。

以上提到的杨克一、吴景云、萧文彬、曾大中、耘业诸人，他们都是两宋时期确切有记载的印人，身份都不是普通的坊间印工，而是与宋代文人交游密切的印人。他们对于文人阶层的审美需求有着感同身受的认识，所以他们的印章作品也具有更高层次的艺术表达，受到当时文人的艳称赞美，也就在情理之中了。

宋代出现了杨克一《集古印格》、王厚之《汉晋印章图谱》等一批集古印谱。对于宋代的辑谱情况，将在本套书下卷第十一章第二节专门介绍，这里仅读一读宋代个人篆刻印谱的问题。宋代已经出现汇集个人印章作品的印谱，如张耒《杨克一图书序》，从文体来看，并非临别赠序。从内容来看，很可能是辑录杨克一自刻印的印谱序言，而这本印谱，可能正是文中所说的《图书谱》，那么其性质就未必是集古印谱，而是一本个人篆刻作品集了，故而才有"克一既好之，其父补之爱之尤笃，能悉取古今印法，尽录其变，谓之《图书谱》"这样的记载。此外，南宋方岳《秋崖集》中有《题〈刊匠图书册〉》："黄金汉鼎青错落，绿玉秦玺红屈蟠。龙翔凤翥入刀笔，宝晋山林风月寒。"[29]说明这本《刊匠图书册》也是个人印集，其作用很可能近似于近代的仿单润例，起到展示和推介自己篆刻作品的作用，因而印人邀请当时著名文人题跋延誉，而在方岳看来，这位印人属于职业印匠，其身份地位并不高，也就在文集中隐去其名了。但这些关于印谱的记载，足以说明在宋代不仅出现了集古印谱，也出现了个人篆刻印谱。至此，印谱史上两种最重要的印谱形式都在宋代华丽地登场了。

29 方岳：《秋崖集》卷四，清文渊阁四库全书补配文津阁四库全书本。

◎ 本章小结

宋代由于文化艺术繁盛，从上自下各个阶层皆推崇爱好文艺。宋代书画家增多，书画创作与鉴藏蔚然成风，加之金石学兴起，各种谱录、图谱，以及谱牒之学的先进记录方式也适时地得到发展，这一切使得对印章具有兴趣的宋代文人有充分的条件和科学的方法来记录他们所热衷的事物。印谱是用来记录印章的，记录印章的目的是汇集、保存、欣赏和研究。此时的文人，已经注意到古今印章所具有的艺术性和学术价值。宋代是文人篆刻的萌生期，也是印谱的发轫期，更是印学研究的初始时期，辑录印谱流传的风气出现在这一时期，对后世篆刻艺术的发展和成熟起到重要的推动作用。

第二章

长成期——元代

元代是继宋代艺术印章萌芽之后，印章艺术取得较大发展的时期，我们称之为“长成期”。元代印章艺术的贡献，一方面在于文人篆刻的真正兴起，以赵孟頫为代表的文人艺术家开创了“圆朱文”（或称“元朱文”）的新印风，成为后世乃至当今篆刻艺人临习借鉴的艺术典范。另一方面在于以吾丘衍《学古编·三十五举》为代表的印学理论和篆刻家自辑印谱的兴起。此外，元代的押印（简称“元押”）作为实用印章中的一朵奇葩，其多样化的艺术面貌常令人耳目一新，也是元代艺术印章中的重要组成部分。

第一节　元代印章的发展背景

元朝是中国历史上第一次由少数民族建立的大一统政权。像元朝这样以武力征服手段来统治一个区域空前庞大且民族构成复杂的国家是相当不容易的。元朝通过不断发动的掠夺性战争，在客观上实现了疆域的统一与扩张，促进了多民族之间的融合以及中西方文化的交流。作为战争中的征服者和胜利者，他们对于被征服者具有一种居高临下的优越感。元朝统治阶级制定了严格的种族阶级划分标准，各民族被划分成了四个等级：第一等为蒙古族；第二等为色目人；第三等为北方黄河流域的汉人，以及契丹、女真、高丽等族；第四等为南方长江流域的汉人。这种等级划分制度及其形成的层层压迫，不断激起社会矛盾，元代的统治并不安定，鉴于此，元朝的统治阶级也不得不调整统治策略。

元代统治阶级在接受汉族思想文化的同时，仍以本民族的传统为主，如元世祖便身兼二职，他既是蒙古部落的大汗，也是元帝国的皇帝。元代的统治阶级出于怀柔的政策需要，文化政策上采取的是多元文化并存的状态，他们从骨子里来讲并不愿接受汉族传承的儒家思想体系，只不过从统治手段上采取了较宽松的文化政策。在元朝的汉族文人虽不得志，但没有了宋代时的“朋党之争”，也没有后来明清时的文字狱，汉族文人清闲有余，还是相当自由的，他们混迹于诗书画印的娱乐之间，过着半隐的文人生活，亦能自得其乐。元代是继魏晋、五代以后中国古代社会第三次出现文人归隐山林风尚的时代，在这种社会生活状况下，广大的文人士大夫只能在诗书画印之间寄托自己的情怀，元代反而成为中国文化艺术又一个高度发展与成熟的特殊历史时期，肇始于宋代的文人印章艺术在此时期得以继续发展，并对明清流派印章艺术的成熟与发展起到了巨大的推动作用。

广大汉族知识分子将精力转移到文化艺术上，提出“复古”的艺术主张，对汉印有所继承，同时也出现了继承汉代印章朱文字体与秦小篆字体而自成一路的圆朱文。元代印章艺术在中国印章艺术史上有两个方面是具有重要意义的，值得重视。一方面是由于文人精英群体对于印章艺术的喜好，他们不仅收藏鉴赏古印，还自己亲自设计撰写印文，甚至自篆自刻印章，在继承秦汉以来印章艺术的基础上，根据自我的审美趣味进行创作，使得元代的印章艺术得到了较大的推进，并且下启明清篆刻流派艺术的先河。由于文人有记之于文的习惯，他们在对古印章品味赏玩之余，也进行了一定的研究考证，促进了印史与印论的萌芽与发展，较之前朝更为具体与系统化，为当时及明清印章艺术的大发展奠定了理论与实践的基础。另一方面，在元代印章艺术中，还有大量属于实用印章体系的元押，其形式多样，内容丰富，时常有不乏美学趣味的作品。在讨论元代印章艺术时，对于这部分民间艺人创造的艺术作品，也不应忽视。

第二节 元代文人印章艺术与印学理论

元代是中国历史上一个特殊的时期，形成了一个广大的文人群体，他们寄情书画艺术、诗文以及古代文物收藏等。印章在这一时期也从工匠的制作演变为文人艺术家的创作，很多文人书画家开始根据喜好自篆印文，然后请工匠按自己的设计代为镌刻。普遍流行的印文属于朱文小篆，即所谓圆朱文，具有一定的时代特点。到元代后期，为了更好地实现自己的艺术品位，文人艺术家已经开始自书自刻印章，实现了艺术印章的真正创造时代，并为明清时期艺术流派印章的创作开了先河。

谈到元代的文人艺术印章创作，不能不提及几个重要的历史人物，他们是钱选、赵孟頫、吾丘衍、吴叡及王冕等。

图 2.2.1
舜（舜）举

一、钱选的印章艺术

钱选（1239—1299年，一说卒于1301年），字舜举，号玉潭，又号巽峰、清癯老人等，浙江湖州人，是元代著名的书画艺术家。钱选是南宋景定三年（1262年）的进士，宋亡后入元不仕。他工于诗文，擅长书画。其山水画师从赵令穰与赵伯驹，人物画师从李公麟，花鸟画师法赵昌。他的人品与画品皆称誉当时，是元代初期与赵孟頫、王子中、牟应龙等齐名的书画艺术家，被称为“吴兴八俊”之一。钱选的艺术理论总体上是继承了宋代苏轼等人的文人画理论，强调士气之说，在画面上提倡题写诗文或跋语品评，萌发了诗书画紧密结合的文人画创作形式，对后世影响很大。

图 2.2.2
霅溪翁钱选舜（舜）举画印

钱选据传有《钱氏印谱》，现已失传。只能从其现存字画中的用印来研究他的印章艺术概况。他的书画用印有朱文也有白文，但不是十分精致，与其书画创作相比显得较为随意，很可能是他在书画之余的游戏之作。如钤盖在《蹴鞠图卷》上的朱文印“舜（舜）举”（图2.2.1）、“翰墨游戏”以及白文印“霅溪翁钱选舜（舜）举画印”（图2.2.2），还有钤盖在《浮玉居图卷》上的“钱选之印”（图2.2.3）和“舜（舜）举印章”（图2.2.4）等。

图 2.2.3
钱选之印

二、赵孟頫的印章艺术

赵孟頫（1254—1322年），字子昂，号松雪道人、水精宫道人、鸥波等，浙江湖州人。是南宋末年到元代初期最伟大的艺术家之一。原是宋代的皇室宗亲，宋太祖赵匡胤的第十一世孙。《元史・赵孟頫》记载他是至元二十三年（1286年）由行台侍御史程钜夫“奉诏搜访遗逸于江南”，赵孟

图 2.2.4
舜（舜）举印章

頫和二十多个人被当作人才举荐给了元世祖。赵孟頫由于过人的才华受到重用和极高的礼遇，先为兵部郎中，后至翰林学士承旨，封魏国公。赵孟頫仕元期间一直怀有退隐之心，只是迫于形势一直不能实现，至忽必烈死后，他的这种思想更加强烈，同时身居高位深感世事多变，终于元仁宗延祐六年（1319年）辞官南归，回到了家乡故里。南归之后，赵孟頫更加专心于翰墨文艺之间，创作了大量的艺术精品，对于传统汉文化的传承与发展做出了巨大的贡献。

赵孟頫是元代历史上最有思想的艺术家，他有很明确的艺术主张，比如他提出的“复古”的艺术思想，既能针砭时弊，又能另开新风。这种认识也表现在他对当时篆刻艺术的影响方面，他主张篆刻艺术应当追求“汉魏而下典型质朴之意”的复古方向。他本人对于古代文物有着很高的收藏和鉴赏水平，曾著有《印史》两卷，以及《松雪斋集》等。不仅如此，他能够将理论与实践相统一进行创作，针对当时篆刻所用篆书字体低俗和幼稚的缺陷，他将原来印文用字改用秦小篆的形式，以朱文为主，线条细劲圆转，以便于体现文人雅士追求的书卷气息，改变了唐宋印文呆板的字体。他用这种字体入印以后，印面线条姿态柔美，气息雅致温和，深受元代文人雅士推崇和喜爱， 成为元代印章流传的经典字体，世称“圆朱文”，因产生和流行于元代，所以又称“元朱文”。这种圆朱文被后世认为是赵孟頫提倡的复古精神的产物，也是赵孟頫对于元代印章艺术的具体贡献。目前传世可以见到的赵孟頫印章基本上都是朱文印，就连其夫人管道昇的用印，如“仲姬”“赵管”“管道昇印”“魏国夫人赵管”等印也全为朱文印，而白文印则很少见。这种现象应该也反映出了元代时期文人印章艺术的一个特点。赵孟頫的印章现在可以见到的主要有朱文印“赵”（图2.2.5）、“赵氏子印（昂）”（图2.2.6）、“大雅”（图2.2.7）、“赵氏书画”、“天水郡图书印”（图2.2.8）、“松雪（雪）斋”（图2.2.9）、“鸥波”、“水精宫道人”等；白文印“孟頫”（图2.2.10）、“赵氏子昂”。据传赵氏还有一方“好嬉子”三字印，只是仅见于记载，未能见到实物。“好嬉子”一语为江南俚语，是宋元时期两浙地方的方言，意为好耍子、有趣。《获楼杂抄》记载：“赵魏公夫人管道昇善书画，吾竹房尝题其所画竹石。竹房有一私印，是‘好嬉子’三字，即以此印倒用于跋尾，人皆以为竹房之误。魏公见之曰：‘此非误也。’这瞎子道：‘妇人会作画，倒好嬉子。’”

从上述的赵孟頫的传世印章来看，典雅秀丽的艺术风格是比较明显的。清代陈鍊在《秋水园印说》中品评他的印章时说：“其文圆转妩媚，故曰圆朱。要丰神流动，如春花舞风，轻云出岫。”对赵孟頫的印章艺术评价甚高。赵孟頫的印章的确线条遒劲，结体婀娜，字体转折之处圆转如意。但细

图 2.2.5
赵

图 2.2.6
赵氏子印（昂）

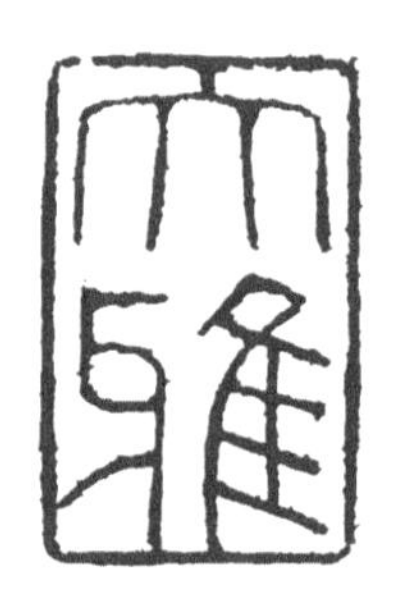

图 2.2.7
大雅

图 2.2.8
天水郡图书印

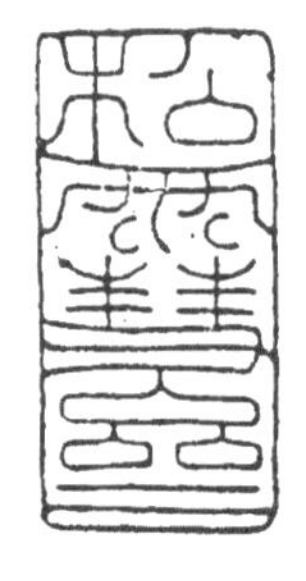

图 2.2.9
松霽（雪）斋

图 2.2.10
孟頫

品赵孟頫的印章，固然对婀娜流畅的线条有很大程度上的强化，但细劲圆转之中不失拙朴之质，这是赵孟頫的高明之处。

元代以赵孟頫为代表首创的“圆朱文”，对于当时及后世影响很大，很快被元代许多著名文人书画家与治印工匠所接受，元代的柯九思、张雨、欧阳玄、陆居仁等均以这种文字方式制所用印章，甚至明清时期依然有不少印家仿刻这一风格。从这一点来说，赵孟頫对于元代印章学的发展毫无疑问是有积极意义的，可以说开辟了元代印学史上审美观念的新篇章。

三、吾丘衍的印章艺术

吾丘衍（1272—1311年），一作吾衍，字子行，号贞白，又号竹房、竹素，龙游（今属浙江）人。明代华川人王祎在《王忠文集·吾丘子行传》中载：吾丘子行者名“衍……性放旷，不事检束。眇左目，左足跛，而风度特酝藉，一言一笑皆可喜。对客辄吹洞箫，或弄铁如意，或援笔制字，旁若无人”。他是元代印学的奠基人和大金石学家，嗜古学，通经史，工篆隶，长于刻印，是与赵孟頫齐名的元代印学名家。他的治印风格不拘于成法，圆润秀劲，印文喜用玉箸篆[1]。

吾丘衍的著作主要有《周秦刻石释音》《闲居录》《竹素山房诗集》《学古编》等，其中《学古编》成书于元大德四年（1300年）间，其卷一为《三十五举》，被认为是我国第一部专门研究印学的著作。

《学古编》首列《三十五举》，阐述篆隶演变及印学的各种常识，有很多创建性的认识，是《学古编》的核心内容部分。其中“一举”至“十八举”叙述篆隶书体的源流和分类，详细分析了篆法的宜忌，介绍了篆体的特征，揭示了篆书的奥妙；“十九举”至“三十五举”则是有关朱白文印章结构和布局的论述。吾丘衍结合自己的研究与艺术实践对汉印的风格特征做了清晰透彻的分析，使人们认识到汉代印章具有如此浓厚质美的原因所在。简洁明了，皆为其经验之谈。

其次载《合用文集品目》，共列八类四十六则：

1.“小篆品”五则；

2.“钟鼎品”二则；

3.“古文品”一则；

1　玉箸篆，又名玉筯篆，顾名思义，即字体笔画粗壮，犹如玉箸一样的线条。玉箸篆在字形上呈长方形，结构往往有左右对称的现象，给人以挺拔秀丽的感觉。清代陈澧在《摹印述》中道：“篆书笔画两头肥瘦均匀，末不出锋者，名曰‘玉箸’，篆书正宗也。”明代甘旸《印章集说》道：“玉箸，即李斯小篆。”历代玉箸篆的代表书家有秦代的李斯、唐代的李阳冰等人。

4.“碑刻品”九则；

5.“附用器品”九则；

6.“辨谬品”六则；

7.“隶书品”七则；

8.“字源七辨”七则。

概括了篆刻学中的书文、碑刻、版本、字体等多方面的知识，为篆刻理论分类阐述的首创成果。

其最后列载的是《附录》部分，讲述了洗印法、印油法、世存古今图印谱式、取字法和摹印四妙等五种治印的基本知识和方法。

吾丘衍的这部《学古编》历来被认为是印学史上最早的一部篆法与章法并举的经典著作，具有开创性的价值和意义，被称为“印人柱石”，印学界则赞誉其为“起八代之衰”，因而奠定了吾丘衍在中国印章艺术史上非常重要的地位。《四库全书总目提要》中称吾丘衍的《学古编》为：“采他家之说，而附以己意。剖析颇精，所列小学诸书各为评断，亦殊有考核。”实属精当之论。明代初年浙江天台人徐一夔在《跋吾子行墨迹后》云：“吾子行先生篆隶得周秦石刻之妙，前辈论其字画，殆千百年而一见，此诚不刊之论。其法今具于所著《三十五举》，学古之家苟得其法于言意之表，可以脱去俗习而趋于古。”鲁迅的《蜕龛印存·序》称其：“印盖始于周秦，入汉弥盛。所以封物以为验……元吾丘子行力主汉法，世稍稍景附，乃复见《尔雅》之风，至于今不绝。”

吾丘衍在印章艺术上的实践与理论，对后世篆刻艺术的实践与理论具有上承秦汉经典、下启明清流派的枢纽作用。所以后世印章学家世代都有续作和研究，如明代有伪托何震作的《续学古编》两卷，清代有姚觐元的《附三十五举校勘记》，桂馥的《续三十五举》、《再续三十五举》及《重定续三十五举》各一卷。另外黄子高和姚晏也有《续三十五举》和《再续三十五举》等，皆为“志其始”而“续其举”、“效其体”而“各补其所未备”的实例。可见元代吾丘衍对我国印学理论体系的建立和完善所起到的积极推动作用。

元代的印坛承续了唐宋之弊，六文八体尽失其真，吾丘衍力矫积习，取法汉印，倡导以玉箸篆入印，尽管带有复古气息，但也已经自成格局，使得元代印章风格为之一变。吾丘衍的篆刻艺术作品传世很少，他的朋友夏溥在为他写的《〈学古编〉序》中，谈到他的治印情况，说他治有“竹素山房”“吾氏子行”“我最懒”“飞丹霄”“放怀真乐”“常在手中摩挲之”等自制印章。但由于历史变幻已经无法见其真容，今天所能见到的仅有在唐代杜牧的《张好好诗卷》后的篆书跋语与印章。其中篆书为“大德九年吾衍观”七字，字体为标准的秦小篆，非常工致，另外有两方印章皆为白文，为“吾衍私印”（图2.2.11）和“布衣道士”（图2.2.12）。夏溥曾评吾丘衍的印章说：“遂变宋末钟鼎图书之谬，寸印古篆，实自先生倡之，直第一手。赵吴兴又晚效先生法耳。”夏溥指出赵孟頫晚年的篆刻曾效法吾丘衍，可见吾丘衍的篆刻艺术功力深厚应该是不争的事实。

图 2.2.11
吾衍私印

图 2.2.12
布衣道士

图 2.2.13
青云生

四、吴叡的印章艺术

吴叡（1298—1355年），字孟思，号雪涛散人、青云生、养素处士等，其先世为濮阳人，后移居今浙江杭州，晚年客居于江苏昆山，因此将其所学传播到吴门一带。他是吾丘衍的弟子，工于翰墨，对金石学很有研究。明代刘基《覆瓿集》记载：“叡，吾丘衍弟子，少好学，工翰墨，尤精篆隶，凡历代古文款识制度无不考究，得其要妙。下笔初若不经意，而动合矩度。识者谓吾丘衍、赵文敏不能过也。”评价之高可见一斑。其传世书迹有《篆书东山精舍记》，印学则辑有《吴孟思印谱》，又称为《汉晋印章图谱》。

吴叡在篆书、隶书与印章等方面都受到吾丘衍的影响，比较全面地接受了吾丘衍的艺术思想并有所发展。他的传世书迹尚有《篆书千字文》《隶书离骚》《九歌图卷跋》等。以《篆书千字文》为例，该书迹为吴叡四十七岁时所书，当为其艺术成熟期的作品，其自识有云：“至正四年，岁在甲申二月廿日，用《诅楚文》法，为如川写。”《诅楚文》是战国秦石刻文字，其写法为秦篆的方式，趣味格调与《石鼓文》和《秦公簋》合于一炉，可惜原石已佚。吴叡所写这篇《篆书千字文》运笔起收之处多出锋，字体结构严谨端庄，清代王澍有评曰：“笔柔如绵，力劲如铁，能于古人法外别开一径，而规则绳削，变不失正，篆之逸品也。”另一件篆书作品《九歌图卷跋》则纯为秦小篆形式，参二李之法，能方圆并举，骨肉俱足。从这两件作品中可以看出吴叡与吾丘衍之间的师承关系。

吴叡的篆刻在学习吾丘衍的基础上，加入了自己的思想认识，更加讲求规矩和法度，艺术上也更加趋于成熟。他的篆刻艺术作品现在可以见到的基本都是遗留在书画作品上的印迹，分为朱文与白文两种类型，朱文印有“吴睿”、“青云生”（图2.2.13）、“自得斋”（图2.2.14）、“云涛轩”（图2.2.15）、“濮阳”（图2.2.16）、“聊消（逍）摇（遥）兮容与”（图2.2.17）等；白文印有“吴叡私印”（图2.2.18）、“俯仰自得”（图2.2.19）、“吴孟思章”（图2.2.20）、“濮阳世裔”（图2.2.21）、“汉广平侯之孙”（图2.2.22）等。从以上这些印章中，可以看出吴叡的印章艺术风格是典雅安详，富有韵味的，这是元代文人印章艺术逐渐成熟的表现。

图 2.2.14
自得斋

图 2.2.15
云涛轩

图 2.2.16
濮阳

图 2.2.17
聊消（逍）摇（遥）兮容与

图 2.2.18
吴叡私印

图 2.2.19
俯仰自得

图 2.2.20
吴孟思章

图 2.2.21
濮阳世裔

图 2.2.22
汉广平侯之孙

五、王冕的印章艺术

王冕（1287—1359年），字元章，号元肃、竹堂、梅叟、饭牛翁、竹斋生、煮石山农、梅花屋主、江南野人等，今浙江诸暨人。王冕一生爱好梅花，种梅，咏梅，又工于画梅，兼善画竹。他的梅花师法扬无咎，行笔劲健，花密枝繁，尤善于用胭脂作梅花骨体，生意盎然，别具风格，求者甚众。他的画风对明代画梅名家如陈宪章、刘世儒、王牧之、盛行之等影响很大。王冕的文学功底很深，精于作诗，如他的传世名作《墨梅图》上就题写自作诗："吾家洗砚池头树，个个花开澹墨痕。不要人夸好颜色，只留清气满乾坤。"是脍炙人口的佳作。王冕的诗大都收录在《竹斋诗集》里，刘基在《〈竹斋集〉原序》评价王冕道："予在杭时，闻会稽王元章善为诗，士大夫之工诗者多称道之，恨不能识也。至正甲午盗起瓯括间，予避地至会稽，始得尽观元章所为诗。盖直而不绞，质而不俚，豪而不诞，奇而不怪，博而不滥，有忠君爱民之情，去恶拔邪之志，恳恳悃悃见于词意之表，非徒作也，因大敬焉。"《四库全书简明目录》载："冕本狂生，天才纵逸，其体排宕纵横，不可拘以常格。"

在元代篆刻艺术史上，王冕也是一位有突出贡献和艺术成就的名家。据传最早用花乳石为印材刻印的就是王冕，这是他对篆刻艺术的最大贡献。这种印材上的突破为篆刻艺术的发展提供了新的物质条件。花乳石，即青田石，是今浙江青田和天台宝华山一带出产的叶蜡石，石质松脆、细腻，易受刀。据说王冕当时偶得青田石中的名品"灯光冻"，其质地莹润，色泽鲜明，半透明，于光照下灿若灯辉，似透非透，以刀就石，遂开启文人篆刻治印之先河。因为石质材料易为文人雅士乘兴操刀，所以改变了过去文人只篆不刻之弊，可集书篆、奏刀、钤盖于书画，一气呵成，不仅为文人生活增加了一项乐趣，也为中国文化的诗、书、画、印完整一体的发展成型起到了巨大的推动作用。随着后来文彭、何震等名家的进一步推崇与创作，篆刻史上以艺术创作为主的百花齐放、流派繁荣的局面日益形成。同时为元代以后印学大兴注入了催化剂，极大地推动了印学的发展。

王冕同乡镏绩在《霏雪录》中记载："初，无人以花药石刻印者，自山农始也。山农用汉制刻图书印，甚古。江右熊（阙）巾笥所蓄颇多，然文皆陋俗，见山农印大叹服，且曰：'天马一出，万马皆喑。'于是尽弃所有。"可见王冕的篆刻艺术之高超，但他的篆刻原作至今未见实物，仅见他在所作的书画上留下的印迹，而且遗留不多，只能管中窥豹。总体来看，朱文印较少，白文印较多。朱文印现有钤盖在李昇《菖蒲庵图卷》上的"王氏"（图2.2.23）；在自作《墨梅图轴》上的"合""同"连珠印。白文印有“王元章”（图2.2.24）、“王冕私印”（图2.2.25）、“王元章氏”（图2.2.26）、“姬姓子孙”（图2.2.27）、“会稽佳山水”（图2.2.28）、“王冕之章”（图2.2.29）、“方外司马”（图2.2.30）、“会稽外史”（图2.2.31）等。他的白文印艺术风格和手法与历史记载基本相符，多是仿照汉代铸印或凿印的风格手法，奏刀沉稳从容，超过了宋元以来的诸家的印章水平。沙孟海曾评价其印章说道：“仿汉铸凿并工，奏刀从容，胜过前人，其中‘方外司马’‘会稽外史’‘会稽佳山水’三印意境尤高，不仅仅参法汉人，同时有新的风格。”王冕开启的印风标志着文人篆刻艺术新时代的开端。

元代还有其他一些篆刻名家，如诸奂、李明、杨遵、朱珪等人，因只见于传略，难见印拓遗迹，故在此不一一论述。

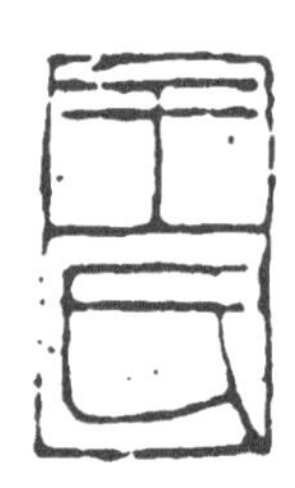

图 2.2.23
王氏

图 2.2.24
王元章

图 2.2.25
王冕私印

图 2.2.26
王元章氏

图 2.2.27
姬姓子孙

图 2.2.28
会稽佳山水

图 2.2.29
王冕之章

图 2.2.30
方外司马

图 2.2.31
会稽外史

第三节　元押印艺术

押印艺术是在历经秦汉古典玺印高度发展之后，以及明清篆刻流派印艺术产生之前的阶段产生和发展，有着一定承前启后的作用。一般认为押印始于唐五代，发展于宋、辽、金、西夏，至元代时达到了极盛。实际上押印的出现和使用年代应该更早，但押印在元代达到了极盛确实毋庸置疑。元押因为具有丰富多彩的艺术形式，成为中国印章艺术史上的一朵奇葩，具有自身独特的审美价值。同时，由于元押广泛地被应用于民间社会生活的各个方面，其涉及范围之广是任何时代的印章形式都无法与之媲美的。元押的艺术形式概括来说有文字类押印、图形类押印等。

一、押印的历史概述

押印虽然数量庞大，应用广泛，但在系统的中国玺印艺术史的研究中，关于押印的专门谱录和论著寥若晨星，因历代缺乏阐述而几近于湮没，即使是押印最为盛行的元代也是如此。这对于皇皇一部中华印学史来说是一个缺憾，而对于押印本身自然也是一种学术与艺术的“不公正”。周晓陆认为是“文人流派崭露头角，然而文人印家似乎并未关注在旁的押印。押印的实际功用、美学价值，似乎得有别寺独禅方可”[2]。

要说清“押印”，需要先从“押”字说起，东汉许慎的《说文解字》中是没有“押”这个字的，似乎“押”字的使用至少应当在东汉以后。但《韩非子・外储说右下》中则已经有了“押”字的使用记载：“王将听之矣，田婴令官具押券斗石参升之计……俄而王已睡矣，吏尽揄刀削其押券升石之计。”[3]说明“押”至少在战国晚期就已经出现并应用了。《韵会》一书引徐锴本说“押，署也”，《广韵》所记载的与此大致相同。有研究者认为，商周时期青铜器上的族徽符号便存在署押的性质，然而这与后来所指的文书上完全规范化的押署尚不是一回事。

据岳珂《古冢盆杅记》所记，在西晋永宁元年（301年）的甓上，记有工匠的姓名，其下有文如“押”。王献唐在《五镫精舍印话》中引用这段记录后又说：“是晋时已有押制，余藏永建五年砖，一侧有文，亦似押字，其

2　周晓陆：《押印杂谈》，载《元押：中国古代篆刻艺术奇葩》，江苏美术出版社，2001，第1页。

3　韩非：《韩非子》，高华平等译注，中华书局，2015，第519—520页。

他汉砖时有其式。”[4]

南北朝时期，署押又称“画敕”“花字”“花书”等，在高似孙的《纬略》中，即记载有齐高帝使江夏郡王学画“凤尾”的故事，这种“凤尾”就是花书，是一种特殊样式的花押。

唐代时期，文书中押署的使用已经比较普遍，据《初学记》引言：“尚书台召人用虎爪书，告下用偃波书，皆不可卒学，以防矫诈。”此应当是属于花体的押署。唐李肇《唐国史补》记载：“宰相判四方之事有堂案，处分百司有堂帖，不次押名曰花押。”另唐代彦谦有诗云：“忽闻扣门急，云是下乡隶；公文捧花柙，鹰隼驾声势。”宋代黄伯思在《东观余论》中，对唐代时期用押署的情况做了更为详细的记载：“文皇令群臣上奏，任用真草，惟名不得草，后人遂以草名为‘花押’。韦陟五朵云是也。”[5]这个事件在《新唐书·韦陟传》也有明确记载：“常以五采笺为书记，使侍妾主之，其裁答受意而已，皆有楷法，陟惟署名，自谓所书‘陟’字若五朵云，时人慕之，号‘郇公五云体’[6]。”[7]花押印应当是沿着草书演变为押书的，以草书的笔意来图画一种个性化的签名，这种似书非字的记号，不仅起到难以仿效的防伪作用，而且能够给人某种想象，似乎披上了一层神秘的面纱。最后再将这种押书移刻到印面上，和其他书体或专用图形结合为一体，逐步形成和发展成押印这么一种特殊的印章类型。

押署在宋代已经应用得较广泛了，值得注意的是，唐朝“花押”与宋朝“花押”的内涵并不一致。唐朝“花押”是押名，“唐人初未有押字，但草书其名以为私记，故号‘花书’，韦陟‘五云体’是也。余见唐诰书名，未见一楷字。今人押字，或多押名，犹是此意。王荆公押石字，初横一画，左引脚，中为一圈。公性急，作圈多不圆，往往窝匾，而收横画又多带过。常有密议公押歹字者，公知之，加意作圈。一日，书《杨蟠差遣敕》，作圈复不圆，乃以浓墨涂去，旁别作一圈，盖欲矫言者”[8]。宋朝“花押”是押

4 王献唐：《五镫精舍印话》，齐鲁书社，1985。

5 黄伯思：《东观余论》，中华书局，1991，第24页。

6 五云体，亦称“五朵云”，是指唐代韦陟用草书署名的一种花押字体。唐代段成式在《酉阳杂俎续集·支诺皋下》记载：“（韦陟）每令侍婢主尺牍，往来复章，未常自札，受意而已。词旨重轻，正合陟意。而书体遒利，皆有楷法，陟唯署名。尝自谓所书‘陟’字，如五朵云，当时人多仿效，谓之‘郇公五云体’。”宋代张淏《云谷杂记》卷四：“唐文皇令群臣上奏，任用真草，惟名不得草，遂以草名为花押，韦陟五朵云是也。”宋代叶梦得《石林燕语》卷四：“唐人初未有押字，但草书其名以为私记，故号‘花书’，韦陟‘五云体’是也。”清代袁枚《随园诗话补遗》卷三引梁山舟诗：“我自无心结蛇蚓，错传韦陟五云如。”

7 宋祁、欧阳修等：《新唐书》卷一百二十二《列传第四十七》，中华书局，1975，第4353页。

8 叶梦得：《石林燕语》卷四，李欣校注，三秦出版社，2004，第82-83页。

字，押字所押之“字”可能与名相关，也可能与名无关，有时根本就不是“字”，而只是一种符号。宋代末年周密在《癸辛杂识》中记载：“余近见先朝太祖、太宗时朝廷进呈文字，往往只押字而不书名。初疑为检底而未乃有御书批，殊不能晓。后见前辈所载乾淳间礼部有申秘省状，押字而不书名者。或者以为相轻致憾，范石湖闻之，笑其陋，云：‘古人押字，谓之花押印，是用名字稍花之，如韦陟五朵云是也。’岂惟是前辈简帖，亦止是前面书名，其后押字，虽刺字亦是前是姓某起居，其后亦是押字。士大夫不用押字代名，方是百余年事尔。”[9]其实宋代花押是有着特殊规定的，《宋会要辑稿·官职二》记载：“花押字，仍须一手书写，所有内外诸司及诸道州府军监并依此例。”[10]宋代开始，皇帝似乎也与花押结了缘，周密《癸辛杂识·别集》中还记载了“宋十五朝御押”，不过这些押还只是一些提炼化的符号，多由横平竖直的线条和圆圈构成，结构板滞，缺乏韵律之美，但从历代字画上所保留的宋代皇帝御押看，结构还是非常美观漂亮的。宋代文人书画的极大发展也开启了花押与书画结合的先河，宋徽宗赵佶的御笔书画作品常常落款署押“天下一人”，宋仁宗在他所画的御马图上加盖押字印宝，宋初书法家李建中创作书法后常落款署押类似“亚”字。这些早期的花押应视为押印的初萌，其形式生动简明，虽有一定的线条造型能力，但和点、线、面对比，终归是印章意识尚显得薄弱，从押印艺术的角度来看还是不够成熟的。

花押运用的是一种特殊的草体书，设计的成分很重，这些都是防伪杜奸的需要，客观上促成了另类艺术文字的诞生与发展。因押署在文书上位置的不同，又有“押缝”“押首”“押尾”“半押”等，有些形式现在仍在沿用。从现有文物遗存来看，宋代的押署使用情况和元押则已经非常接近。

“押印”是以钤盖于文书类某个特定部位，用以昭凭信、防奸伪的实用印章。押印作为印章艺术的一种独特样式，有着自身独立的艺术语言，无论是种类、形制、形式还是艺术风格等，都比其他类型的印章要丰富很多。至于元代押印盛行的原因，可以从元末陶宗仪的《南村辍耕录》中看出一些端倪：“今蒙古色目人之为官者，多不能执笔花押，例以象牙或木刻而印之。宰辅及近侍官至一品者，得旨，则用玉图书押字，非特赐不敢用。”[11]意思是说，蒙古人和色目人虽然为官，但是没有文化，不会写字画押，只好依靠钤盖印章来完成管理工作。

9　周密：《癸辛杂识后集·押字不书名》，吴企明点校，中华书局，1988，第102-103页。

10　徐松：《宋会要辑稿》，刘琳等校点，上海古籍出版社，2014，第3004页。

11　陶宗仪：《南村辍耕录》卷二，文化艺术出版社，1998，第30-31页。

元代的花押印在宋代的基础上有了进一步的发展，其原因应该是多方面的，其中蒙古族入主中原，统治者多不识汉字，故以花押印作为签名可能也是一个重要原因。清初学者谈迁在《北游录》中谈到皇帝制花押印的事：“甲午二月六日，上召陈名夏作一押字，便于制书。”可见，花押印在当时蒙古帝国高官中推行，上行而下效，元代民间使用花押印的情况也极为普遍，从而使花押印的发展进入了一个鼎盛时期。

二、元押印的艺术风格

元代押印多属于私印类型，入印文字主要是汉字楷书，楷书入印最早见于南北朝时期的印陶，唐宋时期亦有楷书入印，这些楷书印为元代押印广泛使用楷书提供了很好的参考与示范。从某种意义上说，花押印是楷书印和署押的发展与有机结合，组合形成元代押印“字加花”这种类型。这一类型的押印是元代花押印的大宗，也最具特色。

元押在宋押的基础上进一步变化和丰富，从单纯的无边栏的花押到有边栏的押印，由一字押发展到多字押，八思巴文也同汉字一样入印，押印的形制更趋多样，印面的图形、纹饰也更趋丰富。押印外形多种多样，符合当时民间俚俗的审美习惯，如常以鱼形寓意“年年有余”，葫芦形隐喻“福禄”，鼎形象征“鼎盛”，瓶谐“平”音而含有平安之意，龟则益寿延年，这些构成元押文化的鲜明特征。

从传世的押印来看，“单花押印”一般没有边栏，其上部多有一细横，下部加一粗横，中间为草书意味的“花书”。虽无边栏，但不嫌松散，尤其是下部的粗横，更增加了印章的稳定感。其他类型的押印有边栏者居多，且极富变化。元押的用字相对单一，魏碑楷书是主流，偶有篆隶入印。其楷书风格多样，既有古拙浑厚一路，也有凝重雄强、飘逸秀美一路。以八思巴文入印者，其形式类似九叠文，线条点画的排迭虽有变化，装饰性较强，但终不如楷书文字的趣味性和艺术性。元押的章法布局同其他类型的印章相比，尤其显得疏朗和空灵，单字押印的字与边之间留有大片空白。图形押印稚拙质朴，趣味横溢，点、线、面的构成富于图画之美，疏密对比强烈，这种计白当黑的构图同现代艺术设计理念有异曲同工之妙。字加花一类的押印采用笔画参差、挪让、呼应等艺术手法，动静结合、敧正相生、浑然一体，在“字”与“花”的处理上达到了高度的和谐统一，形成了花押印特有的艺术风格。

三、文字类押印

文字类的元押可以概括为楷书类、篆书类、蒙文类、汉蒙双文类、类草书花押等。

（一）楷书类押印

楷书类的元押是元代最为通行的一类，其外形一般为长方形，上为汉文楷书，下为押书。魏晋之后篆隶书渐废，社会普遍以楷书为通行字体，因为便于识别，所以实用性很强，元押上很多选用了汉字楷书体作为押印用文字，甚至一些低级官员的印章也选用楷书作为印面文字。由于楷书文字的这种普及性，元代的很多商业用押印也选取了汉字楷书。从存世的元押来看，汉字楷书印占据了大宗。

1. 单字楷书印，根据汉字楷书的字体形状不同，外形也有所变化，但整体以方形为主，如图2.3.1—图2.3.6。

2. 半通形双字楷书印，形状类似秦汉半通印，文字采取汉字楷书布局，有着前所未有的新鲜意味，如图2.3.7—图2.3.9。

3. 三字楷书印，有姓名印与郡名印等，通常三字组合于长方形内，如图2.3.10。

4. 四字楷书印，如图2.3.11。

（二）篆书类押印

由于元代承续了很多前朝的传统与制度，因此篆书作为长期以来沿用的印章字体，虽然因为朝代的更迭而受到削弱，但依然在使用，只是在某些形式上有了发展与变化。这种押印一般也是以长方形为主，如“张（押）”（图2.3.12），上面为篆书“张”字，下面为花押书。又如“汝南郡（押）”（图2.3.13）。

（三）蒙文类押印

由于颁行了八思巴文并将之作为官方正式文字，这种蒙古新型文字在元押中应用也是比较广泛的。

（四）汉蒙双文类押印

元押中也有汉蒙两种文字共存于押印中的情况，如“陈信记”（图2.3.14），正方形布局内纵向分为三部分，左右部分为八思巴文，中间部分为汉文，其中这个押印中汉字的“信”字笔画还做了一些变形设计，近似于花押的形式，处理得非常巧妙。

（五）类草书花押印

元押中还有一种很具特色的类似于草书的花押印，如图2.3.15。

图 2.3.1
乔

图 2.3.2
留

图 2.3.3
达

图 2.3.4
杨

图 2.3.5
义

图 2.3.6
严

图 2.3.7
公正

图 2.3.8
普计

图 2.3.9
天□

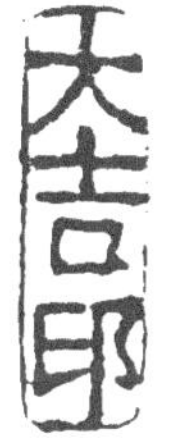

图 2.3.10
大吉印

图 2.3.11
大德元年

图 2.3.12
张（押）

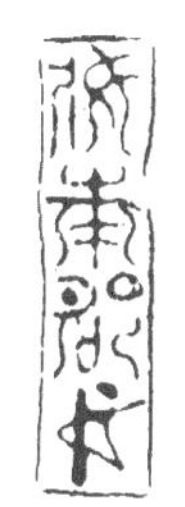

图 2.3.13
汝南郡（押）

图 2.3.14
陈信记

图 2.3.15
花押印

四、图形类押印

元押的另一个大类就是图形类押印，元代的图形类押印和秦汉图形印相似而不同，它并不像秦汉时期的图形印寄寓于一个规矩的圆形或正方形之内，而是随物变化或呈各式几何形变化，可以说元押是有一定的程式化规则，但又有极强个性化的表达的印章形式。元押是一种非常活泼的艺术形式，尤其是图形类押印，吸收了很多民间喜闻乐见的图形内容，并且能和文字进行完美的结合，非常富于时代风貌，是中国印章艺术发展到元代产生的一朵奇葩。

（一）人物形押印（如图2.3.16）。

（二）动物形押印

1. 鱼形押印（图2.3.17—图2.3.20）。

2. 鸟形押印（图2.3.21、图2.3.22）。

3. 兔形押印（图2.3.23）。

4. 鹿形押印（图2.3.24）。

5. 象形押印（图2.3.25）。

6. 龟形押印（图2.3.26、图2.3.27）。

（三）植物形押印

1. 莲花形押印（图2.3.28）。

2. 桃形押印（图2.3.29）。

（四）器物几何形押印

1. 元宝形押印（图2.3.30—图2.3.33）。

2. 葫芦形押印（图2.3.34—图2.3.36）。

3. 鼎形押印（图2.3.37—图2.3.39）。

4. 钟形押印（图2.3.40）。

5. 爵形押印（图2.3.41、图2.3.42）。

6. 宝瓶形押印（图2.3.43）。

7. 琵琶形押印（图2.3.44、图2.3.45）。

8. 瓜形押印（图2.3.46）。

9. 盾形押印（图2.3.47）。

10. 犀角形押印（图2.3.48）。

11. 几何图形押印（图2.3.49—图2.3.57）。

总体来说，元押在当时虽不为文人士大夫所看重，但其所包含的丰富的历史文化信息和多彩的艺术造型样式仍属于中华文化之瑰宝。元押的艺术与文化内涵甚至可以说超过了其原有的印章功能本身。作为一项中国印章艺术中的独特门类，我们对其研究还显得非常不足。但即使是这样，也已经足以让我们领略到元押的风采面貌。

◎ 本章小结

综上所述，元代印章艺术的成就主要有三个方面：一是元代文人书画家直接参与到印章的篆刻中，并且取得重大艺术成就，如赵孟頫刻婀娜婉转的细朱文印，确立了圆朱文印一派新风；王冕以花乳石刻印，开创文人以叶蜡石篆刻的先例。二是一批优秀的印学著作和篆刻印谱的涌现，其中尤为重要的是吾丘衍的《三十五举》，堪称古代最早的印学著作。在印学研究活跃的背景下，不少篆刻家提出了复古、师古的艺术思想，艺术创作与研究相互促进，从而使元代的印章艺术达到了一个新高度。三是作为民间艺术印章代表的元押，为元代的实用印章注入了新的活力，反映了当时整个社会对于印章所倾注的热情。发萌于宋、长成于元的这棵艺术大树，即将在明代开枝散叶，走向成熟。

图 2.3.16
人物形押印

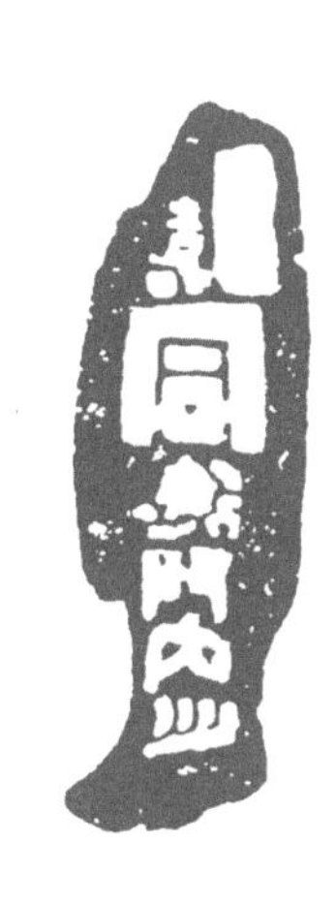

图 2.3.17
鱼形押印

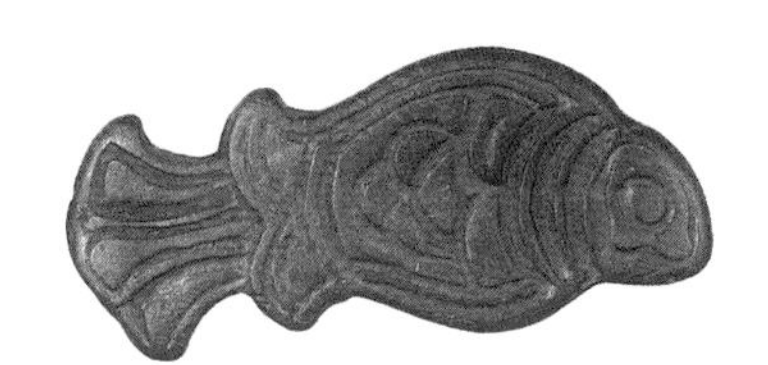

图 2.3.18
鱼形押印

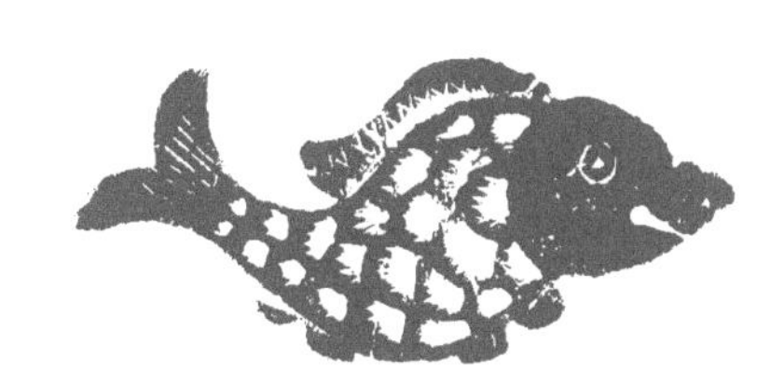

图 2.3.19
鱼形押印

图 2.3.20
鱼形押印

图 2.3.21
鸟形押印

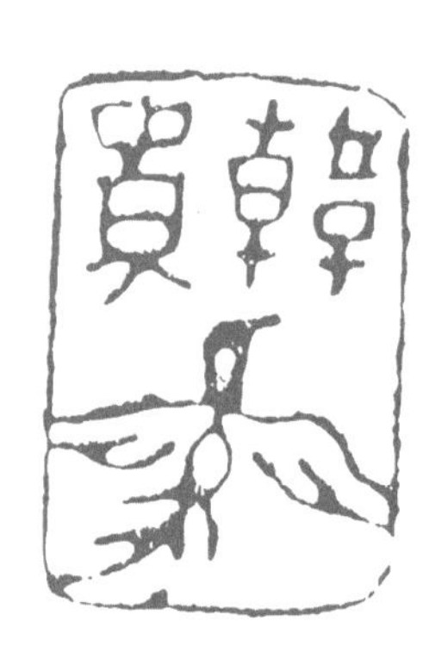

图 2.3.22
鸟形押印

图 2.3.23
兔形押印

图 2.3.24
鹿形押印

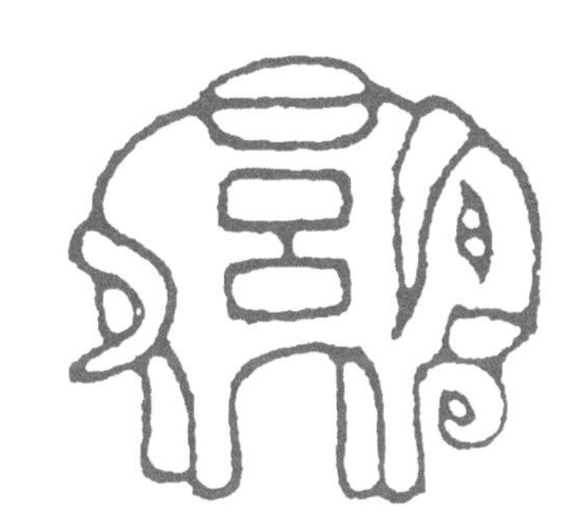

图 2.3.25
象形押印

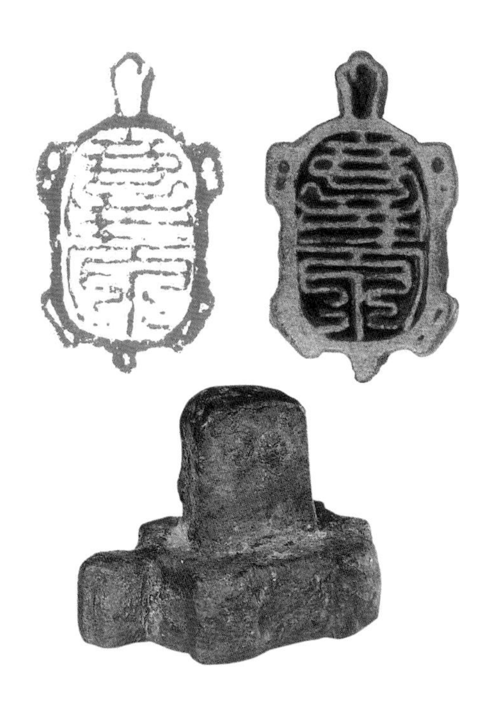

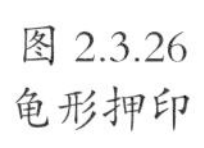

图 2.3.26
龟形押印

图 2.3.27
龟形押印

图 2.3.28
莲花形押印

图 2.3.29
桃形押印

图 2.3.30
元宝形押印

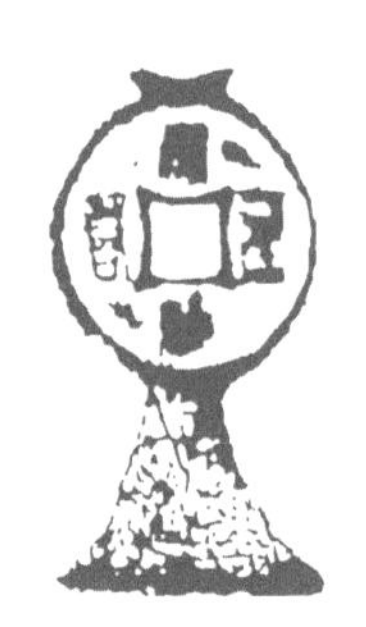

图 2.3.31
元宝形押印

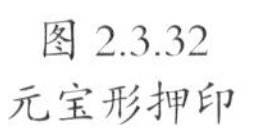

图 2.3.32
元宝形押印

图 2.3.33
元宝形押印

图 2.3.34
葫芦形押印

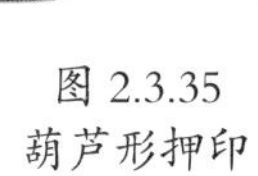

图 2.3.35
葫芦形押印

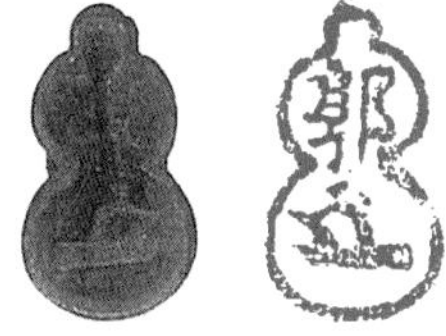

图 2.3.36
葫芦形押印

图 2.3.37
鼎形押印

图 2.3.38
鼎形押印

图 2.3.39
鼎形押印

图 2.3.40
钟形押印

图 2.3.41
爵形押印

图 2.3.42
爵形押印

图 2.3.43
宝瓶形押印

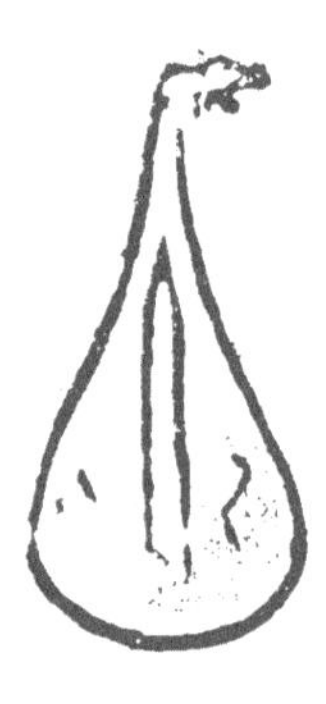

图 2.3.44
琵琶形押印

图 2.3.45
琵琶形押印

图 2.3.46
瓜形押印

图 2.3.47
盾形押印

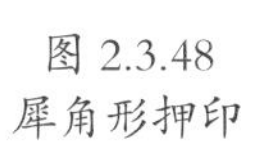

图 2.3.48
犀角形押印

图 2.3.49
七边形押印

图 2.3.50
圆形押印

图 2.3.51
双联形押印

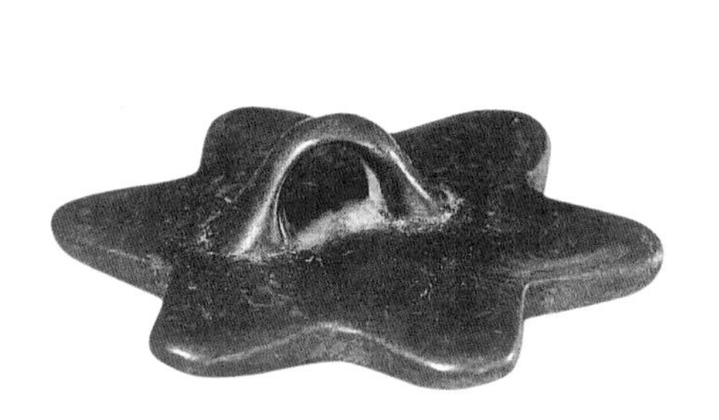

图 2.3.52
六角形押印

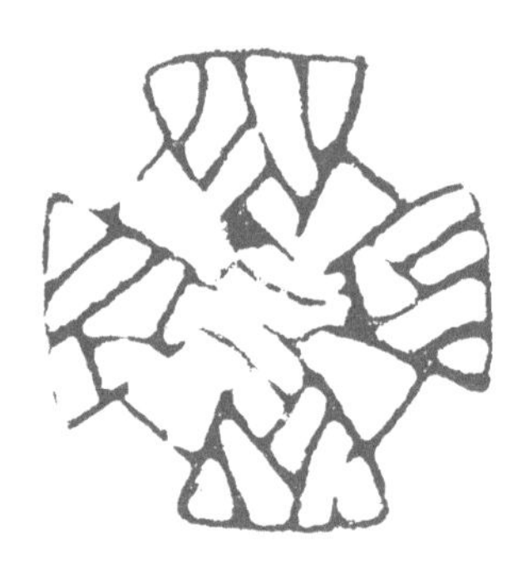

图 2.3.53
四出形押印

图 2.3.54
方形押印

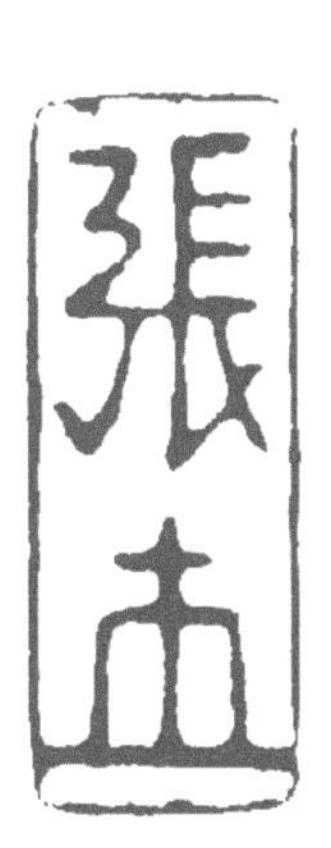

图 2.3.55
长方形押印

图 2.3.56
长方形押印

图 2.3.57
长方形押印

第三章

集派期——明代

明代是中国历史上继秦汉之后出现的另外一个印学高峰。明代篆刻最突出的特点是文人对篆刻艺术的参与和实践较宋元时期有了一个很大的提升，明代是篆刻艺术真正开始走向艺术化的时期。这一时期，“流派意识”开始出现，不同地域内部的印风传承呈现出稳定化趋势。从明代初期至中期，篆刻艺术发展尚处于相对缓慢的阶段，自明代中期开始，尤其是自正德（1506—1521年）、嘉靖（1522—1566年）之后，江南地区的印学实践有了一个质的飞跃，文彭、何震等印学大家相继迭出，印人印风开始出现个性化，在此基础上，印学大家身边出现了众多追随者，最终将明代篆刻推向了一个新的高度。明代晚期的篆刻发展总体看来虽然并未跳出文、何的篆刻样式，但是值得注意的是这一时期也并非一成不变，印人的“风格意识”开始变得强烈，以至于催生出了“流派意识”，使明代晚期成为篆刻史中最为激动人心的时期之一。

第一节　明代篆刻发展的几个重要因素

一、文人介入篆刻艺术与明代篆刻发展的关系

明代文人参与篆刻艺术的热情较宋元时期有了一个很大的提升，宋元时期开始出现文人与“工匠”合作，由文人参与印稿设计，然后交付“工匠”进行篆刻，这些“工匠”虽然与文人之间的关系密切，但其身份构成仍较为单一，文献中仍不免将其称为“刊匠”“刊生”。可以这样说，宋元时期的文人虽然篆稿，但其创作实践尚未形成风气。及至明代，这一状况有了较大转变。明代中后期，江南手工业和商业的繁荣促使社会阶层进一步细致分化，市民阶层人数逐渐增加，人员构成复杂，商人、手工业者、店铺主、作坊主、艺人、古董商、妓女、隶役等职业活跃于社会之中。受明代中晚期社会整体风气的影响，印人开始正式成为社会角色之一，其社会地位有所提升，社会上表现出对篆刻一道的肯定，即“一技之微，亦足以传人”。与此同时，明代印人的身份构成渐趋复杂，众多有着科举功名的文人也参与到篆刻实践队伍之中，到明代晚期，这一现状变得更为突出。以明代晚期南直隶（今江苏省、安徽省、上海市）为例，具有进士身份的印人就有多位，如：华亭朱蔚，明万历二十九年（1601年）武进士；昆山陈世埈，明万历三十八年（1610年）庚戌进士；长洲（今江苏苏州市东北）文震孟，明天启二年（1622年）壬戌进士；南京黄周星，明崇祯三年（1630年）庚午进士；常熟严栻，明崇祯七年（1634年）甲戌进士；华亭夏允彝，明崇祯十年（1637

年）丁丑进士；南京周亮工，明崇祯十三年（1640年）庚辰进士；江都张恂，明崇祯十六年（1643年）癸未进士。

这些进士出身的印人，对于篆刻实践并非浅尝辄止，他们对此有着近似痴迷的癖好与极为深厚的艺术见解。除进士出身的印人外，还有更多的印人有着诸如举人、诸生等科举功名。这一转变是与明代整体的篆刻发展密不可分的，一方面，从正德、嘉靖年间之后，明代篆刻的发展变成一种“举国之狂”，吸引着众多文人进入篆刻创作队伍；另一方面，文人介入篆刻实践队伍的直接后果是提升了篆刻艺术的审美品位。文人介入篆刻艺术是明代篆刻史发展中的一个极其重要的动力与背景。

二、印人家族与姻娅网络对明代篆刻发展具有较大的推动力

在中国古代社会，文学艺术的传承多集中在文艺世家内部子弟之中，不同世家大族之间的联姻又是文学艺术传播的重要途径之一。明代中晚期篆刻艺术的发展与印人家族中的家风、家学以及印人之间的姻娅网络关系密不可分。这在江南一带表现尤为突出，江南世家大族之间本身存在深刻的“世家道谊”，在“世家道谊”的基础上，基于相同的社会等级、声望、文化水平等因素，不同望族之间往往进行联姻，当联姻达到一定程度，即会形成一张强大的姻娅关系网络。这种姻娅网络有强大的社会优势，不仅使得不同家族之间在社会声誉上可以相互借重，更重要的是，一个家族中的文学艺术也可以通过姻娅网络迅速传播出去，从而形成联系紧密的文学艺术创作群体。家族、姻娅网络之间的印学传播主要表现在家族传播过程中时间的绵延性和姻娅网络传播过程中地域空间的扩展性。

在家族的日常生活中，家学的传承最为顺其自然，通过耳濡目染，或是潜移默化，将家族中优秀的基因传递至子辈，这种传承的影响力极其强大与持久，具有很强大的时间绵延性。以16世纪的文彭家族来看，印学传承时间最为持久。文彭生子二，长子文肇祉（1519—1587年），字基圣，号雁峰，能诗文书画，工隶书，得文彭之传；次子文元发（1529—1602年），字子悱，号湘南，王穉登婿，亦能工书画。文元发生子四，分别是文震孟、文从升、文震亨、文震缨。其中，文震孟其人能够传承文彭印学，擅长刻印，顾湘《小石山房印苑》收其“瞿式耜印”“起田氏”二印，并列其名于文彭之后，顾湘云：“文震孟，字文起，别号湛持……颇精篆法，酷似祖风，余故登之三桥之后。”[1]

虽然未见文震亨的印章作品传世，但文献记载其亦能篆刻，并且在其《长物志》中有大量论述印章的文字，其中卷七《器具》五十五《印章》一

1　顾湘：《小石山房印苑》卷一，光绪甲辰海虞顾氏刻本。

文论述诸种印料之优劣、印钮之雅俗、印池之形制等，多有可资借鉴之处。[2]在文彭家族中，印学传承的时间至少要绵延到清代初期，这无疑对整个吴门地区的篆刻发展起到了重要的推动作用。

与文彭家族相类似，吴江周应愿一族中的子弟也多擅长篆刻，钱谦益《题吴江周氏家谱后》云："余惟周氏南渡世家……吴中高门甲第，兰锜相望，未有是也……当世文人词客，著书满家，相与搜虫鱼、矜篆刻者，亦未有是也。"[3]

这些不同的印人家族之间又相互联姻。以明代文人篆刻最为兴盛的苏州为例，活跃于晚明苏州一带的印人大多数与文彭家族之间存在姻亲关系，甚至是累世姻亲与多重姻亲关系并存，这对明代篆刻艺术的传播起到了不可忽视的作用。

三、印章材质的变革为明代篆刻发展提供了契机

印章材质的变革对明代篆刻的发展影响深远。元代末期画家王冕以花乳石镌刻印章，开启了印章材质在文人篆刻中变革的先声，及至明代中后期，石质章料经由文彭的推崇而风靡一时，完成了印章材质的一次大转化，同时也直接为明代中后期文人篆刻的发展提供了一个比以往优越的条件。关于这一点，明代吴名世在《翰苑印林序》中所言颇为中肯，其云："石宜青田，质泽理疏，能以书法行乎其间，不受饰，不碍力，令人忘刀而见笔者，石之从志也，所以可贵也。故文寿承以书名家，创法用石，实为宗匠，何雪渔损益变化，海内姓字，经其手裁，奉为圭璧。"[4]

青田石等石质章料的使用，改变了部分文人不能镌刻铜、玉、牙等坚硬材质的局面。同时，篆刻家在石料镌刻的过程中能够较好地体验到刀石之间的微妙变化，他们在这一过程中的主观体验变得越来越细腻，这一定程度上左右了篆刻技法的生成与印学理论的构建。明代篆刻的发生与发展与石章的使用密不可分。

四、集古印谱的大量出现开拓了印人之眼界

中国古代集古印谱的出现大约以宋代崇宁、大观年间杨克一的《集古印格》为始，其后虽有不少集古印谱出现，但是对于篆刻艺术的根本性影响并不突出，这一情况要到明代才发生转变。明代是集古印谱最为兴盛的时期，

---

2 文震亨：《长物志校注》，陈植校注，杨超伯校订，江苏科学技术出版社，1984，第310页。

3 钱谦益：《牧斋有学集》卷四十九《题吴江周氏家谱后》，上海古籍出版社，1996，第1602-1603页。

4 吴名世：《翰苑印林序》，载郁重今编纂《历代印谱序跋汇编》，西泠印社出版社，2008，第181页。

集古印譜卷之一
太原王常延年編
武陵顧從德汝脩校
秦漢小璽

图 3.1.1
罗王常编，顾从德校《印薮》（木刻本），明万历三年（1575 年）

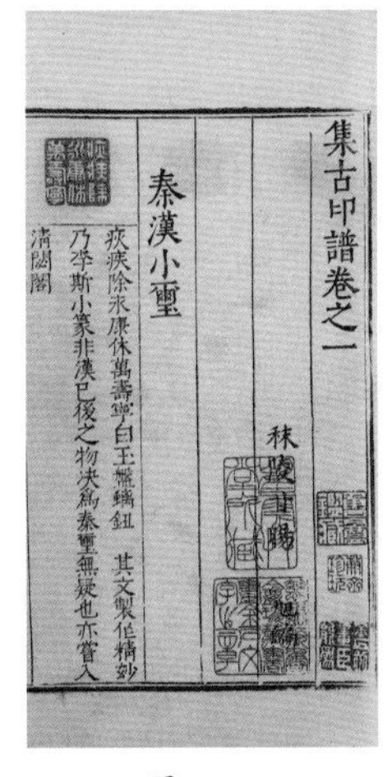
集古印譜卷之一
秦漢小璽

图 3.1.2
甘旸《集古印正》，明万历二十四年（1596 年）

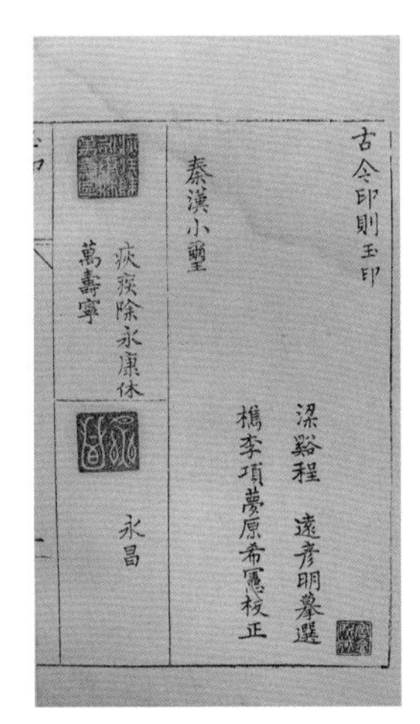
古今印則 玉印
秦漢小璽
疢疾除永康休
萬壽寧
永昌

图 3.1.3
程远《古今印则》，明万历三十年（1602 年）

也是集古印谱对篆刻艺术影响最大的时期。一方面，集古印谱对印人取法借鉴有着重要影响，使印人能够溯源秦汉，刺激了篆刻艺术的发展；另一方面，明代篆刻创作实践的繁荣也进一步促使更多集古印谱出现。影响明代篆刻最大的一本集古印谱是成书于隆庆六年（1572年）的《顾氏集古印谱》，其刊印者是顾从德，是谱收玉印一百五十方，铜印一千六百余方，以原印蘸印泥钤出，仅成书二十部。虽然成书少，但是因《顾氏集古印谱》再现了秦汉印章的风神面目，因此对当时印坛造成不小的影响，如明末印人甘旸在《印章集说》中云："隆庆间，武陵顾氏集古印为谱，行之于世，印章之荒，自此破矣，好事者始知赏鉴秦汉印章，复宗其制度。"

万历三年（1575年）顾氏又以《顾氏集古印谱》为底本加以扩充，以木刻翻摹而成《印薮》（图3.1.1）。《印薮》的复制传播远远比《顾氏集古印谱》广泛，使得大多数印人有机会见到这部印谱，所以其影响也要比《顾氏集古印谱》大得多。刘世教《吴元定印谱序》云："夫摹印之学，至今日而最盛，学士大夫亡不人人能言之，盖自顾氏之《印薮》始……自《印薮》出，而人始知秦汉遗法。"[5]《顾氏集古印谱》《印薮》等印谱，对明代篆刻家取法秦汉印章的重要性不言而喻，其直接结果便是促使明代篆刻风气的转变，所谓"今夫学士大夫，读印便称慕秦汉印"。同时，各种集古印谱的大量出现，对篆刻家眼界的提升也起到了不小的作用，如许令典称何震："自云间顾氏广搜古印，汇辑为谱，新安雪渔，神而化之，祖秦汉而孙宋、元，其文轻浅多致，止用冻石，而急就犹为绝唱。"[6]

在《顾氏集古印谱》《印薮》之后，又出现了多种集古印谱，如万历二十五年（1597年）范汝桐的《范氏集古印谱》、万历四十三年（1615年）郭宗昌的《松谈阁印史》等。此外，名家摹刻印谱在明代末期也大量出现，如张学礼的《考古正文印薮》、甘旸的《集古印正》（图3.1.2）、陈钜昌的《古印选》、程远的《古今印则》（图3.1.3）、余藻的《石鼓斋印鼎》等，这些集古印谱与摹古印谱的出现对明代篆刻史的发展起到了重要的推动作用。

5　刘世教：《研宝斋遗稿》卷七《吴元定印谱序》，载《四库未收书辑刊》六辑第二十五册，北京出版社，2000，第 262 页。

6　许令典：《甘氏印集序》，载黄惇《中国古代印论史》，上海书画出版社，1994，第 149 页。

第二节　明代篆刻艺术的成就

明代篆刻的兴盛与繁荣不是突然间产生的，从宋代开始，文人开始逐渐介入篆刻领域，例如米芾即对印文和印章边框的粗细等问题做出了讨论，及至元代，随着诗书画印的进一步融合，文人对篆刻的讨论开始有了很大的进步，汉印的美感开始引起人们的重视，甚至有不少文人开始直接参与到篆刻活动中。在文人书画用印方面，自明代中后期开始，江南一带文人的书画用印风格逐渐稳定化，即表现为朱文印承元代之余绪，白文印以汉印为典则，如吴宽、沈周、祝允明、唐寅、文徵明、李梦阳、文彭、文嘉等书画用印，皆以此二类风格为主（图3.2.1—图3.2.14）。明代篆刻的发展建立在宋元印学发展的基础之上，纵观整个明代的篆刻发展，其取得的成就较宋元时期大得多，具体表现在以下几个方面：一是印章由实用性到艺术性的转化完成，文人篆刻的典范出现；二是印人大家、印谱编纂、印学理论构建达到一个新的高度；三是明代篆刻的发展中心不再像元代一样，仅仅集中在吴门一带，而是吴门、徽州、福建等地此起彼伏，多地域同时展开，以至于到明代晚期岭南地区也开始出现一个印学发展的小高潮；四是历史发展到明代晚期，印人的"风格意识"开始变得强烈，不同类型的印风开始出现，篆刻史中的"流派现象"开始登上历史舞台。

图 3.2.1
吴宽（用印）"匏庵"，
尺寸 1.9 cm × 2.1 cm

图 3.2.2
沈周（用印）"白石翁"，
尺寸 2.6 cm × 2.6 cm

图 3.2.3
祝允明（用印）"睎哲"，
尺寸 2.2 cm × 2.2 cm

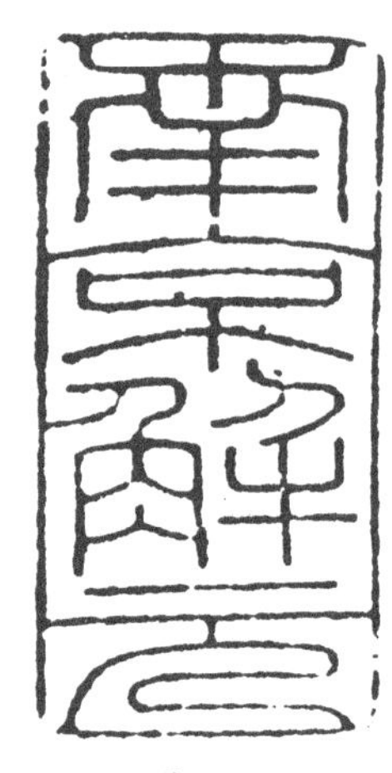
图 3.2.4
唐寅（用印）"南京解元"，
尺寸 5.6 cm × 2.9 cm

一、印章由实用性到艺术性的转化完成，文人篆刻的典范出现

篆刻史发展到明代，以文彭、何震等为代表的篆刻大家，在继承宋元以来文人篆刻艺术的基础上，以追求自我风格为目的，开始了不同的尝试，个人风格出现，为后世文人篆刻的发展树立了一种典范。尤其是文彭，作为宋元以来文人篆刻的集大成者，对后世影响非凡，后世篆刻的前进与演变无不是在此基础上进行，以至于出现了以文彭篆刻作为篆刻雅俗评判标准的现象，如王穉登《〈金一甫印谱〉序》云："盖印章之技，自文寿承博士而后，不家鸡即野狐耳。"

与此同时，印章作为凭信的社会功能逐渐退居次要位置，取而代之的是文人篆刻家对印章审美等要素的追求。可以说，明代篆刻已经完成从实用性到艺术性的转化。

二、印人大家、印谱编纂、印学理论构建达到一个新的高度

明代篆刻艺术得以达到一个新的历史高度，离不开一些影响深远的印

图 3.2.5
文徵明（用印）“衡（衡）山”，
尺寸 1.8 cm × 1.8 cm

图 3.2.6
文徵明（用印）“徵仲”，
尺寸 1.8 cm × 1.8 cm

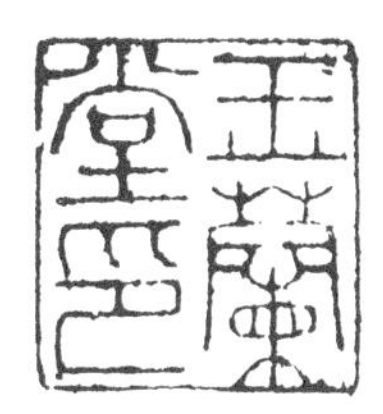

图 3.2.7
文徵明（用印）“玉兰堂印”，
尺寸 2.3 cm × 2.2 cm

图 3.2.8
李梦阳（用印）“李梦阳印”，
尺寸 2.7 cm × 2.7 cm

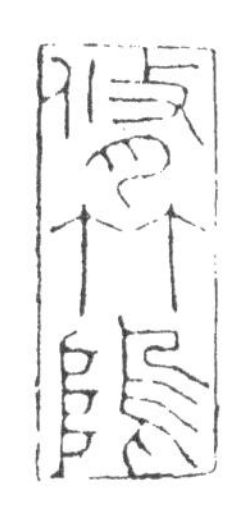

图 3.2.9
王守（用印）“修竹坞”，
尺寸 2.9 cm × 1.2 cm

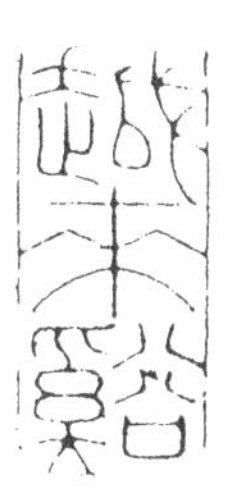

图 3.2.10
王守（用印）“越来溪”，
尺寸 2.9 cm × 1.3 cm

图 3.2.11
王宠（用印）“太原王宠”，
尺寸 1.6 cm × 1.6 cm

图 3.2.12
文伯仁（用印）“摄山长”，
尺寸 2.2 cm × 2.1 cm

图 3.2.13
文嘉（用印）“文嘉之印”，
尺寸 1.9 cm × 1.9 cm

图 3.2.14
文嘉（用印）“文水道人”，
尺寸 2.4 cm × 1.7 cm

人。从正德、嘉靖年间开始，苏州一带的印学活动进入了一个十分活跃的时期，尤其是文彭、何震的出现，直接影响了明代后期篆刻史的发展方向。文、何的出现可以看作文人篆刻艺术自身一个质的变化，至此篆刻艺术已经完全转变到了“艺术性”的发展方向。明代是印谱编纂的第一个高峰时期，不论是集古印谱，还是名家自刻印谱都大量涌现。比较著名的集古印谱有顾从德的《顾氏集古印谱》《印薮》及甘旸的《集古印正》、范汝桐的《范氏集古印谱》、程远的《古今印则》、陈钜昌的《古印选》、余藻的《石鼓斋印鼎》等；汇集当代名家的印谱有张灏的《承清馆印谱》（图3.2.15）、《学山堂印谱》（图3.2.16），名家自刻印谱更是众多，如苏宣的《苏氏印略》、赵宧光的《赵凡夫先生印谱》、邵潜的《皇明印史》、梁袠的《印隽》、胡正言的《印存初集》等，这些集古印谱与名家自刻印谱一方面是明代篆刻兴盛的表现，另一方面也是促进明代篆刻发展的一个因素。印学理论的构建到明代才算是走上正轨，明代文人与印人在前人的基础上，吸取文学、书法、绘画既有的理论，开始构建出完整的印学理论框架，不论是对刀法、字法等具体的技法，还是对篆刻审美等因素都进行了深入的探讨，理论框架逐渐完备。明代比较著名的印论文字众多，如沈野的《印谈》、甘旸的《印章集说》、周应愿的《印说》（图3.2.17）、杨士修的《印母》、徐上达的《印法参同》（图3.2.18）、朱简的《印经》和《印章要论》等。

印人大家、名家迭出，印谱编纂风气兴盛，印学理论的逻辑体系构建逐渐完备，这些既是明代篆刻发展兴盛的表现，也是明代篆刻发展所取得的巨大成就。印人、作品与印学理论在明代最终能够融合、交汇，是篆刻史的一个质的飞跃。

三、明代篆刻的发展中心呈现出多地域性的特征

明代篆刻发展的一个显著特点是出现了多个印学中心，在不同地域中形成相对稳定的印风体系，这尤其表现在正德、嘉靖之后，文、何二人所处地域的不同，对不同地域的印风构建起到了关键性的作用。总体来看，明代中后期的印学中心主要集中在苏州及其周边，以及徽州一带，从明代晚期开始，福建、广东等地区的篆刻发展也逐渐兴盛起来。

苏州一带，自古是人文渊薮之地，其世家望族，往往一门风雅，且人才辈出，世代相传，历久不衰，从元代末期开始，苏州已经成文人篆刻发展的滥觞之地。到明代中后期，苏州地区更是成为“图章之星宿海”。与此同时，徽州地区的印学发展也不容小觑，该地出现了众多影响深远的印人，如何震、苏宣、朱简、汪关、吴良止、吴仰唐、詹景凤等，这些印人都能主导一时的印章风格。随着徽籍印人的流动，影响逐渐扩展到全国范围内。

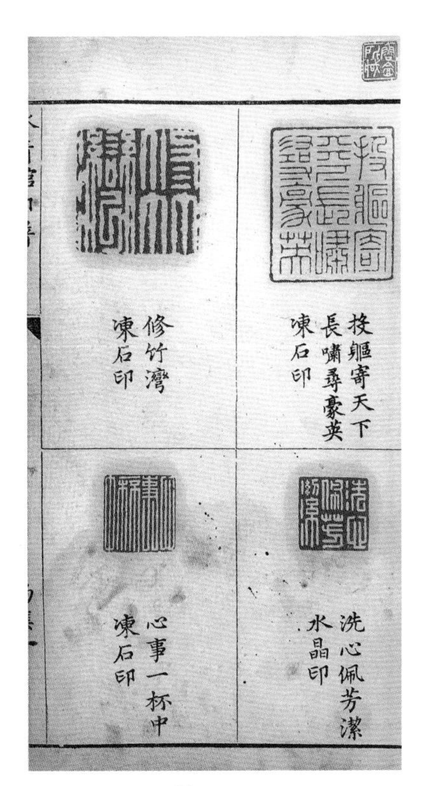
投軀寄天下長嘯尋豪英 凍石印
修竹灣 凍石印
洗心佩芳潔 水晶印
心事一杯中 凍石印

图 3.2.15
张灏《承清馆印谱》，明万历四十五年（1617 年）

學山堂印譜卷之一
明古吳白於山人張灝夷令氏鑒藏
壻葛鼒竑調參攷
學山迂士
古吳張灝印章

图 3.2.16
张灏《学山堂印谱》，明崇祯七年（1634 年）

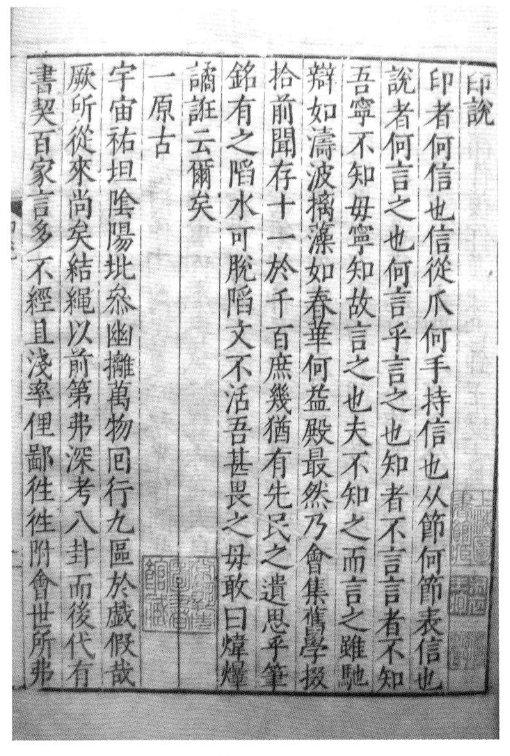
印說
印者何信也信從爪何手持信也从節何節表信也
說者何言之也何言乎言之也知者不言言者不知
吾寧不知毋寧知故言之也夫不知之而言之雖馳
辯如濤波摛藻如春華何益殿最然乃會集舊學掇
拾前聞存十一於千百庶幾猶有先民之遺思乎筆
銘有之陷水可脫陷文不活吾甚畏之毋敢曰煒煒
諵誑云爾矣
一原古
宇宙祐坦陰陽坻叅幽攡萬物回行九區於戲假哉
厥所從來尚矣結繩以前第弗深考八卦而後代有
書契百家言多不經且淺率俚鄙往往附會世所弗

图 3.2.17
周应愿《印说》书影，明万历刻本

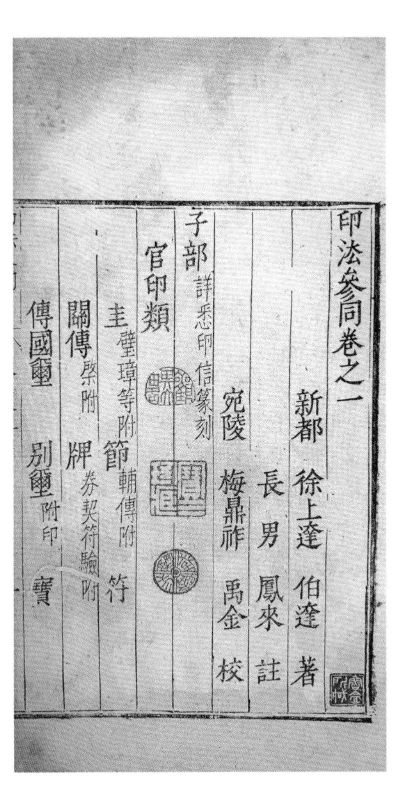
印法參同卷之一
新都 徐上達 伯達 著
長男 鳳來 註
宛陵 梅鼎祚 禹金 校
子部 詳悉印信篆刻
官印類
圭璧璋等附 節輔傳附 符
關傳棨附 牌券契符驗附
傳國璽 別璽附印 寶

图 3.2.18
徐上达《印法参同》，明万历四十二年（1614 年）

自明代隆庆、万历年间开始，福建地区的经济发展良好，文化日渐繁荣，尤其是诗文成就，有直追江南之势，这为福建地区篆刻的发展营造了一个良好的文化氛围。到明代晚期，福建逐渐出现了一个印学发展的小高潮，较为著名的印人有黄巩、魏植、黄昇、严佛宣、余藻、刘履丁等。广东地处岭南，篆刻艺术发展较吴门、徽州等地要落后得多，但是在明代后期也出现了几位开时代风气的印人，如袁登道、朱光夜、黄仲亨等。总体来看，明代晚期闽粤地区的印学实践，改变了明代中期印学发展过程中吴门地区"一枝独秀"的局面，使晚明篆刻发展呈现出"遍地开花"的状态。晚明闽粤两地的篆刻实践成为中国篆刻史中不可或缺的一部分。

四、明代篆刻艺术的"风格意识"与"流派现象"开始出现

篆刻史发展到明代中晚期，"风格意识"与"流派现象"开始出现，这也成为明代篆刻史中最为重要的成就之一。明代篆刻发展中的流派现象实际上是较为复杂的，对于这一现象的阐释，应当首推朱简，其《印经》一文中第一次划分出活跃于明中后期的三大篆刻流派。《印经》中言："德（正德1506—1521年）、靖（嘉靖1522—1566年）之间，吴郡文国博寿承氏崛起，树帜坫坛，而许高阳、王玉唯诸君相与先后周旋，遂尔名倾天下。何长卿北面师之，日就月将，而枝梧构撰，亦自名噪一时。嗣苏尔宣出，力欲抗衡，而声誉少损，乃僻在海隅，聊且夜郎称大。或谓寿承创意，长卿造文，尔宣文法两驰，然皆鼻盾手也。由兹名流竞起，各植藩围，玄黄交战，而雌黄甲乙，未可遽为定论。乃若璩元玙、陈居一、李长蘅、徐仲和、归文休，暨三吴诸名士所习，三桥派也。沈千秋、吴午叔、吴孟贞、罗伯伦、刘卫卿、梁千秋、陈文叔、沈子云、胡曰从、谭君常、杨长倩、汪不易、邵潜夫，及吾徽、闽、浙诸俊所习，雪渔派也。程彦明、何不违、姚叔仪、顾奇云、程孝直与苏、松、嘉禾诸彦所习，泗水派也。又若罗王常、何叔度、詹淑正、杨汉卿、黄表圣、李弄丸、汪仲徽、江明初、甘旭，皆自别立营垒，称伯称雄。而沈从誉、张吴军、程敬，敷驰楚服，空谷之足音乎？至周公谨衍义敷辞，谈空入微，而渊源未疏。犹之胡僧说法，自可悦人观听。"[7]

根据朱简的划分，明代中后期的三大篆刻流派分别是文彭的"三桥派"、何震的"雪渔派"以及苏宣的"泗水派"，除此三大流派之外，朱简另将甘旸等划为"别立营垒"的印人。

朱简所论述的篆刻流派在一定程度上是印章风格趋同所带来的结果，

7 朱简：《印经》，载韩天衡编订《历代印学论文选》上册，西泠印社出版社，1999，第139页。

与其说是具体的流派现象，不如将其认为是篆刻艺术发展到明代，印人开始追求不同审美风格的结果。我们都知道，元代是文人篆刻的一个不可忽视的源头，在元代，印学理论与实践无不倡导古雅质朴的汉印印风，如赵孟頫明确提出反对“以新奇相矜”“不遗余巧”的印风，转而追求“汉魏而下典型质朴之意”。纵观整个元代的篆刻风格，其面目基本上都是典雅的圆朱文和质朴的仿汉印类型，这从元代书画家作品上的用印中也能看出。这种格局一直延续到了明代初中期，而真正的改变，要到明代正德、嘉靖之后，也就是文、何所处的时代。明代中后期，篆刻家不再拘泥于汉印的风格特征，而是在此基础上有所突破，注重强调某一类的“审美意识”，以及体现此种审美的具体技法，从而形成具有典型性的印风，如文彭典雅纯正的印风、何震猛厉恣肆的印风、苏宣浑朴典雅的印风、汪关平和纯粹的印风都是具有典型性的。在这一过程中，这些优秀的篆刻家会自然而然地吸引其他人向其靠拢，当一种风格为多人所接受并付诸实践时，即会出现“名流竞起，各植藩围”的类似流派的现象。

需要指出的是，在明代中后期，朱简所论述的这些印人自身并没有自发的流派意识，直接以“流派说”来划分印人并不严格，“流派”一词边界较为清晰，其界定的范围较为严格，故而很难将这些印人对号入座式地放入某一流派之中。如若强行放入，其本人未必赞同。如朱简将吴正旸（午叔）划入何震之“雪渔派”，然吴氏自云：“余无所师授，以古为摹，融会诸家，独摅心得，字画笔法，与主臣差不相类，主臣得之为主臣，我得之为我耳。”[8]仅就明代而言，这一时期的篆刻发展还谈不上存在严格的篆刻流派，即便是文人篆刻家的鼻祖文彭，其个人也未曾以某一流派自居，但其印章的风格特征无疑是具有典型性、标杆性的。我们再回过头来看朱简所论述的明代几大篆刻流派，实际上也是持有不同印风的印人的类聚现象，这与清代中期的浙派有着本质的区别，我们可以将其称为“篆刻流派的前身”或“篆刻流派的萌芽时期”。这种“篆刻流派的萌芽”却为清代篆刻流派的形成奠定了坚实的基础，这也是明代篆刻取得的不可磨灭的成就之一。

8 吴正旸：《〈印可〉自序》，载韩天衡编订《历代印学论文选》下册，西泠印社出版社，1999，第490页。

第三节 明代江南地区的几大篆刻流派

一、文彭及其印风的传承者

要谈明代篆刻的发展，文彭是我们首先要面对的一个关键性人物，这不仅仅是因文彭本人对于明代篆刻发展十分重要，更是因其在中国文人篆刻史上产生了巨大的影响。

文彭（1497—1573年），字寿承，号三桥，长洲县人，文徵明之长子。与文徵明一样，文彭的仕途之路也是比较坎坷，嘉靖三十五年（1556年），六十岁的文彭始以贡生资格被荐举赴京入试礼部，次年官授嘉兴府学训导一职。文彭在嘉兴任上的第二年，文徵明去世，文彭丁忧回籍，服除之后历官顺天府学训导、国子监学录，并于隆庆三年（1569年）累至南京国子监博士，故后世称其“文国博”。

文彭未仕之前，侍父家居，与父辈友人时常周旋，与其往来密切的有祝允明、沈周、王宠、周天球、钱榖等人，“赋性坦夷”的文彭得到了其父辈友人们的赞赏与期许，据其弟文嘉回忆，文彭、文嘉兄弟二人的名字即是沈周所起，文嘉题《沈石田仿唐宋元六大家卷》：

“嘉六七岁时，石田先生至舍，先君请命之名，先生云‘彭’‘嘉’，二字俱从‘士’，盖以文士相期吾兄弟耳。”[9]

文彭诗文书画都能承其家学，尤其以书法和篆刻著称于世。其书法以行草见长，受文徵明的影响较大，其篆刻成就最大，被后世称为文人篆刻的鼻祖，周亮工《赖古堂印人传》云：“论印之一道，自国博开之，后人奉为金科玉律。”

文彭对篆刻史的贡献首先在于对印章材质的尝试。在明代之前，篆刻的主要材质是质地较为坚硬的玉、牙、铜等，虽然汉代有石质印章出土，但是作为明器并未普及，到元代，王冕以花乳石治印，同样也没有形成风气。文彭虽然不是历史上第一位以冻石作为篆刻载体的篆刻家，但其影响是王冕所不及的。周亮工《赖古堂印人传》卷一《书文国博印章后》：“余闻国博在南监时，肩一小舆过西虹桥，见一蹇卫驼两筐石。老髯复肩两筐随其后，与市肆互诟。公询之，曰：‘此家允我买石，石从江上来，蹇卫与负者须少力资，乃固不与，遂惊公。’公睨视久之，曰：‘勿争，我与尔值，且倍力

9　陆时化：《吴越所见书画录》卷一，载《续修四库全书》编纂委员会编《续修四库全书》子部第1068册，上海古籍出版社，2002，第62页。

图 3.3.1
（传）文彭刻“七十二峰深处”，牙章，
尺寸 3.1 cm × 3.1 cm

资。’公遂得四筐石，解之即今所谓‘灯光’也。下者亦近所称老坑。时谼中为南司马，过公，见石累累，心喜之。先是，公所为印皆牙章，自落墨，而命金陵人李文甫镌之……公以印属之，辄能不失公笔意，故公牙章半出李手。自得石后，乃不复作牙章。谼中乃索其石满百去，半以属公，半浼公落墨，而使何主臣镌之。于是冻石之名始见于世，艳传四方矣。”

周亮工所记虽是传闻，文彭也并非历史上镌刻石印的第一人，但是冻石的镌刻自文彭之后“艳传四方”是不争的事实。沈野《印谈》记载：“文国博刻石章完，必置之椟中，令童子尽日摇之。”即是论述文彭石章创作的技法之一。

篆刻史发展到文彭生活的明代中后期，“风格意识”逐渐为人们所注意，印章作品的风格开始出现趋同化，篆刻已经开始完成其艺术化的转变，此时，篆刻作品的风格、品位、审美等要素开始成为篆刻家的主要追求内容。文彭最大的贡献是将篆刻的风格、品位、审美等提升到了一个新的高度，周应愿称其篆刻“不衫不履，自尔非常”[10]。文彭的白文印多来源于汉印一路，其朱文篆刻的风格来源于元代赵孟頫、吾丘衍等印学前辈，篆法纯正，平和端庄。（图3.3.1—图3.3.4）明末甘旸曾讲道：“秣陵邢太史稚山、姚羽士征石；吴郡文寿承、许高阳皆留心于斯，而法松雪、子行所遗章篆，世益珍重。”

图 3.3.2
文彭（用印）“文彭之印”，
尺寸 1.95 cm × 1.8 cm

文彭在篆刻史上的意义在于他为后世的篆刻发展树立了典型的“审美意识”与“风格特征”。文彭去世之后，其影响在江南一带并未停止，能够传承其印风的印人有多位，逐渐出现了一种印风趋同现象， 这就是朱简所观察到的“若璩元玓、陈居一、李长蘅、徐仲和、归文休，暨三吴诸名士所习，三桥派也”的由来。在传承文彭印风的印人群体中，较为著名的印人有李流芳、归昌世等。

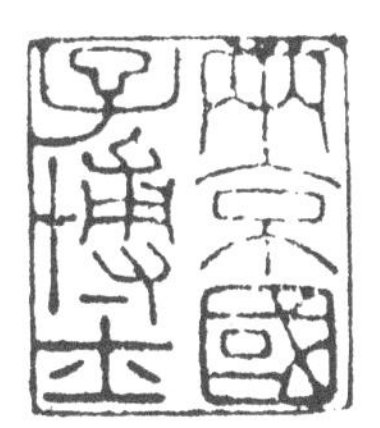

图 3.3.3
文彭（用印）“两京国子博士”，
尺寸 2.5 cm × 2.1 cm

李流芳（1575—1629年），字长蘅，一字茂宰，号檀园，歙县人，寓居嘉定，是著名的“嘉定四先生”之一，万历三十四年（1606年）举人，后绝意仕途，以诗书画印自娱，尤善山水，师法吴镇，名重一时。

据明代王志坚记载，他年少时曾与李流芳、归昌世一起学习篆刻，以此自娱。对于此二人的刻印过程，王志坚在《〈承清馆印谱〉跋》中说道：“方余弱冠时，文休、长蘅与余朝夕，开卷之外，颇以篆刻自娱。长蘅不择石，不利刀，不配字画，信手勒成，天机独妙。文休悉反是，而其位置之精，神骨之奇，长蘅谢弗及也。两君不时作，或食顷可得十余。喜怒醉醒，阴晴寒暑，无非印也。每三人相对，樽酒在左，印床在右，遇所赏连举数大

图 3.3.4
文彭（用印）“三桥居士”，
尺寸 1.9 cm × 1.9 cm

10 周应愿：《印说》“成文”，明万历刻本。

白绝叫不已，见者无不以为痴，而三人自若也。”[11]

李流芳与归昌世的篆刻方式不同。李流芳不择石之优劣，刀之利钝，一任天成，所以他的篆刻作品古朴典雅。（图3.3.5—图3.3.7）而归昌世则与之相反，故其印章秀丽典雅。总体看来，李流芳与归昌世二人的印章文士气十足，并且没有越出文彭的藩篱。

归昌世（1573—1644年），字文休，号假庵，昆山人，归有光孙，归庄父，工诗文，擅画竹，与钱谦益等交甚笃，著有《假庵诗草》。归昌世以篆刻名世，少年时与李流芳游戏此道，“酒阑茶罢，刀笔之声，扎扎不已，或得意叫啸，互相标目前无古人”[12]。归昌世篆刻取法文彭，得其秀丽典雅的风神，在明末颇负盛名，时人称其与文彭、王炳衡鼎足而三，《承清馆印谱》中存其印章多方。（图3.3.8—图3.3.10）

顾听（？—1624年），字元方、元芳，长洲县人。顾听擅长装潢，喜欢收藏古字画，经其手收藏的字画有钱穀的《秋山高隐图》[13]等。

顾听多才能，精通小学，曾与赵宧光共同校订《说文长笺》，崇祯四年（1631年）赵均刻本每卷后皆有“长洲顾听元方重校”的记载，《苏州府志》卷一百九载其传：“（顾听）精于字学，赵宧光纂《说文长笺》，听相与订考。其摹古篆、镌刻印章为海内冠。又研穷历数，造壶漏，算刻度数，不爽毫厘。”[14]

顾听治印流传甚少，其印章风格多和平婉秀，受文彭影响，擅长仿汉印，《印人传》云：“元方为印，直接秦汉，意欲俯视文何者。”[15]又云：“以和平参者汪尹子，至顾元方、邱令和而和平尽矣。”[16]

顾听为印变化不大，倪印元云：“吴门人极推顾元方能肖汉，然拟议有之，未见变化也。”[17]

邱旼，字令和，吴县人，生年不详，卒于清顺治九年（1652年）前。邱旼治印学顾听，也属于取法汉印一路，当然，邱旼的篆刻也有顾听“和平”

图 3.3.5
李流芳“李流芳印”，
尺寸 3.8 cm × 3.6 cm

图 3.3.6
李流芳“长蘅”，
尺寸 3.8 cm × 3.7 cm

图 3.3.7
李流芳“山臞泽之”，
尺寸 3.6 cm × 3.4 cm

图 3.3.8
归昌世“寥落壶中天”，
尺寸 2.74 cm × 2.7 cm

11 王志坚：《〈承清馆印谱〉跋》，载韩天衡编订《历代印学论文选》下册，西泠印社出版社，1999，第 478 页。

12 李流芳：《题汪杲叔印谱》，载韩天衡编订《历代印学论文选》下册，西泠印社出版社，1999，第 464 页。

13 卞永誉编《式古堂书画汇考》卷五十九《画二十九》，文渊阁四库全书本。

14 冯桂芳等：《同治苏州府志》卷一百九，清光绪九年刊本。

15 周亮工：《赖古堂印人传》卷三《书顾元方印章前》，清康熙十二年周在浚等刻本，上海图书馆藏。

16 同上书，卷二《书沈石民印章前》。

17 倪印元：《论印绝句十二首》，载韩天衡编订《历代印学论文选》下册，西泠印社出版社，1999，第 857 页。

图 3.3.9
归昌世“行迈心多违”，
尺寸 2.4 cm × 2.4 cm

图 3.3.10
归昌世“负雅志于高云”，
尺寸 2.4 cm × 1.4 cm

的习气，周亮工云：“令和作印，全仿顾元方，几几乎神似矣。”[18]顾听、邱畋的篆刻在当时苏州一带具有一定的影响，周亮工甚至将邱畋置于程邃之上，周亮工《书黄济叔印谱前》：“寥寥寰宇，罕有合作。数十年来，其朱修能乎？次则顾元方、邱令和，次则万年少、江皜臣、程穆倩、陶石公、薛穆生。”[19]

彼时，尚有多人取法于顾听、邱畋，延续文彭的印风，如无锡王定（字文安）等。

二、何震及其印风传承者

何震是继文彭后出现的另一位篆刻大家，在篆刻史中与文彭并称“文何”，对后世篆刻发展影响颇大。何震（约1530—1604年），字主臣，一字长卿，号雪渔，婺源人，后客居南京，并卒于此，其子何涛，亦能承继其业，擅长刻印。何震早年“破产游吴中”，曾师事于文彭、文嘉兄弟等人，胡应麟《题何长卿文寿承墨竹图》云：“国朝文太史父子风流照映寓内，而寿承篆刻特为一代宗师。长卿自弱冠执业寿承之门，虫书鸟迹不胫而走，六合之外者，越三十禩，即儿童走卒，靡不知有何氏印章者，以较寿承，不啻高师一著矣。”[20]又，周亮工《赖古堂印人传》记载何震事迹，云：“主臣往来白下最久，其于文国博，盖在师友间。国博究心六书，主臣从之讨论，尽日夜不休，常曰：‘六书不能精义入神，而能驱刀如笔，吾不信也。’以故主臣印无一讹笔，盖得之国博居多。”[21]

由此可见文彭对于何震的影响首先在于六书之正讹，即篆刻首重篆书的观点。何震的一生除了受到文彭的影响较大，另有汪道昆对其提携之功颇大，所谓“主臣之名成于国博，而腾于鿍中司马”。汪道昆（1525—1593年），字伯玉，号太函，歙县人，嘉靖二十六年（1547年）进士，擅长古文辞，工诗词，闻名海内。据周亮工记载，汪道昆在南京从文彭处得到冻石百余方，以一半请何震篆刻成之，作为回报，汪道昆推荐何震游艺边塞，“大将军而下，皆以得一印为荣”，何震缘此声名大作，晚年客居南京承恩寺，

18 周亮工：《赖古堂印人传》卷三《书邱令和印章前》，清康熙十二年周在浚等刻本，上海图书馆藏。

19 同上。

20 胡应麟：《少室山房集》卷一百九《题跋三十九首·题何长卿文寿承墨竹图》，文渊阁四库全书本。

21 周亮工：《赖古堂印人传》卷一《书何主臣章》，清康熙十二年周在浚等刻本，上海图书馆藏。

挥金如土，以致囊无一钱，贫困而死。[22]

何震虽然弱冠之年即从文彭学六书之学，但其对于篆刻史最大的贡献在刀法方面。何震篆刻最大的特点是刀法娴熟老练，沉着痛快，淋漓尽致，深得秦汉印章的风神。（图3.3.11—图3.3.15）李流芳在《题汪杲叔印谱》中言道：“国初名人印章，皆极芜杂可笑，吾吴有文三桥、王梧林，颇知追踪秦汉，然当其穷，不得不宋元也。新安何长卿，始集诸家之长而自为一家。”

图 3.3.11
何震“云中白鹤”，
尺寸 2.6 cm × 2.6 cm

何震在晚明的影响仅次于文彭，取法于他的印人众多，周亮工在谈到何震的影响时说道：“自何主臣继文国博起，而印章一道遂归黄山，久而黄山无印，非无印也，夫人而能为印也；又久之，而黄山无主臣，非无主臣也，夫人而能为主臣也。”[23]

图 3.3.12
何震“笑谭（谈）间气吐霓虹”，
尺寸 4.05 cm × 3.9 cm

何涛（生卒年不详），字巨源，一字海若，号萨奴，何震之子，周亮工《印人传》称其“亦能印”。

吴忠（生卒年不详，明代晚期人），字孟贞，歙县人，何震入室弟子，从其学印长达三十余年，何震客死南京，赖吴忠为之经营葬事。明万历四十三年（1615年）刊行《鸿栖馆印选》二卷。吴忠所作印章，毕肖何震，人不能辨别。

吴迥（？—1636年），字亦步，歙县人，其人“颖慧卓悟，博雅轶群”，篆刻师法何震，董其昌称其所作印章“杂之长卿印章，不复可辨”。（图3.3.16、图3.3.17）吴迥于万历四十二年（1614年）刊行《晓采居印印》（图3.3.18），万历四十六年（1618年）复有《珍善斋印印》印谱行世。《珍善斋印印》一谱刊行之时，吴迥年仅二十岁左右，但其篆刻已颇为时人所称许，黄汝亨《题珍善斋印谱》云：“南中今得吴亦步，既解书法，以刀法合之，俊整之中，亦复散朗。”[24]

金光先（生卒年不详，活动于明末），字一甫，休宁人，家道富饶，与袁中道交游颇密，万历三十六年（1608年）袁中道曾携其同归湖北公安。[25]万历四十年（1612年）刊行《金一甫印选》（图3.3.19）两册，上册为其所手摹秦汉印章，下册乃其自刻印章，王稺登、赵宧光等为之作序。据金光先自言，其少时即究心篆刻，曾至苏州拜访文彭、至南京向何震学习，又与赵

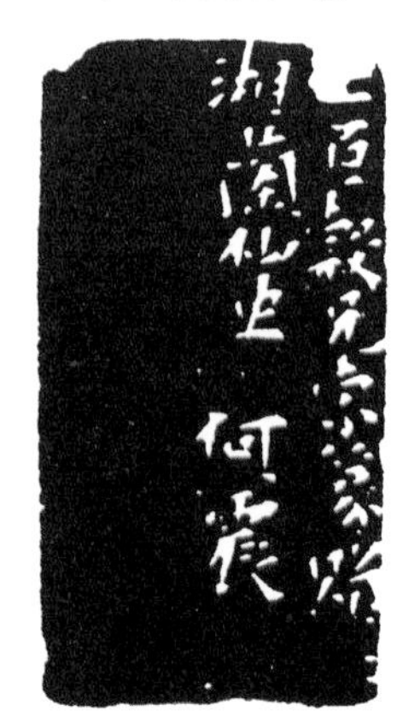

图 3.3.13
何震“听鹂深处”，
尺寸 3.4 cm × 3.4 cm

22 周亮工：《赖古堂印人传》卷一《书何主臣章》，清康熙十二年周在浚等刻本，上海图书馆藏。

23 周亮工：《赖古堂印人传》卷二《书程孟长印章前》，清康熙十二年周在浚等刻本，上海图书馆藏。

24 黄汝亨：《题珍善斋印谱》，载郁重今编纂《历代印谱序跋汇编》，西泠印社出版社，2008，第 171 页。

25 袁中道：《珂雪斋集》外集卷二，明万历四十六年刻本。

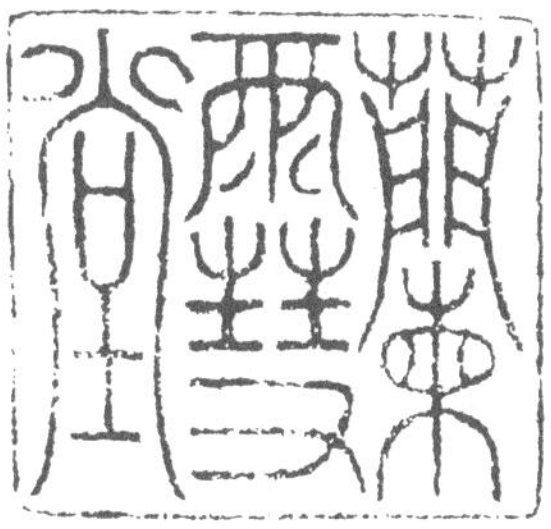

图 3.3.14
何震“兰雪（雪）堂”，
尺寸 3.4 cm × 3.6 cm

图 3.3.15
何震“懒禅居士”，
尺寸 2.7 cm × 2.8 cm

图 3.3.16
吴迥“虞许之印”，
尺寸 2.6 cm × 2.6 cm

图 3.3.17
吴迥“最是有情痴”，
尺寸 3.55 cm × 3.4 cm

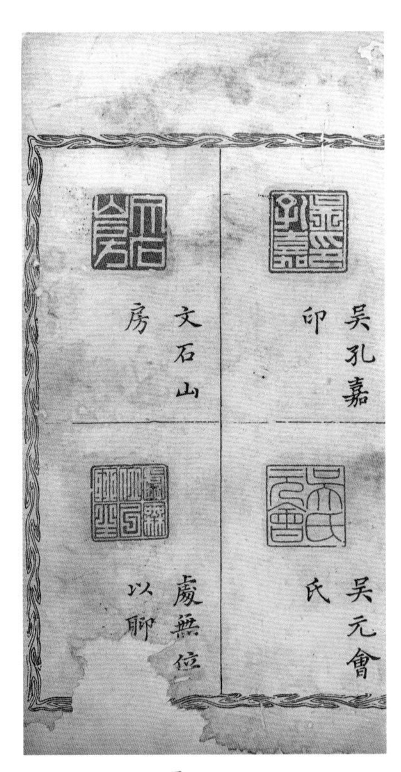

图 3.3.18
吴迥《晓采居印印》，明万历
四十二年（1614 年）

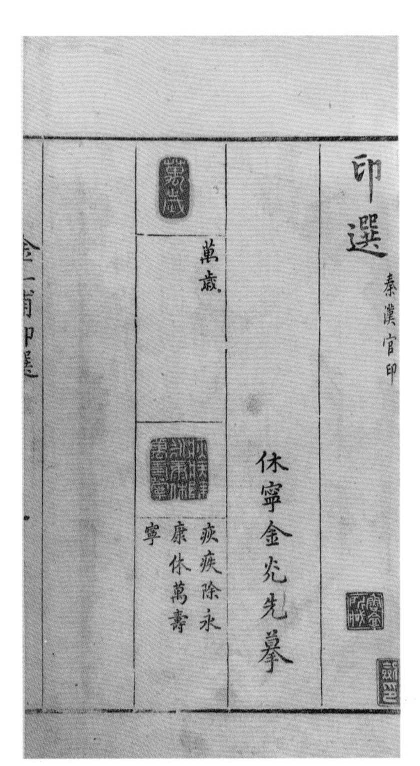

图 3.3.19
金光先《金一甫印选》，明万历
四十年（1612 年）

宧光讨论印学。金光先篆刻初师法何震，后从《印薮》入手，取法汉印，赵宧光称其手翻汉印不下数千方，王穉登《〈金一甫印谱〉序》云：“一甫能师《印薮》，《印薮》不能为一甫师；《印薮》能滞众人，一甫不能为《印薮》滞。”[26]金光先之学生文及先在明末清初也颇具盛名。

图 3.3.20
程原“东皋草堂”，
尺寸 2.65 cm × 2.65 cm

程原（生卒年不详，活动于明末），字孟长，歙县人，寓居吴兴。其子程朴，字元素，亦能篆刻。程原“夙负篆籀癖”，广搜何震印蜕达五千余方，令其子程朴择其精者摹刻，历时两年而成《忍草堂印选》，韩敬在《忍草堂印选》序中称程远、程朴“父子自为师友，其人其学，庶几仿佛长卿”[27]。程氏父子《忍草堂印选》中所摹刻的何震印作（图3.3.20）有“曲折纵横，无不如意”之感，对于何震印风的传播功不可没。

吴正旸（1593—1624年），字午叔，安徽休宁人，工篆刻，朱简将其归为何震的“雪渔派”，然而吴正旸自己认为其篆刻与何震不同，所谓“主臣得之为主臣，我得之为我耳”。吴正旸自垂髫即嗜好印章，沉溺于此三十余年，曾辑其自刻印章为《印可》一书，未成而卒，由其子侄继续完成行世。

杨士修（？—1645年），字长倩，号妙生、无寄生，松江府青浦县（今属上海）人，青浦杨氏是明代江南的世家大族，其父杨继美所蓄古人法书名画甚多，其子杨旭精许氏《说文》之学，篆书绝类赵宧光，杨士修又是明末清初著名印人顾苓妻子的外祖父。杨士修著有《印母》一书（图3.3.21），又删定周应愿《印说》为《印说删》。据杨士修《印母》记载，其年少时与时人一样，曾从《印薮》入手学习篆刻：“予髫时即嗜印学，日迫他事，不克专心，年来善病多暇，偶检所藏顾汝修氏《印薮》，稍稍翻阅，每叹不获直见古人刀法。”[28]

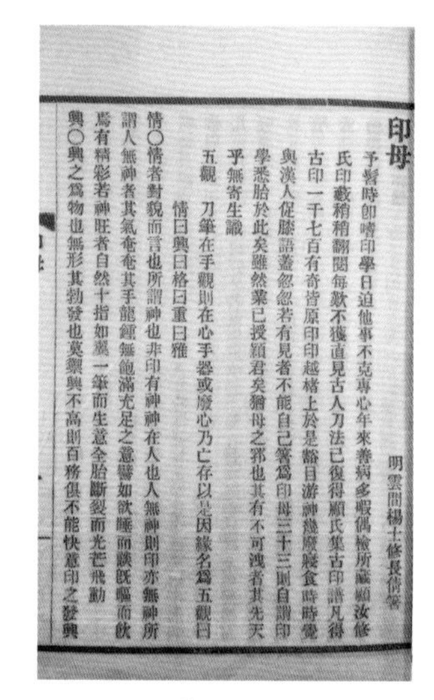

印母

明雲間楊士修長倩著

予髫時卽嗜印學日迫他事不克專心年來善病多暇偶檢所藏顧汝修氏印藪稍稍翻閱每歎不獲直見古人刀法已復得顧氏集古印譜凡得古印一千七百有奇皆原印印越楮上於是豁目游神幾廢寢食時時覺與漢人促膝語蓋怱怱若有見者不能自已著爲印母三十三則自謂印學悉胎於此矣雖然業已授穎君矣猶母之邪也其有不可洩者其先天乎無寄生識

五觀　刀筆在手觀則在心手器或廢心乃亡存以是因緣名爲五觀曰情曰興曰格曰重曰雅

情○情者對貌而言也所謂神也非印有神神在人也人無神則印亦無神所謂人無神者其氣奄奄其手龍鍾無飽滿充足之意譬如欲睡而躁既臨而飲焉有精彩若神旺者自然十指如飛一筆而生意全胎斷裂而光芒飛動

興○興之爲物也無形其勃發也莫禦興不高則百務俱不能快意印之發興

图 3.3.21
杨士修《印母》，
《艺海一勺》铅印本

朱简将其篆刻归为何震一派，在《印经》中朱简云：“沈千秋、吴午叔、吴孟贞、罗伯伦、刘卫卿、梁千秋、陈文叔、沈子云、胡曰从、谭君常、杨长倩、汪不易、邵潜夫，及吾徽、闽、浙诸俊所习，雪渔派也。”

杨士修无印章传世，我们不能得知其篆刻面貌，但是通过朱简所记，可以推测，其印风大抵类似何震。

邵潜（1581—1665年），字潜夫，号五岳外臣，斋号蜉蝣寄、寄庐，本为通州崇川人，后寓居扬州如皋城东。邵氏工诗文，篆刻开一代风气，许容、童昌龄等从其学，著有《皇明印史》（图3.3.22）、《州乘资》等。

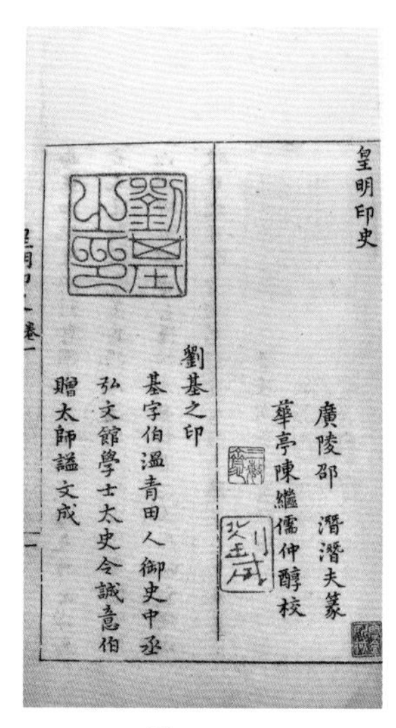

皇明印史

廣陵邵　潛潛夫纂

華亭陳繼儒仲醇校

劉基之印

基字伯溫青田人御史中丞弘文館學士太史令誠意伯

贈太師謚文成

图 3.3.22
邵潜《皇明印史》，
明天启元年（1621 年）

26　王穉登：《〈金一甫印谱〉序》，载韩天衡编订《历代印学论文选》下册，西泠印社出版社，1999，第 459 页。

27　韩敬：《〈忍草堂印选〉序》，载韩天衡编订《历代印学论文选》下册，西泠印社出版社，1999，第 498 页。

28　杨士修：《〈印母〉序》，载赵诒琛辑《艺海一勺》铅印本，1933，中国科学院图书馆藏。

图 3.3.23
邵潜“陈继儒印”，
尺寸 2.9 cm × 2.9 cm

明天启元年（1621年），邵潜辑自刻印五百八十二方成《皇明印史》，邵氏在《皇明印史》自叙中云：“明兴嘉、隆间，文、何两君子出，印学一新。然文则草昧之功故多，何则集成之力甚巨。惟其运自心灵，不由蹈袭，所以遂不减汉人耳。嗣后作者益多，率皆吊诡，至取已陈刍狗，掇拾无余骎骎，优孟抵掌矣。审尔则《印薮》诸书具在，一童子能摹之，何烦作者。不佞心窃非之，少尝措意，每以我明文章功业事事光掩前朝，而印学不称，亦文人之耻也。因不揣固陋，篆刻洪永以来名臣硕辅以至墨客骚人，凡功业文章有当余心者悉为拈出，要皆出自心裁，参以古法，统名之曰《印史》。”[29]

不难看出，邵氏主张治印要“运自心灵，不由蹈袭”，反对一味模拟《印薮》的行为。邵潜治印多从何震中来又略参汉印，白文用刀猛利，朱文结字圆转，然其印作略嫌平正而乏生动之姿，开创性不大。（图3.3.23、图3.3.24）

图 3.3.24
邵潜“赵宧光印”，
尺寸 3.1 cm × 3 cm

梁袠（生卒年不详），字千秋，本扬州人，后来居于南京，作印一味效仿何震。（图3.3.25、图3.3.26）周亮工对其颇具微词，周亮工《书梁千秋谱前》云：“梁千秋袠，维扬人，家白下，余识其人于都门，以十数章托之，会寇变，乃不得其一。千秋继何主臣起，故为印一以何氏为宗。华亭宋幼清曰：‘于麟于诗文辄言拟议以成其变化，惜乎吾见其拟矣。’予于千秋亦云。盖千秋自运颇有佳章，独其摹何氏‘努力加餐’‘痛饮读骚’‘生涯青山’之类，令人望而欲呕耳。大约今人不及前修有二，文国博为印，名字章居多，斋堂馆阁间有之，至何氏则以《世说》入印矣，至千秋则无语不可入矣。吾未见秦汉之章有此累累也……江河日下，诗文随之，图章小道，每变愈下，岂不可慨也哉？”[30]

杨钟羲《雪桥诗话三集》曾为梁袠辩诬，云：“周栎园《印人传》于梁袠千秋多微词，盖求其作印不得，遂诋之尔。”[31]

周亮工对梁袠之评未免有失于平和，其对“求其作印不得”一事耿耿于怀，几次提及，故而杨氏之辩诬是有道理的。虽然梁袠作印一味效仿何震，但是他在明末的影响很大。梁袠曾于万历三十八年（1610年）编辑其印章作品成《印隽》（图3.3.27）四卷行世，谱中多有模拟何震之作，何氏之风神在谱中得以再现，祝世禄为其序云：“往余令海阳时，得主臣甚喜，及官秣陵，数与相习，所有印章，皆出其手。尝有好事者，以主臣所刻杂他人刻

图 3.3.25
梁袠“风流自赏”，
尺寸 2.5 cm × 2.2 cm

29 邵潜：《皇明印史》，明天启元年钤印本，中国国家图书馆藏。

30 周亮工：《赖古堂印人传》卷一《书梁千秋谱前》，清康熙十二年周在浚等刻本，上海图书馆藏。

31 杨钟羲：《雪桥诗话全编》卷十二，人民文学出版社，2011，第 2072 页。

者以试余。余辄得之，屡试屡得，百不失一，于是人称余善甄别。及主臣物故，此技寥寥。今春因访道复至秣陵，旧交吴文仲携广陵梁千秋所为印章，杂主臣所为者，余不复能辨，惊叹不已。有梁生，何生不死也。”[32]

平心而论，祝世禄对梁氏的评价是比较公允的。梁袠之妾韩约素亦擅篆刻，约素字钿阁（或号钿阁），自幼归梁袠，能识字度曲，其篆刻“得梁氏之传”，喜作小印，不肯作巨章，朱文印刀法圆转。

梁袠弟梁年，字大年，亦习印，周亮工对之甚为倾赏，《书梁大年印谱前》云：“（梁年）好作印，每构一印，必精思数时，然后以墨书之纸，熟视得当矣，又恐朱墨有异观，复以朱模之，尽得当矣，而后以墨者传之石，故所镌皆有笔意。”[33]（图3.3.28）

梁年能刻金印，与陈函煇[34]相善，曾为之作斗大金印，陈函煇作诗七首绝句，且书于扇以谢之，其一：“龙湫千仞高，谁是雕龙手？看君一奏刀，金印大如斗。”[35]

周亮工比较梁氏兄弟二人时云：“世人恒以千秋胜大年，予独谓大年能运己意，千秋仅守何氏法，凛不敢变，不足贵也。”[36]即指梁年作印能独出新意，以己意为之。

胡正言（约1584—1674年），字曰从，号十竹，安徽休宁人，后居南京鸡笼山侧，构十竹斋，周亮工称其“年八十余，神明炯炯，犹时时为人作篆籀不已”。辑有《印存初集》四卷、《胡氏篆草》一卷、《印存玄览》刻本二卷等。胡正言之篆刻取法何震，虽能得其形貌，但无何震之猛利，所作大多平稳妥帖，以工稳见胜，而无何氏之神。胡氏之印风曾风靡一时，但也有人对其批评不已。秦爨公《印指》对胡正言大加挞伐，云：“印章盛于秦、汉，固矣。降而宋、元，法已不古……如十竹斋古雅汉印则无矣，铁线校宋、元则软而媚，光而无骨，草篆如‘麋公’等印，似属临摹修能。如奇文则横竖大小、颠倒配合，令人莫得其解……况文字关乎气运，如十竹斋妖

图 3.3.26
梁袠“兰雪（雪）堂”，
尺寸 3.3 cm × 3.5 cm

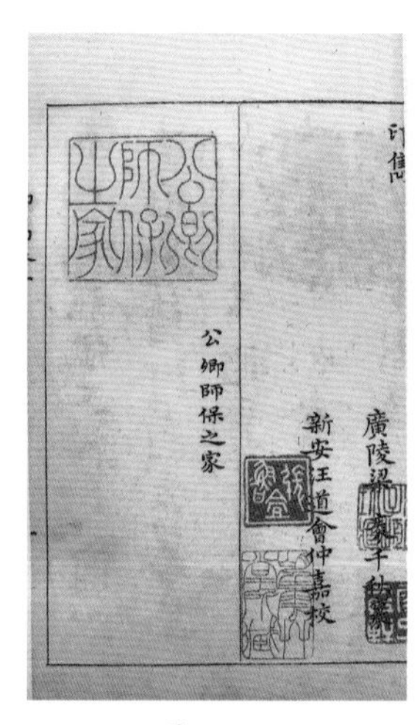

图 3.3.27
梁袠《印隽》，
明万历三十八年（1610 年）

图 3.3.28
梁年“食笋斋”，
尺寸 6.9 cm × 2.4 cm

32　祝世禄：《印隽序》，载梁袠编《印隽》，明万历三十八年钤印本，（浙江省图书馆藏原件）中国国家图书馆藏缩微胶片。

33　周亮工：《赖古堂印人传》卷一《书梁大年印谱前》，清康熙十二年周在浚等刻本，上海图书馆藏。

34　陈函煇（1590—1646 年），原名炜，字木叔，号小寒山子，别署寒椒道人，浙江临海人，万寿祺之父学生，崇祯七年（1634 年）进士，明亡后起兵抗清，事败，自缢殉国，著有《小寒山子集》等。

35　陈函煇：《小寒山子集》不分卷《仲秋偕秣陵梁大年□、杨霞标使君游台雁两山，大年为第印章见赠，别后相忆，却寄以诗，因书七绝句于一扇头……》，载《四库禁毁书丛刊》集部第 185 册，北京出版社，2000，第 719 页。

36　周亮工：《赖古堂印人传》卷一《书梁大年印谱前》，清康熙十二年周在浚等刻本，上海图书馆藏。

孽，世道、人心惑乱甚矣。”[37]

秦爨公对胡正言印章风格的分析还是比较符合事实的，但言其为“妖孽”等语，则又不免过于严苛。

三、苏宣及其印风追随者

苏宣（1553—1626年后），字尔宣，一字啸民，号泗水、郎公，歙县人。苏宣年少任侠，之后隐迹于苏州一带，与何震一样，苏宣曾问学于文彭，此段经历见其《苏氏印略》（图3.3.29）的自序中，云：“余不幸幼孤，遭不平，遁迹淮海间，如古夷门屠狗卖浆者流。久之冤家渐销，始以先太学宇内交游不少，故名公大人无不欲力持余，而吴门文博士寿承先生，以通家坐落绛帐下。然食指日贫，书剑埋没，干禄无谋，喟然叹曰：‘丈夫不能执一艺成名，而釜甑尘生乎！’乃取六书之学博之，而寿承先生则谀之，辄试以金石，便欣然自喜。”[38]

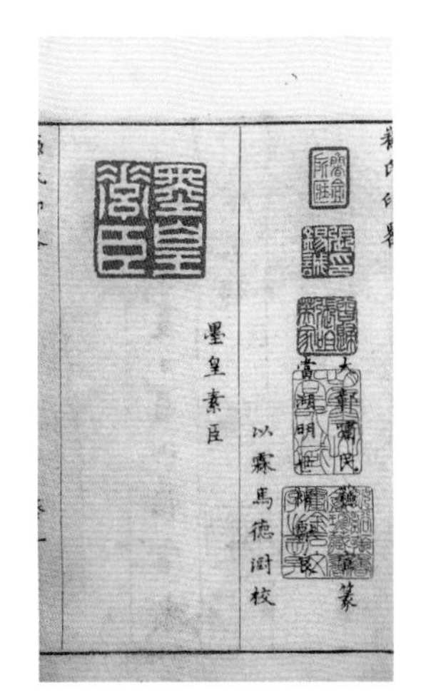

图 3.3.29
苏宣《苏氏印略》，
明万历四十五年（1617 年）

苏宣除从文彭学篆刻外，与嘉兴项元汴也交往密切，曾至嘉兴，项氏出“秦汉以下八代印章”，苏宣纵观之，由此篆刻益进，于万历四十五年（1617年）辑刻成《苏氏印略》一谱。

苏宣篆刻颇负盛名，与文彭、何震在明代鼎足称雄，苏宣虽然与何震同事文彭，并且都以猛厉著称，但其与何震还是有所不同的，所谓“点画波撇不敢以己意增损之”。苏宣篆刻最大的特点是雄强浑朴。（图3.3.30—图3.3.34）姚士慎《苏氏印略序》称其“镌法亦变幻多端，不主故常，要以归于浑朴典雅”。[39]

程远（生卒年不详，活跃于明末），字彦明，无锡人。明万历三十年（1602年），程远摹刻古印并当时名家印章成《古今印则》四卷，并有《印旨》一卷行世，参与校订《古今印则》的有苏宣、梁袠、归昌世等著名印人。按朱简记载，程远当属苏宣之“泗水派”。为其作序之人多将其与文彭、何震并列，屠隆《古今印则序》云：“寿承、长卿，鼎立为三，咄咄彦明，只此一艺千秋矣。”[40]程远曾为董其昌刻印多方，董其昌云：“有为余

37 秦爨公：《印指》，载韩天衡编订《历代印学论文选》上册，西泠印社出版社，1999，第 169-170 页。

38 苏宣：《印略自序》，载郁重今编纂《历代印谱序跋汇编》，西泠印社出版社，2008，第 103 页。

39 姚士慎：《苏氏印略序》，载郁重今编纂《历代印谱序跋汇编》，西泠印社出版社，2008，第 101 页。

40 屠隆：《古今印则序》，载郁重今编纂《历代印谱序跋汇编》，西泠印社出版社，2008，第 66 页。

赝书者，余得彦明印款款之，知不复能赝矣。”[41]由此可见程远篆刻技艺之高明。

四、晚明“别立营垒”的印人

明代中晚期，除文彭、何震、苏宣等篆刻大家外，尚有汪关、朱简等印人，以其极具个性的印风为明代篆刻史留下了浓重的一笔。

汪关（生卒年不详，活动于晚明），原名东阳，字杲叔，歙县人，后得“汪关”汉铜印，遂改是名，字尹子，寓居太仓，以刻印为生，与李流芳、唐时升、娄坚等人交游密切，曾为张灏学山堂客，有《宝印斋印式》传世。汪关幼好古文奇字，不惜重金收藏古印章数百方，娄坚《汪杲叔篆刻题辞》称“汪君杲叔，家本富人，爱奇成癖，尽耗其资”，李流芳称其“贫而痴”，唐时升《汪尹子像赞》称其于篆刻颇为自负：“锟铻锵锵，玉石珞珞，如鼎彝之互陈，如星斗之交错，君其以此自负，故浩浩之气溢于眉宇。”[42]

汪关篆刻取法汉印工整雅致一路，尤其是他的白文印，篆法精严，气韵雅正，深得汉印神韵，朱文印多受到文彭影响，所谓“以和平参者汪尹子”。（图3.3.35—图3.3.39）汪关寓居太仓，以鬻印为生，有时不得不改变自己的风格来迎合买家，娄坚曾记载道：“间为时俗所尚，别出纤妍工巧以投其好。”李流芳对其评价甚高，称其“能掩有秦、汉、宋、元之长，而独行其意于刀笔之外者，不得不推杲叔。吾谓长卿而后，杲叔一人而已”[43]。

汪关之子汪泓，字宏度，承其家学，亦能篆刻， 所作印章风格与汪关相类，周亮工《印人传》记载汪泓“得钱不为人奏刀，必散之粉黛，散尽冀复得钱，始为人作，然作又随手尽”，所以其父子在当时有“大小痴”之名。

赵宧光（1559—1625年），字凡夫，一字水臣，号广平，又号寒山长，太仓人，与妻陆卿子隐居于支硎之南，夫妇皆有时名，著有《寒山帚谈》等。赵宧光自创草篆，意境高超，于明末影响非凡，精篆籀古文之学，著《说文长笺》一百卷，曾与印人顾听相互校订，擅长篆刻（图3.3.40），此外还有《赵凡夫先生印谱》。赵宧光之子赵均（1591—1640年），字灵均，承其家学，亦精通文字之学，能篆刻。

图 3.3.30
苏宣“我思古人实获我心”，
尺寸 4.3 cm × 4.2 cm

图 3.3.31
苏宣“苏宣之印”，
尺寸 1.9 cm × 1.9 cm

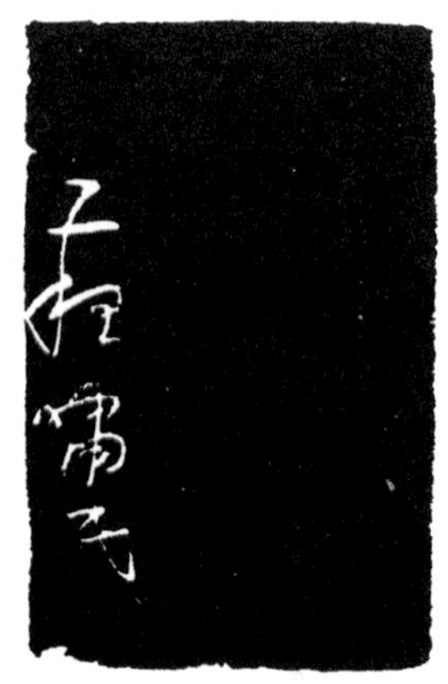

图 3.3.32
苏宣“流风回霎（雪）”，
尺寸 4 cm × 4 cm

---

41 董其昌：《古今印则序》，载郁重今编纂《历代印谱序跋汇编》，西泠印社出版社，2008，第 68 页。

42 唐时升：《三易集》卷十六《汪尹子像赞》，载《四库禁毁书丛刊》集部第 178 册，北京出版社，2000，第 207 页。

43 李流芳：《题汪杲叔印谱》，载韩天衡编订《历代印学论文选》下册，西泠印社出版社，1999，第 462 页。

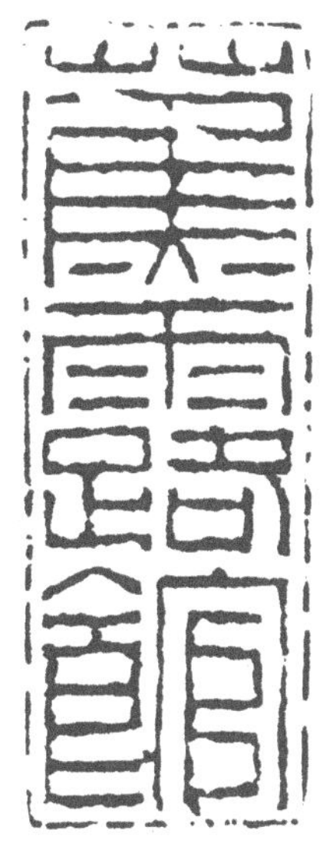

图 3.3.33
苏宣“蕉露馆”，
尺寸 7 cm × 2.6 cm

图 3.3.34
苏宣“峨眉山樵”，
尺寸 2.9 cm × 2.75 cm

图 3.3.35
汪关“往事勿追思追思多悲怆”，
尺寸 4.66 cm × 4.5 cm

图 3.3.36
汪关“汪关之印”，
尺寸 1.7 cm × 1.7 cm

图 3.3.37
汪关“消（逍）摇（遥）游”，
尺寸 1.8 cm × 1.8 cm

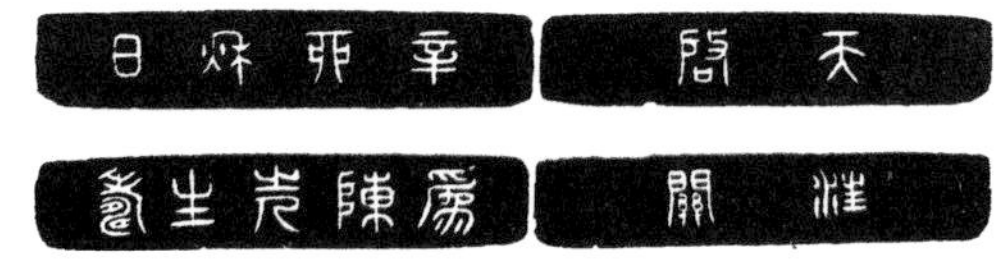

图 3.3.38
汪关“麋公”，
尺寸 5 cm × 5 cm

图 3.3.39
汪关“子孙非我有委蜕而已矣”，
尺寸 4.2 cm × 4 cm

图 3.3.40
赵宧光“寒山”，
尺寸 4 cm × 4 cm

朱简（生卒年不详），字修能，安徽休宁人，与陈继儒、赵宧光相友善。朱简不仅擅长篆刻（图3.3.41—图3.3.43），而且对于印学理论也多有阐发，对印学理论的构建有重要影响，有《印品》《印经》《印章要论》《菌阁藏印》等印论文字、印谱。

图 3.3.41
朱简“陈继儒印”，
尺寸 4 cm × 4.2 cm

在历史上，朱简第一次指出“所见出土铜印，璞极小而文极圆劲”的一类印章是先秦时期的遗物，这对于认识古玺印是一个不小的进步。朱简篆刻在当时颇具新意，其以赵宧光的草篆入印，注重书法意蕴的体现，配以切刀之法，印章新意时出，苍秀可爱，对后世篆刻的变革起到了不小的启示作用。后人对其评价颇高，清初秦爨公《印指》评价道：“朱修能以赵凡夫草篆为宗，别立门户，自成一家，虽未必百发百中，一种豪迈过人之气不可磨灭，奇而不离乎正，印章之一变也，敬服。”[44]

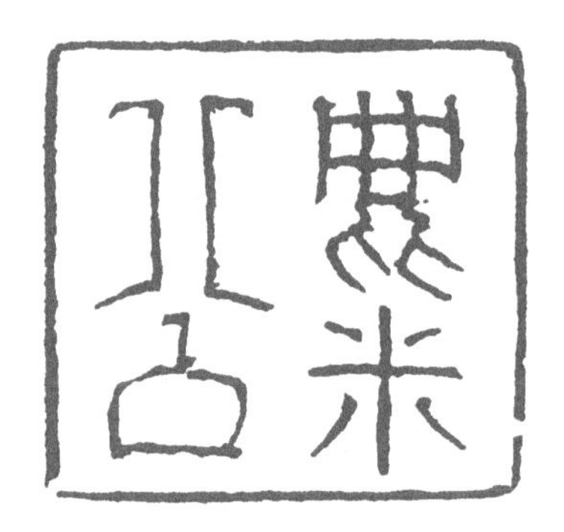

图 3.3.42
朱简“麋公”，
尺寸 4.1 cm × 4.4 cm

甘旸（生卒年不详），字旭、旭甫，号寅东，南京人，隐居鸡笼山，篆刻多学何震（图3.3.44—图3.3.47），有《集古印正》一谱行世，后附《印正附说》一卷。甘旸的祖父博物好古，收藏甚富，甘旸能承其家学，精通六书。甘旸有感于顾从德的《印薮》有失秦汉印的本来面目，遂以七年时间收集摹刻一千七百余方古印，并自己所刻印章四十九方而成《集古印正》。甘旸这一行为，对明代晚期篆刻的正本清源起到了一个很好的作用，汪廷讷《集古印正序》云：“自有《印正》之编，然后可以正天下之不正者。”

图 3.3.43
朱简“又重之以修能”，
尺寸 3.6 cm × 3.6 cm

44　秦爨公：《印指》，载韩天衡编订《历代印学论文选》上册，西泠印社出版社，1999，第 169 页。

图 3.3.44
甘旸“古墨林”，
尺寸 1.6 cm × 1.6 cm

图 3.3.45
甘旸“魏之璜印”，
尺寸 3 cm × 3 cm

图 3.3.46
甘旸“萝月山房”，
尺寸 4.7 cm × 4.4 cm

图 3.3.47
甘旸“聊浮游以逍遥”，
尺寸 4 cm × 4 cm

第四节　晚明闽粤地区的篆刻发展

明代中期，福建地区经济日渐繁荣，文化上也有了长足发展，福建本土文人的文化信心与日俱增，在书画艺术方面也出现众多著名的大家。寿山石的开采与雕刻在明代也达到一个高潮，出现了著名的寿山石雕刻大家杨玉璇、王矞生等。与此同时，众多外地印人、印论家入闽，或访友，或交流，或定居，与闽中士人相互交游互动，如苏州印人沈野曾应曹学佺、徐熥等人之邀入闽。这一时期福建本地文人也开始有意识地收藏印谱、印论专著，如徐熥兄弟二人记载其家中藏有印谱、印论多种，有顾从德《印薮》、周应愿《印说》、徐官《古今印史》、甘旸《集古印正》、沈野《印谈》、沈津《欣赏编》一卷、郑履祥《柿叶斋印林》等数十种，这在一定程度上拓宽了闽中印人的视野，为篆刻艺术在福建地区的展开奠定了一个良好的基础。明代福建地区的篆刻发展多集中在福州、莆田、泉州、漳州等沿海一带。

福州一地为八闽首府，政治、经济、文化相对比较发达，明代《福州府志》记载福州："民勤于治生，田则夫妇并作，居市廛者，作器用精巧……七郡辐辏，闽越一都会也。"[45]在这样的背景下，福州一地出现了多位印人，比较著名的有高瀔、练元素、陈尔振、吴元化等。

高瀔（1492—1542年），字宗吕，号石门子，又号霞居子、髯仙、庖羲谷老人，侯官人。师从郑善夫，后绝意仕进，善画，凡山水、花卉、人物、翎毛皆著名，《闽中印人录》称其"篆隶草书八分、印章无所不能"。

练元素（生卒年不详，活动于明末），建瓯人，常往来于侯官，与侯官文士曹学佺等人交游密切，精于篆刻，穷工极变，崇祯三年（1630年）手摹名章成《名章汇玉》印谱。练元素于金石古文无不用心考证，其篆刻能继秦汉，曹学佺称其是继文彭、何震后的能手。

陈尔振（生卒年不详，活动于晚明），侯官人，工诗善画，尤精通文字学，感慨顾氏《印薮》翻摹失真，遂自摹刻古印为《陈氏印谱》。徐𤊹《题陈氏印谱》称其"匠意师古，游神先秦两汉之上，而后落墨捉刀，譬之庖丁解牛，砉然迎刃"[46]。

吴元化（生卒年不详，活动于晚明），居侯官，与徐𤊹相邻而居，最为友善。其人幼学古文字，擅长篆刻，"每疾夫世之刻印者，去古弥远，乃集

45　喻政：《福州府志》卷七，海风出版社，2001，第102页。

46　徐𤊹：《红雨楼题跋》卷上，载《续修四库全书》编纂委员会编《续修四库全书》史部目录类第923册，上海古籍出版社，1996，第15页。

自撰印若干”，有印谱《印式》，另有印论专著《古今说印》一书。

莆田一地比较著名的印人有魏植、余藻、黄昇、严佛宣等。

魏植（1552—1635年），字伯建，号楚山，莆田人。工篆刻，天启年间，魏植曾以篆刻游于公卿之门，其印章殆欲突过何震，周亮工《赖古堂印人传》后“附印人姓氏”、《闽中印人录》皆列其名，是福建地区较早以篆刻名世的印人。

余藻（生卒年不详，活动于明万历至崇祯年间），字采之，莆田人，其家收藏甚富，精通鉴赏。余藻曾殚精竭虑十年，于崇祯元年（1628年）摹刻完成历代公私印章为《石鼓斋印鼎》（图3.4.1）九卷，这是福建地区比较重要的一部摹古印谱。余藻篆刻风格从文彭、何震中而来，其篆法学文彭，而刀法多受到何震影响。

黄昇（生卒年不详，活动于晚明），字象侯，莆田人，篆刻不拘一格，面目多变，有时大刀阔斧，有时又规矩整饬，曾为其乡人万历丙辰（1616年）进士彭汝楠（1579—1638年）刻印多方。其弟子黄学，字习叟，得其传。

严佛宣（生卒年不详，活动于晚明），篆刻擅长藏锋，不露圭角，有《历代名臣印谱》数卷行世。

泉州是明代福建篆刻比较重要的一个地区，明代泉州经济十分发达，吸引江南地区的印人来此展开印学活动，最为著名的例子是明代晚期徽州印人江皜臣。江皜臣（活动于明末清初），字濯之，号汉臣，歙县人，擅长篆刻玉印，用刀切玉如划沙，是晚明最为著名的篆刻玉印之人，周亮工云“独皜臣则真能切玉者”。程嘉燧《题江皜臣印册》云：“皜臣恂恂，贞不异俗，和不徇物，无山谷僻狭之气，无江湖脂韦之态，专精于所事，而无矜能争胜之意。”[47]由此可见其人之高洁。泉州地区自古即是“百工技艺，敏而善仿”，江皜臣居泉州期间，对此地篆刻颇有影响，晋江人陶碧曾从其学印。

漳浦一地是晚明福建篆刻发展的一个集中地，比较著名的印人有黄枢父子、沈鹤生、刘履丁等。

黄枢（生卒年不详，活跃于明末清初），字子环，精研金石文字，有《款识录印谱》行世，其篆刻作品以大篆与小篆相结合，黄道周所用印章大多出于黄枢之手。其印风在晚明影响很大，除直接影响到福建本土之外，另如歙县印人程邃受其影响颇大。

黄炳猷（生卒年不详），字克侯，黄枢子，篆刻“其手笔如其父”。漳浦地区另有沈鹤生，亦能工印，与黄炳猷互相考订印章。

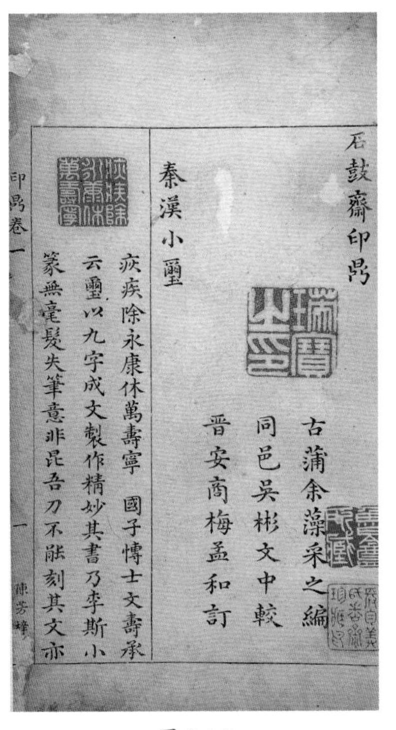
石鼓齋印鼎
古蒲余藻采之編
同邑吳彬文中較
晉安商梅孟和訂
秦漢小璽
疢疾除永康休萬壽寧　國子博士文壽承
云璽以九字成文製作精妙其書乃李斯小
篆無毫髮失筆意非昆吾刀不能刻其文亦
印鼎卷一　一

图 3.4.1
余藻《石鼓斋印鼎》，
明崇祯元年（1628年）

47　程嘉燧：《耦耕堂集》文卷下《题江皜臣印册》，清顺治刻本。

刘履丁（1597—1645年），字渔仲，福建漳浦人，名列周亮工《赖古堂印人传》后“附印人姓氏”。黄道周学生，崇祯九年（1636年）擢郁林州（今广西玉林）知州，顺治二年（1645年）闰六月刘履丁附徐石麒于嘉兴起义反清，死于三塔湾之败，屈大均《皇明四朝成仁录》卷七载其事。刘履丁工篆刻，在明末声名显著，所交皆当时名公，除黄道周外，如程嘉燧、钱谦益、曹学佺、徐霞客、冒襄等人均与之交往甚密，冒襄甚至曾有与之歃血作盟，结为昆弟之事。冒襄曾记载刘履丁刻印的状态，云“至其痛快淋漓，挥霍如意，则渴蛟饮镞，狞虎斗猎”。刘履丁篆刻取法于闽人黄枢，以变革文、何古法著称。

明代福建地区的篆刻发展虽然较江南一带差距巨大，但其能够在远离文化艺术中心的情况下从萌芽到发展壮大，也属不易。纵观明代福建篆刻发展，有一点是值得指出的，即明代福建文人与印人已经能够十分自觉地构建本土的篆刻格局，如徐𤊹在《红雨楼题跋》卷上《题名章汇玉》一文中公开喊出“毋令吴门、新安擅美于前”的声音，这可以说是明代晚期整个福建印坛的声音。

从明代中晚期开始，广东地区的印学活动逐渐登上历史舞台，这一地区的印学活动虽不如江南地区和福建地区兴盛，但是对明清广东地区的篆刻发展意义非凡。在晚明，广东一地比较著名的印人有袁登道、朱光夜、黄仲亨、张穆等人。

袁登道（1586—？），字道生，号曲木庵道人，广东东莞人。袁登道出生于一个艺术世家，其父袁敬擅长书画，袁登道承其家学，擅长书画与刻印，有《袁道生印存》一册传世，所作古朴淳厚，是岭南地区早期比较著名的印人。

朱光夜（生卒年不详，活跃于晚明），字未央，南海人，擅长篆刻，屈大均《广东新语》云：“南海有朱未央者，所摹秦汉印章亦古雅，于晶玉上作蝇头真草，字体遒媚如二王，迅疾若风。”[48]

黄仲亨（生卒年不详，活跃于晚明），本名贞，后以字行，东莞人。黄仲亨擅长雕刻印钮，屈大均称其“性绝巧”，在晚明广东一带颇具盛名，邝露曾有《刓玉歌赠黄山人》一诗：“宝安山人黄仲亨，离奇坎坷猷多能……昆刀切玉如切泥，飒飒鱼凫会飞走。五羊少年金错刀，先秦小玺争临摹……

48　屈大均：《广东新语》卷十三，载《续修四库全书》编纂委员会编《续修四库全书》史部地理类第734册，上海古籍出版社，1996，第644页。

张穆之，周竹郎，沉雄尔雅为君倡。”[49]

从邝露之诗可以看出黄仲亨在晚明广东一带影响很大，其“沉雄尔雅”的印风为张穆与上官周所继承，影响了清初广东地区的篆刻发展。

◎ 本章小结

明代上承宋元，下启清代，是中国篆刻史上十分关键的一个时期，文人篆刻艺术的自觉、成熟是这一时期的主要表现。

明代正德、嘉靖之后，篆刻艺术逐渐变为文人的艺术，同时也实现了从实用性到艺术性的转换。客观地说，明代篆刻艺术在实践上虽然没有像清代浙派一样，形成稳定而又传承有序的技法体系，但是多元化的探索为清代印人的篆刻实践提供了创作思路与实践基础。

总体来看，明代篆刻艺术的成就绝不亚于清代，首先是文彭、何震、苏宣、汪关等典型印人的出现，以及各类印谱的刊行等，引导着后世印人的篆刻创作；其次，印学理论框架的构建与篆刻艺术审美的论述又制约着后世篆刻发展的大方向；再次，印风的多元化为后世篆刻发展提供了可资借鉴的不同模式，“流派萌芽”孕育出后世篆刻流派；最后，篆刻艺术在不同地域当中先后崛起，打破了元代以降篆刻艺术发展集中于苏州一带的地理格局，使篆刻艺术真正成为在多地域、多中心中成长的艺术形式，这对清代篆刻的全国性发展具有重要意义。

49　邝露：《峤雅》卷下《刓玉歌赠黄山人》，载《四库禁毁书丛刊》编纂委员会编《四库禁毁书丛刊》集部第10册，北京出版社，1997，第573页。邝露诗中“黄山人”原作“王山人”，屈大均《广东新语》、（光绪）《广州府志》卷二百三十九所引邝露此诗时皆改作“黄山人”。

第四章

繁荣期——清代早中期

清代初期至中期是明清篆刻艺术发展最为繁荣的时期。

明代正德、嘉靖以降，以文彭、何震为代表的篆刻大师辈出。他们的弟子对其印风和印学思想的追随与传播，使全国印坛孳生出众多的篆刻流派及其旁支。这一现象延续至清代中期，随着乾嘉学派的滥觞、金石考据学的勃兴和商品意识的萌芽，更出现了数倍于以往的印人群体和印学谱籍，以及多个印学中心，这可见当时印坛极其繁荣的景象。一方面是明代各篆刻流派所带来的发展惯性和艺术余韵，如文彭的“三桥派”、何震的“雪渔派”以及苏宣的“泗水派”等印风在相当长的一段时间里仍然影响颇巨，包括后来许多“别立营垒”的流派，也大多数在他们的艺术脉络中开创新格。另一方面，由明清易祚所带来的社会政治、经济、思想等方面的转变，又为篆刻艺术带来绝佳的发展契机，也因此促进了当时的印人群体对篆刻技艺、艺术思想等方面进行探索与变革，由此阐发出新的印风并逐渐发展成熟。整体而言，在明清篆刻繁荣期的清初至中期这个时间域内，以明末清初的程邃所引领的徽宗和以清丁敬所创立的浙派最具代表性，影响也最为深远。

第一节　“徽宗”概念的界定及其代表印人

“徽宗”并不是以地域为特征而界定的篆刻家群体，理解“徽宗”首先要阐明“徽派”的概念。黄惇在《清初的印坛及印风》一文中表示：明中叶以来，徽商开扬州之盛，扬州实徽商的殖民地，大凡徽籍艺术家在扬州开派，都有“徽派”之称。所以，徽派的论定除风格、艺术思想之外，另两个条件便是开创者是徽籍人士以及主要活动区域在扬州。[1]自明代末期到清康熙年间，全国印坛涌现出许多著名的印人，如胡正言、程邃、黄经、顾苓、江皜臣、黄枢、袁登道、邓逢京、朱光夜等。在这些印人中，最突出的要数歙县的程邃了。程邃（1607—1692年），字穆倩、朽民，号垢道人、野全道者等，自称江东布衣。工诗善画，喜收藏，擅于金石考据之学。著有《会心吟》《萧然吟诗集》《萧然吟遗》等。他篆刻的白文印宗法两汉，朱文印参以古玺，皆醇古苍雅，融会六书，用意深妙。其次子以辛（字万斯），能传其业。程邃由明入清后在扬州活动数十年，开篆刻之徽派，雄踞印坛数百年。其影响之初就泽被同时期的戴本孝、石涛、郑簠、张在辛和清代初期隶属扬州府的如皋一派，以及后来到扬州活动的其他地区印人等。由此，徽派又孳生出许多“别帜”或“旁支”，如后来的“四凤派”、“歙四子”及邓

1　张郁明：《清代徽宗印风》（上），重庆出版社，2011，第1页。

石如所创立的邓派等，因都不同程度地受到了程氏印风的影响，故统称并归属于徽宗。具体而言，参与徽宗的印人群体相对松散而繁冗，风格多样而复杂。张郁明在《论徽宗之构成及其艺术风格之嬗变》一文通过社会语境、思想和艺术倾向以及籍贯等方面论证徽宗的印派体系分为：徽派，代表人物包括程邃、戴本孝、石涛、郑簠、张在辛等人；“四凤派”，代表人物包括“扬州八怪”（李鱓、汪士慎、金农、郑燮、杨法、闵贞、罗聘等）和“四凤”（高凤翰、高凤岗、潘西凤、沈凤）等人；“歙四子”，代表人物包括董（洵）、巴（慰祖）、胡（唐）、汪（肇漋）等人；邓派，代表人物包括邓石如、吴让之、徐三庚、吴咨、赵穆等人。[2]这是目前较为科学并具有代表性的观点，因此，笔者下文对徽宗印人的探讨基于此说而展开。

一、“徽派”及同时代的其他印人

明周亮工《书程穆倩印章前》称：“（程邃）穆倩于此道实具苦心，又高自矜许，不轻为人作，人索其一印经月始得，或经岁始得，或竟不得。以是颇为不知者诟厉。”[3]又有称：“锐意篆刻，每作一印，稍不得意辄刓去更为之。如是者数次，必求得当，方以示人……”[4]可见，作为徽派开山人物的程邃在印学所下的苦功及其篆刻创作极端严谨的态度。然而，此说引起学界产生程氏刻印为求尽善尽美，又不轻易为人作，所以传世之作甚少的说法。清魏锡曾《书〈赖古堂残谱〉后》“程穆倩”条有“其遗迹，世间亦颇有存者。已未秋，在荆溪晤王君立斋，得见所藏程谱三百余方，大观也”[5]，结合上述“于此道实具苦心”而言，他的印作在当时直到清中晚期仍传世甚多。以常理推论之：没有一定数量的作品流传是不可能对印坛产生如此巨大的影响的。“不轻为人作”只是明季文人为艺的普遍现象。书画篆刻艺术创作大多是文人为遣怀、适情之属而不是为稻粱之谋。当然，由于时代相对久远，作品流传不易，魏锡曾在王立斋中所见的程邃三百余方印蜕早已淹灭。目前可见的程氏印作除传世书画作品中的印迹与其同乡程芝华《古蜗篆居印述》中摹刻他的五十九方印蜕外，尚无更多的印迹流传。所幸的是程邃早负盛名并游历甚广，并且记载他的生平艺事等文献资料流传很多，结合可见印迹也大概能勾勒出他篆刻的原貌。

清冯泌评曰：“以所见（程邃的印作）论之，白文清瘦可爱，刀法沉郁

---

2 张郁明：《清代徽宗印风》（上），重庆出版社，2011，第 12 页。

3 周亮工等：《印人传合集》，于良子点校，浙江人民美术出版社，2014，第 30 页。

4 韩天衡、张炜羽：《中国篆刻流派创新史》，上海书画出版社，2011，第 23 页。

5 魏锡曾：《书〈赖古堂残谱〉后》，载韩天衡编订《历代印学论文选》下册，西泠印社出版社，1999，第 524 页。

顿挫，无懈可击，然未脱去摹古迹象也；朱文宗修能而又变其体，近日学者爱摹之。”[6]程邃的篆刻取法多样。现藏于上海博物馆的“徐旭龄印”（图4.1.1）是他传世尺寸最大，也最具代表性的白文印作。印面大的印作一方面容易刻得剑拔弩张，过分霸悍；另一方面又容易过于平实以至板滞。此印精妙之处在于平正的章法结构中运用了大量的斜线、弧线以调整印面的灵动感和加强气脉的流通性。叶铭《广印人传》称：“（程邃）长于金石考证之学，刻印精研汉法而能自见笔意。”此印程邃以沉郁顿挫的冲刀辅以披刀进行刻制。披刀即用刀刃上方的刀背部位，以刃背披擦笔道的沿口的刀法。这种刀法使印面线条浑然深脱而又富有质感。此印所呈现出来的线条起讫处圆浑含蓄，转折处圆劲而不妄生圭角，有着刀芒内敛、犹如书法藏锋的线条特征，并且印作每字的横直线条中间微微拱起，从而体现了丰富的书写笔意。另外，取封泥意趣的“程邃之印”（图4.1.2）、取法汉铜印的“郑簠之印”（图4.1.3）、取法金文的“蟫藻阁”（图4.1.4）等都是程氏白文印的精品之作。清魏锡曾《论印诗》：“（程邃）蔑古陋相斯，探索仓沮文，文何变色起，北宗张一军。云雷郁天半，彝鼎光氤氲。”[7]又周亮工《印人传》称：“（程邃）复合《款识录》大小篆为一，以离奇错落行之……”[8]当然，最为世人称誉的是程邃的朱文印。他的朱文印喜欢融合大小篆、钟鼎款识入印，以离奇错落的布局表达灵动疏朗的艺术效果。又因印作线条边缘毛涩蠕动，如虫蛀出，迎面而来一种古奥朴拙的气息，而令人啧啧称奇。诚如“少壮三好音律书酒”（图4.1.5）、“垢道人程邃穆倩氏”（图4.1.6）、“安贫八十年自幸如一日”（图4.1.7）等印都是如此，各尽其妙。

图 4.1.1
程邃“徐旭龄印”，白文印，
尺寸 4.4 cm × 4.4 cm

程邃开徽派篆刻之先河，与他同时期的徽派印人如被誉为清代由帖学转向汉碑第一人的郑簠（1622—1693年），其印章师法汉铸印，雄浑朴质；被周亮工评为“以余闲摹划篆刻，不规规学步秦汉……文三桥、何雪渔所未有也”的吴麐（1691—1772年）；以及“远走数百里从张在辛学，进境神速，法秦汉，以苍深雅健为宗”的聂际成（1699—？）都各负时名。（图4.1.8）但是因为他们或传世作品甚少，不能一窥概貌；或纯粹延续程邃印风，个性不显，在此不再赘述。而尤须一提的是戴本孝、石涛和张在辛三人。

戴本孝（1621—1691年），字务旃，号前休子、守砚庵先生等，安徽休宁人。工诗善画，喜作枯笔山水，有奇恣之趣，造型拙古，笔墨清寂，深得

图 4.1.2
程邃“程邃之印”，白文印，
尺寸 2.5 cm × 2.8 cm

6 冯泌：《东里子论印》，载韩天衡编订《历代印学论文选》上册，西泠印社出版社，1999，第 172 页。

7 杨家骆编《篆刻学》，世界书局股份有限公司，2009，第 317 页。

8 周亮工等：《印人传合集》，于良子点校，浙江人民美术出版社，2014，第 37 页。

图 4.1.3
程邃“郑簠之印”，白文印，
尺寸 1.87 cm × 1.8 cm

图 4.1.4
程邃“蟫藻阁”，白文印，
尺寸 2.6 cm × 2.6 cm

图 4.1.5
程邃“少壮三好音律书酒”，朱文印，
尺寸 2.1 cm × 2.1 cm

图 4.1.6
程邃“垢道人程邃穆倩氏”，朱文印，
尺寸 1.8 cm × 1.7 cm

图 4.1.7
程邃“安贫八十年自幸如一日”，
白文印，尺寸 2.2 cm × 2.1 cm

图 4.1.8
聂际成“松山樵”，朱文印，
尺寸 2.3 cm × 2.2 cm

元人气韵。著有《前生集》《余生集》等。他的篆刻布局工稳、刀法精深，风格多变，别有意趣。传世之作除师法秦汉古玺印的“离砭”“鹰阿”“鹰阿山樵”“破琴老生”外，刻赠给冒襄的六面八方印也颇有特点。六面八方印内容分别是“真赏冒襄”“忍辱忘怨”“辟疆氏”“小三吾鉴藏”“冒襄辟疆私印”“巢民”和凤栖铎形印。该印不仅印面朱白相间、布局奇巧，字体、形式风格也丰富多样，且各种形式都水平极高，无半点流俗习气，诚为佳构。又有两方凤栖铎形印传世，一方无款，一方有款，两方边框均以铎的外形表现。（图4.1.9、图4.1.10）其中款署“癸卯仲春”的一方，外框底部呈现立体的椭圆形状，这种空间的处理方法为历代所无，十分独特。（图4.1.11）戴本孝刻印不为稻粱之谋，多为其书画用印以及表达自己艺术观念所作，如传世印迹“写心”“法无法”“形见神藏”“我用我法”等就直接呈现出他的艺术见解和审美思想。

图 4.1.9
戴本孝凤栖铎形印，
尺寸 3.7 cm × 2 cm

无独有偶，戴本孝提出“我用我法”之际，与他同时而略晚的石涛同样提出了“我自用我法”的观点。石涛（1641—约1718年），原姓朱，名若极，广西桂林人，祖籍安徽凤阳。诗书画印无所不精。绘画擅长仕女、山水、花卉、翎毛、草虫各科，在明清艺术史上享有很高的称誉。他的篆刻取法程邃和汉印，后“我自用我法”，以己意出之，布局多变，刀法奇肆，得“精、雄、老、丑”之意趣。他晚年定居扬州，开“扬州八怪”印风的先河。后之“四凤”“八怪”鲜明、张扬的篆刻风格与其说承接程邃余绪，不如说是石涛“我自用我法”的直接体现。另外，戴本孝有诗云：“安得运会还太初，开天一画无生有。万象流形画在首，倾将沆瀣写洪蒙。”在近世的明清文人画研究中，石涛以其“一画”诸说被推到了近乎神话的境地。然而，与他同客于长干寺且年长于他的戴本孝实更早于他发表类似的观点。这种观点是石涛从事艺术的整体思想，绘画如是，篆刻也莫不如是。随后，石涛在《与高凤冈论印诗》中说道：“书画图章本一体，精雄老丑贵传神。秦汉相形新出古，今人作意古从新。灵幻只教逼造化，急就草创留天真。非云事迹代不精，收藏鉴赏谁其人。只有黄金不变色，磊盘珠玉生埃尘。凤冈、凤冈，向来铁笔许何、程，安得闽石千百换与君，凿开混沌仍人嗔。”这首诗直接表达了属于绘画理论的《画语录》在印学范围内的延伸，其要旨正在于第一句的“一体”和最后一句的“混沌”两词。“无法”“混沌”等思想之于篆刻而言的外在体现：一方面，在技法上不会过于严谨，法度森严，印章所表现的线条也不会过于光洁、匀净；另一方面，印作的风格常常有粗头乱服、雄强荒率的意趣。石涛代表作如白文印“我何济之有”（图4.1.12）、“大涤堂”（图4.1.13）、朱文印“向年苦瓜”（图4.1.14）等均如是观。白文印“靖江后人”（图4.1.15）为石涛篆刻的别格，新颖独特。

图 4.1.10
戴本孝凤栖铎形印，
尺寸 3.3 cm × 1.7 cm

图 4.1.11
癸卯仲春鹰阿山樵戴本孝作，
边款 0.6 cm × 5.6 cm

图 4.1.12
石涛“我何济之有”，白文印，
尺寸 4.3 cm × 4.3 cm

图 4.1.13
石涛“大涤堂”，白文印，
尺寸 4.5 cm × 4.5 cm

图 4.1.14
石涛“向年苦瓜”，朱文印，
尺寸 4.2 cm × 4.2 cm

图 4.1.15
石涛“靖江后人”，白文印，
尺寸 4.2 cm × 4.2 cm

此印以隶书入印，布局自然平实，线条力能扛鼎，气息沉厚雄浑。徽派篆刻以涩刀拟古，但石涛此印用刀多变，迅迟无定，体现了他篆刻创作的“无法”思想。朱文印“向年苦瓜”一印以大篆入印，用字奇古，线条如虫蛀出，沉郁凝厚。其中“年”字的头部箭头指向“瓜”字，与其形成俯仰、呼应的动感之势，气脉流通。而“向”“苦”各自独立，字形结构一松一紧。两字取平实稳定之势，与“年”“瓜”形成动静对比，别具情趣。

与戴本孝的“奇”“朴”和石涛的“雄”“丑”不同，山东的张在辛篆刻以“清”“雅”称著于时。张在辛（1651—1738年），字卯君，号柏庭，山东安丘人。工书画，精篆刻。书法学郑簠，能传其法。山水、松石、梅竹，随意点染，皆得雅致。著有《隐厚堂遗稿》《画石琐言》《相印轩藏印谱》《望华楼印汇》《篆印心法》《隶法琐言》《汉隶奇字》等。他的篆刻初得家学，稍长受印学于周亮工。精于刀法，工稳严谨，为时人追捧。所论：“若夫用刀宽窄、厚薄、利钝，则又在各人取便。随其石之大小软硬，字之古穆秀媚，所谓神而明之，存乎其人也。”“宜锋利者，用快刀挑剔之；宜浑成者，用钝刀滑溜之。”可见张在辛篆刻主张运刀不拘成法，灵活多变。布局方面则强调顺应文字本身的笔画结构和字势，不排挤不局促，从而获得自然妥帖的效果。有趣的是，张氏强调布局用字的天然，却不排斥非天然的做印手段，利用擦、磨等篆刻刀、笔以外的技法来进一步完善印面的艺术效果。他说道：“要铦利而不得精采者，可于石上少磨，以见锋棱。其圆熟者，或用纸擦，或用布擦，又或用土擦，或用盐擦，或用稻草绒擦，随其家数，相其骨格，斟酌为之。”另外，他在《篆印心法》中还提出为达到篆刻的最终展现效果，通过垫印纸的厚薄、印色的浓淡等因素来钤印的方法。可见，他对本身就有着制作属性的篆刻活学活用，并不死学结茧。并且他这时所描述的制作方法是以印面的精神为依归的，并不是为求金石烂漫之趣的破残手法。其实践与观念都十分前卫，在当下仍有重要的参考意义。

张在辛篆刻作品传世甚多，因整体印风工整严谨，所以水平都较高并风格统一，当然也存在微妙的变化。如朱文印“安丘张在辛印”（图4.1.16）自然舒展、白文印“如庵”（图4.1.17）精妙古穆、白文印“张在辛”（图4.1.18）平实浑厚、白文印“凤翰”（图4.1.19）妥帖秀媚、朱文印“自来草阁”（图4.1.20）疏朗精妍和白文印“兰霻（雪）斋”（图4.1.21）荒率随意等，各臻其妙。其中如白文印“如庵”末笔作“S”形，变化精微，既突出笔意，又气韵流动，形成“印眼”。白文印“柏庭老人”（图4.1.22）的“庭”“老”“人”三字都有悬针竖，三字的结体和笔画也类似《天发神谶碑》的意味，这种手法在他的其他印作中也时有出现，如白文印“卯君”等。这种情况在与他同时期的沈世和刻白文印“家在菱湖橘社之间”（图

4.1.23）、林皋刻白文印“莆阳鹤田林皋之印”等中都有所表现。又林皋曾师沈世和，不知是否为一时之风或有师承渊源，有待后考。

与程邃同时但不属于徽宗的著名印人有傅山、顾苓、黄枢、周亮工、沈世和、林皋、邵潜、许容、吴先声等。这些印人有一定的创见和代表作，除黄枢在下文论及外，其他人在此做一些简要的介绍。

图 4.1.16
张在辛“安丘张在辛印”，朱文印，
尺寸 3.2 cm × 2.6 cm

傅山（1607—1684年），又名真山，初字青竹，寻改青主，又字侨山，别号公之它、石道人、啬庐等，山西太原人。明亡后为道士，以医为业。于哲学、医学、儒学、佛学、诗歌、书法、绘画、篆刻无所不通。著有《霜红龛集》《荀子评注》等。画攻山水，书法善隶书和行草书，又精篆刻，收藏金石颇富，辨别真赝百不失一，堪称当代巨眼。傅山书法、篆刻均强调“宁拙毋巧，宁丑毋媚，宁支离毋轻滑，宁真率毋安排”的艺术创作思想。传世“韩岩私印”（图4.1.24）是他的白文印代表之作。此印取法汉铜，布局平实自然，四字均分印面，以字本身的笔画多寡形成自然的疏密。其中“韩”“私”“印”三字相对较疏朗，“岩”字密实，但“岩”字右下角有意留红形成印眼，不致填满而板滞。篆字的转折处又方中寓圆以体现笔意。运刀钝刀涩行，线条如“屋漏痕”。印作烂漫之趣与何震白文印“听鹂深处”如出一辙，因残破所形成并笔及白色块面与红地形成强烈的对比效果。另外，此印边款以带篆意的隶书写出，古雅奇拙。傅山强调字如其人，他说：“作字先作人，人奇字自古。”另外，他的印作并不多见，传世署为傅山所作的印作多难辨真伪。清末广东番禺收藏家潘仪增《秋晓庵印存》中的朱文印“披云”有草书鉴赏款拓，虽署为傅山，但潘氏《秋晓庵印存》多翻砂印且伪作甚多，未必可信。

图 4.1.17
张在辛“如庵”，白文印，
尺寸 2 cm × 1.2 cm

顾苓（1609—1682年后），字云美，号浊斋居士，江苏苏州人。少笃学，尤潜心篆隶。精鉴别，凡金石、碑版及鼎彝、刀尺、款识、虫鱼、蝌蚪之书，皆能诵之。又工诗善书，行楷仿赵孟頫。因与郑簠近邻交好，常一起研讨碑学，最留心汉隶。著有《塔影园印稿》（已佚）等。

顾苓篆刻宗法秦汉，旁参宋元朱文。论者称他晚年篆隶益精，临摹秦汉铜章、玉印，识者认为不下于元丘吾衍、明文彭的水平。他的外祖父是文徵明的孙婿，有此家学渊源，遂篆刻也取法文彭一路印风。其所作印重意韵精神以及书法意趣，曾强调“白文转折处须有意，非方非圆，非不方非不圆，天然成趣，巧者得之”。他对清代初期吴中地区的流派篆刻发展有着很大的影响，其盟主的地位从周亮工对郑簠之说“今日作印者，人自为帝，然求先辈典型，终当推顾苓”可见一斑。朱文印“传是楼”（图4.1.25）是顾苓应昆山徐乾学所刻之印，以典型的元朱文为之，线条圆润凝厚，边框积点成线，正如前人所论“如虫蚀叶”，气息高古淡雅，从容不迫。这类的朱

图 4.1.18
张在辛“张在辛”，白文印，
尺寸 1.7 cm × 1.7 cm

图 4.1.19
张在辛“凤翰”，白文印，
尺寸 1.7 cm×1.7 cm

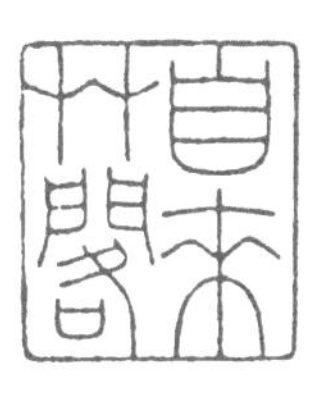

图 4.1.20
张在辛“自来草阁”，朱文印，
尺寸 2.1 cm×1.9 cm

图 4.1.21
张在辛“兰䨮（雪）斋”，
白文印，尺寸 5.5 cm×2.2 cm

图 4.1.22
张在辛“柏庭老人”，白文印，
尺寸 2.4 cm×2 cm

图 4.1.23
沈世和“家在菱湖橘社之间”，白文印，
尺寸 3 cm×2 cm

图 4.1.24
傅山“韩岩私印”，白文印，
尺寸 2.8 cm×2.8 cm

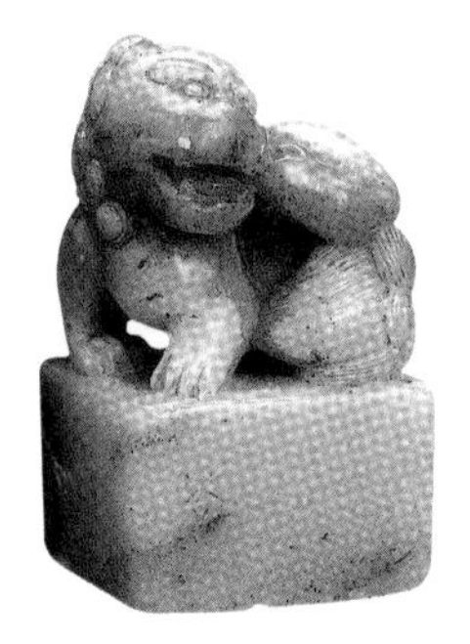

图 4.1.25
顾苓“传是楼”，朱文印，
尺寸 2 cm×2 cm

文印还有“眇眇兮予褭（怀）”（图4.1.26）等。这两印无论章法、配篆还是刀法都水平较高，在当时印坛中十分难得。白文印“仌（冰）䨮（雪）为心”（图4.1.27）、“枫落吴江冷”（图4.1.28）、“抱琴卧华（花）”（图4.1.29）为顾氏印作之别格，其笔画起讫含蓄凝练，转折处圆润挺拔，线条平实朴厚。各字之间有意拉开横竖间距以营造一种疏朗的氛围，有着一种生拙之趣和书卷气息。沈世和白文印“石阑斜点笔桐叶坐题诗”（图4.1.30）也应用了这种手法，可见是明末清初的印坛时风。

周亮工（1612—1672年），字元亮，号栎园，别号陶庵、适园、瞀公、谅工、栎下先生等。河南祥符人，后迁居南京。为崇祯十三年（1640年）进士，授监察御史，仕清后任户部右侍郎等职。周亮工极好收藏，所收凡书画、金石、器物等皆甚富。又精研六书，喜交当时各地篆刻名手及收藏各类印谱。著有《印人传》（又称为《赖古堂印人传》）、《赖古堂集》、《赖古堂藏印》、《读画录》、《闽小记》、《尺牍新抄》、《因树屋书影》等书。

《印人传》原为周亮工未竟之作，清康熙十二年（1673年）癸丑由其子周在浚检其著述和印谱题跋，编成三卷并付梓行世。以中国玺印篆刻艺术而论，在明代之前，制作印章的工匠历来是不载入史册的，如汉代杨利和宗养等见诸记载者是寥若晨星的。作为印章艺术的创作主体，印人的生平与创作思想、印作等方面的系统研究，到了晚明时的周亮工《印人传》一出，才始开风气。自此以后，汪启淑《飞鸿堂印人传》（又称《续印人传》）、叶铭《再续印人传》等系列印人研究著作层出不穷，蔚为大观。

周亮工的《印人传》主要论述了明清印人的生平事略、传闻逸事，印学思想以及流派嬗变等。清钱陆灿曾称：“四方操是艺以登门者，往往待先生一裁别以成名。”因人情世故和眼界所限以及周氏在印章上的鉴识水平有限，《印人传》也不免瑕瑜互见。林霔在《印说十则》中说道：“尝闻周栎园《印人传》三卷，美恶兼收，毫无鉴别，其出之名手者，固有目共赏，而出之俗手者，亦复不少。”虽然言辞过于苛刻，但也不无道理。然而，周亮工《印人传》一书对促进印人身份的社会认同以及艺术地位的整体提高等方面有着极其重要的意义。《印人传》除记录各家篆刻技艺外，还处处体现出周亮工崇尚通过篆刻表达己意、追求本色的印学观。周氏好印成癖，故也能刻印，兴之所至就会偶一为之。虽水平不高，但也能“运以己意”。白文印“纸窗竹屋灯火青荧”（图4.1.31）为其传世之作，古朴平实。时遇新朝，周亮工多次犯事拟绞，虽遇赦免，然不久亦病死。所以，此印印文内容透露出一种凄清的基调，也许就是他晚年孤苦凄清的生活写照。

沈世和（生卒年不详），字石民，江苏常熟人，客居苏州。工书画，

图 4.1.26
顾苓“眇眇兮予褭（怀）”，朱文印，尺寸 1.5 cm × 1 cm

图 4.1.27
顾苓“仌（冰）䨮（雪）为心”，白文印，
尺寸 2.1 cm × 1.5 cm

图 4.1.28
顾苓“枫落吴江冷”，白文印，
尺寸 3 cm × 2 cm

图 4.1.29
顾苓“抱琴卧华（花）”，白文印，
尺寸 1.5 cm × 1.4 cm

图 4.1.30
沈世和“石阑斜点笔桐叶坐题诗”，
白文印，尺寸 2.3 cm × 2 cm

图 4.1.31
周亮工“纸窗竹屋灯火青荧”，白文印，
尺寸 3.25 cm × 3.25 cm

精篆刻。康熙南巡时行宫榜额大部分出自其手，因获御览而名噪一时。著有《八咏山房印谱》《虚白斋印谱》等。其篆刻宗法文彭，能自出己意。周亮工《印人传》称他是“能以一灯绍国博者”，评价甚高。他与汪士慎、徐乾学、王鸿绪等名士过从甚密，在篆刻的风格上与汪士慎都有着沉着恬静的特点。据传他印“以毛颖之法驱使铦刀”。从传世代表白文印“石阑斜点笔桐叶坐题诗”（图4.1.30）来看，笔画圆转自然，可见上述使刀如笔的方法应是指以刀法表现出更多的书写意味，而非运刀像写字那么挥洒自如（速度快而技法娴熟）。“家在菱湖橘社之间”（图4.1.23）一印则多用方笔，较“石阑斜点笔桐叶坐题诗”一印更显示清刚静穆。部分竖笔以尖端较细悬针法为之，突出笔意。另外，此印转折也以方折为主，方中寓圆。全印八字只有“间”字的“日”部完全使用圆转，与“橘”字“矛”上部和“湖”字“月”部收尾处的圆转形成呼应，调整印面节奏，大处见精微，诚为佳制。

林皋（1658—？年），字鹤田，一字鹤颠，福建莆田人。精篆刻，宗法文彭、汪关，又取法沈世和等。吴晋称他：“林子入印，全用汉篆……而篆体笔力，又大能合古法者也。且少年锐意考古，凡《六书通》、《书学正韵》、《许氏说文》旧本、《广金石韵府》诸书，无不殚精竭智，穷搜极辨，以故力追大雅，直与秦汉印神明贯串。”林皋于篆刻十分刻苦勤奋，篆刻古文字根基也特别扎实。世传他入印内容从不杂史籀及钟彝等文字，而全用汉篆，从而体现出他在篆刻用字方面特别讲求篆法的统一。这给清代初期印坛程邃以大篆诸体掺杂进行创作的主流印风中带来一种别样的意趣。他的篆刻运刀稳健挺拔，不事修饰。布局疏朗自然、气脉流通，融汪关的整饬妍美、文彭的清丽灵动以及沈世和的精雅绵密于一炉，将元朱文印和多字白文印的工整典雅推向一个新高峰。

林皋年十六时就得到著名学者钱陆灿赏识，被其誉为“晚年印人中第一友”，当时著名书画家和鉴藏家王翚、恽寿平、王鸿绪、吴历、高士奇等人的印多出其手。吴晋云：“惜栎园司农不及见林子。倘林子早出十数年，司农《印人传》中，定推论林子与济叔、穆倩诸人不少下。”汪启淑在《续印人传》中道：“两浙久沿林鹤田派，钝丁力挽颓风。”亦可见林鹤田皋印风在两浙地区风靡之广。林皋传世篆刻作品甚多，主要见于其所著的《宝砚斋印谱》《林鹤田印谱》等。因属工整一路的印风，所以无半点懈怠之习，整体而言水平较高，并且形式、风格丰富多样又落落大方。

朱文印“家无别况唐诗晋字汉文章”（图4.1.32）、“晴窗一日几回看”（图4.1.33）、“身居城市意在山林”（图4.1.34）为典型小篆入印的代表之作。篆字重心上提，字形向下舒展，飘逸修长。运刀圆转流畅，笔画起笔略重而末笔尖收以突出笔意。在线与线之间交搭处形成“焊接点”的方

图 4.1.32
林皋“家无别况唐诗晋字汉文章”，朱文印，尺寸 3 cm × 2.7 cm

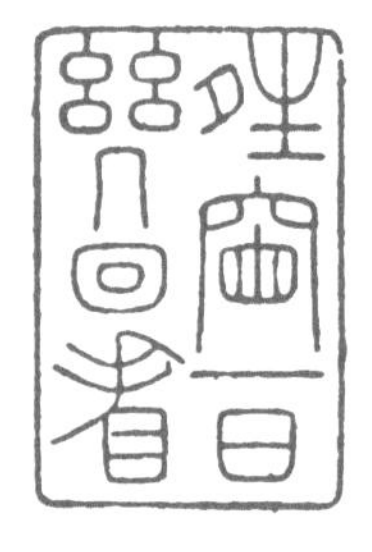

图 4.1.33
林皋“晴窗一日几回看”，朱文印，尺寸 3.2 cm × 2.1 cm

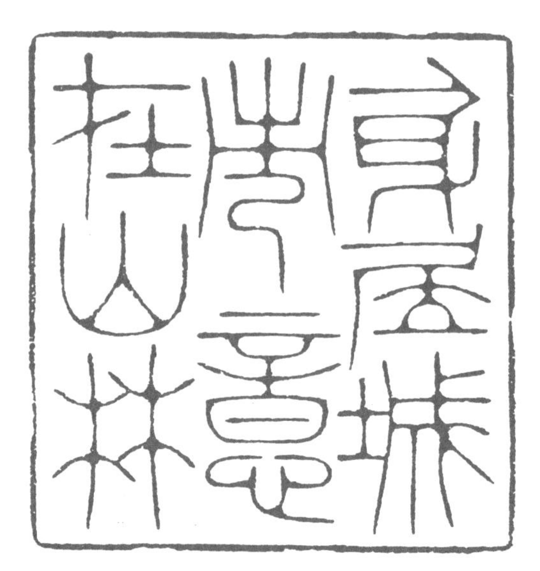

图 4.1.34
林皋“身居城市意在山林”，朱文印，尺寸 6.9 cm × 6.7 cm

法与汪关白文印线条交接处使用并笔形成块面的方法有异曲同工之妙。朱文印“按（案）有黄庭尊有酒”（图4.1.35）、“碧云馆”（图4.1.36）纯用铁线篆来表现，线条两端粗细基本一样，虽纤若游丝却劲挺细密，不依靠用笔的起讫而是以圆转的体势来表达笔意。又篆文尽量简省，气格高古且匀净空灵。另外，两印在布局上，通过入印篆书的笔画多寡来分布空间，一任自然从而形成气脉流通的艺术效果。以古玺的布局和形式来表现的白文印“诸缘忘尽未忘诗”（图4.1.37）却配以小篆。入印文字不做欹侧变化，又以粗边框之，布局遂平实太过之嫌。幸“尽”字下部有一破笔，为此印破除板滞立一大功。另印文内容饶有空灵和明净的意趣也弥补了这一问题。白文印“智（智）者自知仁者自悉（爱）”（图4.1.38）和“佛少风流一种神多堀强三分”（图4.1.39）二印，除与上述沈世和、张在辛印作的篆字笔画的起讫处都有若干的尖笔外，两印的篆书转折都以方折为主，且线条有方折切刀的运作习惯，不知是否为开浙派先声抑或浙派开山丁敬受之影响，有待后考。

图 4.1.35
林皋“桉（案）有黄庭尊有酒”，朱文印，尺寸 2.4 cm × 1.7 cm

邵潜（1581—1665年），字潜夫，自号五岳外臣，江苏通州人。在明亡后侨居江苏南通如皋离垢园，倡导印学，一时影响颇巨。邵氏好友、被周亮工推其印为“神品”的如皋人黄经（济叔），以及被叶铭誉为“图章不让秦汉”的许容（实夫）曾从其学，遂擅时名。

许容（约1635—1696年），字实夫，号默公、嘉颖，别号遇道人等，江苏如皋人。著有《印略》《印鉴》《韫光楼印谱》《谷园印谱》《说篆》，又辑《篆海》数十卷，印学著作洋洋洒洒。他的篆刻师法汉人，兼受福建莆田派作风影响，又追求布局的形式变化和用字诸体相杂，别具一格。龚芝麓有“寄语黄山程穆倩，中原旗鼓一相当”的评价。董洵却说道：“许氏《谷园印谱》，文既杂乱无章、细弱少骨，又另立各种刀法作无数欺人语，手眼未高者勿为所惑。”[9]从许容传世印作来看，印文多诸体相杂却互不协调，篆字行距间距过于疏散，不见呼应，整体格调的确不甚高明。（图4.1.40、图4.1.41）因黄经长期生活在南京，影响并不在如皋，又清康雍时如皋一地的沈凤（本江阴人）、潘西凤（本浙江新昌人）等客寓的篆刻家，后来又汇入扬州，与高翔、高凤翰等并称“四凤派”，同样不属如皋的区域范畴。所以，虽然许容的篆刻习气满石，但是在当时因颇有新奇可喜之趣，故在如皋一地产生了相当的影响，童昌龄、范霍田、乔林、乔煜、黄学圯等印人均师从之，并共尊其为“如皋派”的首领。延至清乾隆间“云间派”的王睿章、王玉如（图4.1.42）、鞠履厚等印人也受到许容和林皋印风的影响。

图 4.1.36
林皋“碧云馆”，朱文印，印面直径 2.4 cm

9 董洵：《多野斋印说》，载韩天衡编订《历代印学论文选》上册，西泠印社出版社，1999，第 304 页。

另外，湖北江陵人吴先声与林、许二人同享时名。吴先声（活动于清康熙年间），字实存，号孟亭，亦号石岑。少有印癖，得《顾氏集古印谱》原版临习，艺事乃进。著有《敦好堂论印》《印证》等。他学习古印强调活学活用，“须得其精意所在，取其神不必肖其貌”“……有道理，则古人为我用；无道理，则我为古人用。徇俗则陋，泥古则拘”。白文印“多情怀酒伴余事作诗人”（图4.1.43）为他的代表作，布局妥帖自然，线条平实凝厚，有秀逸之气。

二、“四凤派”印人群体

图 4.1.37
林皋“诸缘忘尽未忘诗”，
白文印，尺寸 3 cm × 3.4 cm

“四凤派”印人群体包括“四凤”与“八怪”。“四凤”即高凤翰、高翔（高凤冈）、潘西凤、沈凤。“八怪”指李鱓、汪士慎、金农、郑燮、杨法、闵贞、罗聘等人。石涛晚年曾写《与高凤冈论印诗》给高翔，向他传授篆刻艺术方面的经验和知识，所以“四凤”“八怪”与其说师承程邃，不如说源于石涛。在石涛逝世后的二十余年间，扬州经济开始全面复苏并日趋繁华，“四凤”“八怪”逐渐汇集扬州形成潮流。因此，与徽派为表达亡国之恨、调适情怀等篆刻创作功用不同，在繁盛的经济刺激下，他们的艺术作品有着成为商品的可能。因为，“四凤”“八怪”的篆刻作品与他们的书画一样成为稻粱谋的手段，曲高和寡的阴柔风格自然没有多少的市场，而市场普遍需要竞奇斗艳的风气。这也客观上促使“四凤”“八怪”的篆刻艺术更倾向于对个性的张扬和外露的表现，更接近于“我自用我法”的创作导向，以及形成了他们作品既丰富多样又瑕瑜互见的整体风貌。随着以“四凤派”为代表的书画家、印人汇集扬州，乾隆年间艺坛已是高手林立，达千人之数，各显神通。或艺术风格一致，或里籍相同、相近的突出者，世人多将他们归为一类，称之为“二友”“四凤”“八怪”“十哲”等。能被以上四说都提到的仅高翔一人。高翔与“四凤”“八怪”大部分人的关系都很好，他所居住的地方与石涛的大涤堂比邻。石涛逝世后，他每年都扫其坟墓，至死不辍。高翔是“八怪”“四凤”中唯一与石涛有交往的人物，对石涛的艺术在众人的传播中起到关键的作用，因此也在这个群体中最具代表性。

图 4.1.38
林皋“智（智）者自知仁者自悉（爱）”，
白文印，尺寸 2.8 cm × 2.7 cm

高翔（1688—1753年），字凤岗，一作凤冈，号樨堂、西堂、西唐等，江苏扬州人。诗书画印皆精。画善山水，师法渐江和石涛，兼作梅竹，风格近金农。他的篆刻工缪篆，刀法师程邃。论者曾将他与丁敬、汪士慎相并峙，可见时誉甚高。他现存的书画作品中常见有“西唐山人书余”“知书无如我”的印款。汪士慎《巢林集》中《西唐先生画山水歌》也说道：“先生作画名‘书余’，两字流传昔未有。”可见高氏从艺强调“书余说”，即

图 4.1.39
林皋“佛少风流一种神多堀强三分”，
白文印，尺寸 7 cm × 5 cm

图 4.1.40
许容“胡昇猷印”，白文印，
尺寸 3.4 cm × 3.4 cm

图 4.1.41
许容“若邪溪上人家”，白文印，
尺寸 2 cm × 2.3 cm

图 4.1.42
王玉如“扫地焚香”，朱文印，
尺寸 2.2 cm × 2.1 cm

图 4.1.43
吴先声“多情怀酒伴余事作诗人”，
白文印，尺寸 4 cm × 3 cm

指以书法为主体去表现绘画以及篆刻的美学思想。他的篆刻作品面貌丰富多样，古玺、秦汉印等各种形式都有，如朱文宽边小玺“程鏸”、四灵白文印“启事”等，但无论哪种形式都统一于工稳、精深的气息之中，并且强调笔意和笔势的表达。“书余说”既承接了程邃的余绪，也开邓派诸子“印从书出”的先声，可谓功不可没。

图 4.1.44
高翔“高翔印信”，白文印，
尺寸 1.8 cm × 1.8 cm

或许因高翔并没有石涛、程邃的亡国之痛，故他的印作既没有石涛的苍莽奇崛，也没有程邃的沉郁凝穆，所呈现的是一派平远淡泊、不激不厉的气息。白文印“高翔印信”（图4.1.44）、“长啸呼风”（图4.1.45）等与程邃代表作“徐旭龄印”（图4.1.1）有异曲同工之妙，横画微微拱起，体现丰富的笔意和笔势动感，并且又比程氏印作多了一份清新爽利和明亮。高翔有许多没有边框或者边框虚化的朱文印作，如“宽柔和惠则众相爱”、“茹芝饵黄”、“弯弓挂扶桑长剑倚天外”（图4.1.46）等。这些朱文印布篆的一大特点是靠近外框的笔画多为闭合或半闭合结构，且相对结构紧凑，外边框的垂直线处的字多长直竖线，而外边框的水平线处则多横向线条。如“弯弓挂扶桑长剑倚天外”一印的“挂”“外”都有意强调竖向线条，而水平方向的“挂”“长”“倚”“天”等字则有意强调横向线条，从而整体形成形断意连又虚化的边框效果。虽没有边框但印面气脉仍团聚一气，丝毫无散泄之弊。另外，这种类似边框的纵横笔画篆字与没有类似外框相对应垂直或水平线条的篆字相得益彰，产生奇趣。

图 4.1.45
高翔“长啸呼风”，白文印，
尺寸 3.8 cm × 1.8 cm

尤须一提的是，高翔和“四凤派”诸子与杭州“西泠八家”中的丁敬、奚冈都过从甚密，亦师亦友。他的白文印“福寿臻人”（图4.1.47）字体方正，转折处清刚有力，线条爽利豪迈，可见是切刀法所为。又如潘西凤的白文印“有容德乃大”（图4.1.61）、金农的白文印“寿门”和朱白文相间印“莲身居士”等已是典型的浙派面目了。由此可知，“四凤派”印人群体与浙派诸子在艺术上曾相互影响，下文详述之。如果说高翔得石涛“精”“雄”“老”“丑”中的“精”“雄”之趣的话，那么石涛“老”“丑”的特点则在“四凤派”中坚人物高凤翰的印作中得以发展了。

图 4.1.46
高翔“弯弓挂扶桑长剑倚天外”，
朱文印，尺寸 3.7 cm × 3.7 cm

高凤翰（1683—1749年），字西园，号南村，晚号南阜老人，因右臂病残，以左手作画刻印，又号尚左生、丁巳残人、废道人等，山东胶州人。幼承家学，以诗文闻名乡里。善书画，尤精篆刻。草书圆劲飞动。山水以气胜，不拘于法。著有《南阜山人全集》《敩文存稿》《砚史》《南阜山人印谱》等。

高凤翰早年曾两度拜访张在辛，与他进行篆刻交流并获益匪浅。后植根汉印，遍涉流派诸家，自成一格。晚年汲取石涛奇肆、荒率之气，尤其在臂病残后所刻的印更带有一种古拙沉厚的气息。他篆刻运刀以冲刀为主，在

图 4.1.47
高翔“福寿臻人”，白文印，
尺寸 3 cm × 3 cm

图 4.1.48
高凤翰“家在齐鲁之间”，白文印，
尺寸 6.2 cm×4 cm

直向运刀中稍作曲线的运行，直中寓曲，曲中寓直。在爽利与涩滞的矛盾互换中形成强烈的节奏，使线条形成“屋漏痕”式的质感，敏锐细腻。即如魏锡曾《论印诗》所称“石质具陊剥，字形随转变。乱头粗服中，姬姜终婉娈”[10]的意趣。

另外，高凤翰喜收藏，曾集汉印达五千方。又嗜砚，并擅刻砚铭。他藏有砚台一千余方，曾选取一百六十五方精品，亲自镌刻砚铭，拟作《砚史》，后因病臂未及完成。但他将刻砚铭的刀法融入篆刻之中，从而在他“直追本源”的审美理想中形成自己的风格。白文印“家在齐鲁之间”（图4.1.48）、“雪鸿亭长”（图4.1.49）、“别存古意”（图4.1.50）、“生有印癖”（图4.1.51）、“左臂”（图4.1.52）、“丁巳残人”（图4.1.53）都可看作高氏的代表之作。

“家在齐鲁之间”是他早期臂病残之前的作品，线条虽浑厚荒率却仍有其精细之处。其中布局奇巧，全印六字均分，处于中间的“齐”“鲁”二字因笔画和斜线较多，容易造成印面中间堵塞而显得板滞，遂将“齐”字简化和“鲁”字线条变细，弱化它们与其他篆字的疏密对比，使印面在稳定中呈现出一种奇崛之气。“丁巳残人”为他臂病残后所作。布局三疏一密、三静一动，有意将“丁”字左右直笔提起、“人”字中间留空，留出大片红底，又将“巳”稍作填满与“残”字相称，从而产生印面整体的顾盼呼应，极尽巧思又自得天趣。此印运刀则由于使用左手的生理因素而有着逆入涩行的节奏感，在经意和不经意之间体现出精力弥漫的气格。这种不衫不履的印风，对后世的曾衍东、吴昌硕、丁二仲等人都产生直接的影响。另外，高凤翰是“四凤派”中传世作品最多的一位，他的印作风格和形式也最为多样。如朱文印“左画”（图4.1.54）取法于宋徽宗的“御书”葫芦印，饶有古意。因突破了徽宗反对宋元图书的艺术宏旨，其在徽宗印人中算作一朵奇葩。

和高翔、高凤翰的雄拙不一样，与“二高”齐名的沈凤却是以苦学的方式渐成名家的。沈凤（1685—1755年），字凡民，号补萝，另署凡翁、谦斋，江苏江阴人。早年为王澍门生，因淹通博鉴，深得王氏推崇。乾隆初年活动于扬州，晚年寓居南京，与李方膺、袁枚合称“三仙”，著有《谦斋印谱》等。沈氏书画篆刻俱佳，生前尝自谓：“篆刻第一，画次之，字又次之。”魏锡曾《论印诗》亦称“我观凡民印，古胜凡民书”。[11]王澍《谦斋印谱序》说道：“凡民既长，游宦四方，东至齐鲁，搜秦、汉之遗碣，北之燕，摩挲宣王《石鼓》，西适秦，抵酒泉，访求晋唐金石刻，空昼登登，

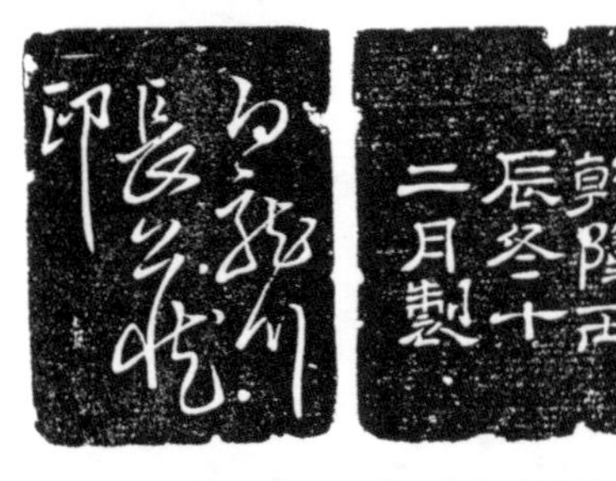

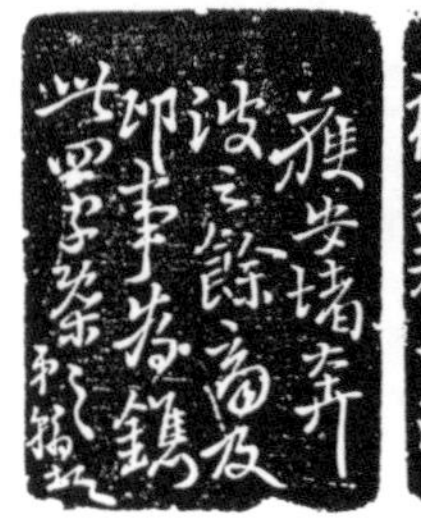

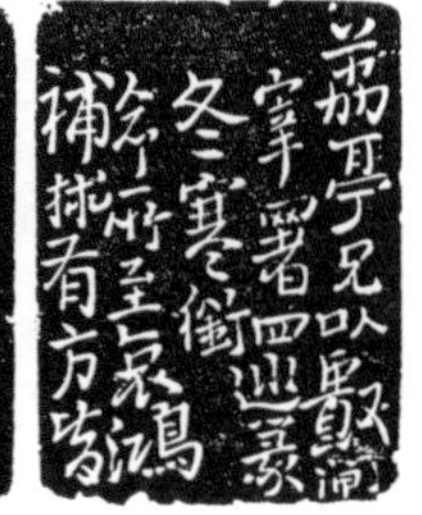

图 4.1.49
高凤翰“雪鸿亭长”，白文印，
尺寸 2.2 cm×2.5 cm

10 杨家骆编《篆刻学》，世界书局股份有限公司，2009，第 318 页。

11 同上。

手拓以归。”可见，沈凤曾四处搜访金石碑刻名迹，用功之勤。又他曾做客程从龙家，得遍览所藏商周彝器、秦汉玺印和晋唐书画真迹，细加临摹，艺事遂精。也正因为他的遍览和勤摹，他虽未在“四凤派”印人群体中开一代印风，但也以体式丰富而见长。除秦汉公私印以外，鸟虫篆、古玺、币文、隶书印等在同时代的印人绝少问津的领域，他也随手拈来。惜沈凤的印作整体缺乏灵气。如钱币形的朱文印“沈郎”、朱文印“凤印”（图4.1.55）和“谦斋”等许多作品只是作简单的模拟，或者纯粹以古文字搬入印面而不加以“印化”，不甚协调又略带俗气。白文印“补萝外史”（图4.1.56）、“沈凤私印”（图4.1.57）、“凡民临古”（图4.1.58）等相对较好，布局自然妥帖，配篆稳健含蓄，可惜运刀略显迟滞软弱。或许是他晚年基本以书画酬友，不复刻印，遂使他的篆刻艺术未臻妙境。

“四凤”之中，独潘西凤刻印以外还精于刻竹，王澍曾临王羲之《十七帖》，嘱他刻成竹简，完成后称为“竹简十七帖”，十分精美，被内府收藏。潘西凤（生卒年不详），字桐冈，号悔桥、老桐、天姥山樵，浙江新昌人。尝与沈凤一起受业于王澍之门。饱读诗书，又精于篆刻。郑板桥有诗云“试看潘郎精刻竹，胸无万卷待何如”。他在雍乾年间寓居扬州，与“四凤派”诸子诗文唱和，书画交流，名噪一时。潘西凤的篆刻功力极深，《东皋印人传》称他“各体篆刻，精美绝伦”。尤难能的是他善于把刻竹和刻印相结合，按照竹性以刻石印的方法来进行刻竹创作。白文印“寄兴於烟霞之外”（图4.1.59）、“白发多时故人少”（图4.1.60）、“有容德乃大”（图4.1.61）为他的传世代表石印作品，布局线条都较平实，有一种闲散天然之趣。白文印“画禅”（图4.1.62）是他的竹刻代表作。竹根不同于石章，它的纤维坚韧，镌刻石章的一些刀法未必全部适用，一般而言，竹子纤维竖直，刻出的横画往往有斑驳的效果，但要刻出如石印那样微妙的变化来，则十分不易。此印无论是布局，还是线条笔画，均无懈可击，实属难能。

“四凤”之外，“八怪”中还有汪士慎善刻印。汪士慎（1686—1759年），单名慎，字近人，号巢林、七峰、甘泉山人等，歙县人。著有《巢林集》等。他的篆刻力变旧习，师法汉印，兼取小篆入印，自成一家，时人将他列与丁敬、高翔齐名。汪士慎的传世印作很多，体式也十分多样，无论是秦汉铜印、玉印还是先秦古玺等，各种风格大都注重笔意的表现和文字与线条的姿态。白文印“汪士慎”（图4.1.63）取法汉铸印，笔画起讫圆浑凝练，极具笔意。其中篆字运用汪关的“并笔”手法，一方面加强笔画之间的粗细变化，另一方面有意加粗线条块面与留红产生强烈的对比，整体和谐又有变化，足见匠心独运。这种方法在汪氏其他印作中也十分常见，如白文印“我法”（图4.1.64）、“汪近人”等。“七峰草堂”（图4.1.65）是汪士

图 4.1.50
高凤翰“别存古意”，白文印，
尺寸 2.5 cm × 2.5 cm

图 4.1.51
高凤翰“生有印癖”，白文印，
尺寸 2.4 cm × 2.4 cm

图 4.1.52
高凤翰“左臂”，白文印，
尺寸 1.9 cm × 1.9 cm

图 4.1.53
高凤翰“丁巳残人”，白文印，
尺寸 2.1 cm × 2.1 cm

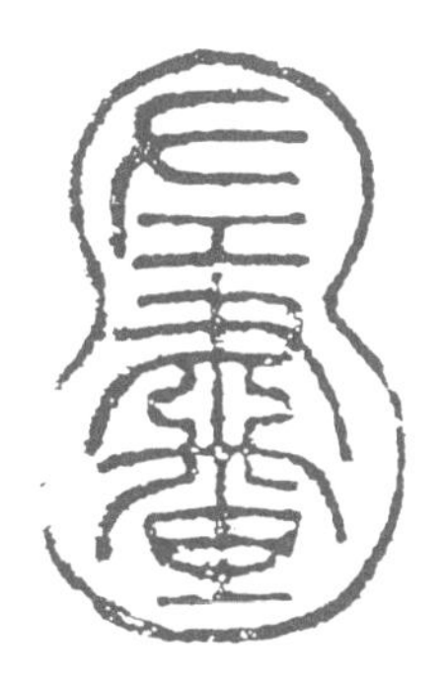

图 4.1.54
高凤翰“左画”，朱文印，
尺寸 4 cm×2 cm

图 4.1.55
沈凤“凤印”，朱文印，
印面直径 2.4 cm

图 4.1.56
沈凤“补萝外史”，白文印，
尺寸 2.2 cm×2 cm

图 4.1.57
沈凤“沈凤私印”，白文印，
尺寸 2.3 cm×2.5 cm

图 4.1.58
沈凤“凡民临古”，白文印，
尺寸 2 cm×2.1 cm

图 4.1.59
潘西凤“寄兴於烟霞之外”，
白文印，尺寸 2.3 cm×1.2 cm

图 4.1.60
潘西凤“白发多时故人少”，白文印，
尺寸 2.8 cm×3 cm

图 4.1.61
潘西凤“有容德乃大”，白文印，
印面直径 3.8 cm

图 4.1.62
潘西凤“画禅”，白文印，
尺寸 2.4 cm×1.3 cm

图 4.1.63
汪士慎“汪士慎”，白文印，
尺寸 1.1 cm×1.2 cm

慎较具代表性的一方朱文印，此印线条凝穆挺拔，无一丝怯弱处。除中竖外，其他竖画均略作弯曲，起讫略作顿挫，书写意味浓郁。另外，此印布局三密一疏、上松下紧，“堂”字下部有意留空，与右上角“七”字斜角呼应。“七”字左下方的大面积留空形成“印眼”，形成章法结构的彼此呼应，随着印面曲线的律动，有种既稳定又飘逸的感觉。其他朱文印如“甘泉寄农”“汪慎”“富溪”“七峰”等作均如是观。另朱文印“士慎”（图4.1.66）为汪氏篆刻别格，饶有意趣。

图 4.1.64
汪士慎“我法”，白文印，尺寸 1.3 cm×0.5 cm

三、“歙四子”和邓派

乾嘉年间，以徽商巴慰祖为核心的四位印人，以典雅娟秀的风格在扬州树帜坫坛，后世称“歙四子”。

图 4.1.65
汪士慎“七峰草堂”，朱文印，尺寸 2.7 cm×2.5 cm

“歙四子”之称最早见于浙派印人陈豫钟刻于嘉庆九年（1804年）的“莲庄”一印的印款：“昨过曼生种榆仙馆，出四家印谱。乍见绝汉人手笔，良久觉无天趣，不免刻意，所谓笃古泥规范者是也。四子者，董小池、王振声、巴予藉、胡长庚，皆江南人……”这里的“歙四子”为董洵、王振声、巴慰祖、胡唐四人。此后坊间又流传有《董巴胡王会刻印谱》，也是以巴、胡与董洵和王振声并称，但这本印谱经沙孟海等人考证，印谱的印作实际上全是巴慰祖一人所作，而非四人的作品。道光三年（1823年），程芝华《〈古蜗篆居印述〉凡例》云：“新安印人自吾邑何主臣、歙程穆倩后，几成绝学。汪学博稚川、巴内史晋堂、胡典籍子西继起，皆力追上乘，讨源宿海，得周、秦不传之秘旨。”[12]以及其兄程芝云《〈古蜗篆居印述〉跋》进一步提出“歙四子”之说：“歙四子之印皆宗秦、汉，汪与巴用高曾之规矩者也，若吾家垢道人，固尸秦、汉，而上稽秦、汉以前金石文字为之祖，而近收宋、元以降赵、吾、文、何为之族，故炉汇百家，变动不可端倪，胡子亦犹此志也。”[13]程氏昆仲却定程邃、汪肇漋、巴慰祖、胡唐为“歙四子”。可见，“歙四子”到底为哪四家并不统一。然而，这两说都有巴慰祖和胡唐，赵之谦在《书扬州吴让之印稿》也说道：“徽宗……巴（予藉）、胡（城东）既殇，薪火不灭，赖有扬州吴让之。”可见，这两人在徽宗篆刻中的地位，以及他们作为“歙四子”核心以及风格代表是毋庸置疑的，这也为我们理解“歙四子”的认定提供重要的依据。

图 4.1.66
汪士慎“士慎”，朱文印，尺寸 0.9 cm×0.8 cm

巴慰祖（1744—1793年），字隽堂、晋堂，号予藉，又号子安、莲舫，歙县人。巴慰祖早岁与经学家、金石书法家汪中同窗，受他的影响，精通古

12 韩天衡编订《历代印学论文选》下册，西泠印社出版社，1999，第 581 页。

13 同上书，第 584 页。

今文字和经学。他家富收藏，喜摹青铜器，旁及钟鼎款识、秦汉刻石，都能神形兼备，几可乱真。又善书画篆刻，书法工隶书，得汉延熹、建宁诸碑意韵。画则清简高古，迥异时俗。著有《四香堂摹印》《百寿图印谱》《莲舫印谱》《四香堂印余》等。他的篆刻初学汉印，工致渊秀，得汉印之神韵。后师法汪关、程邃以及古玺、秦汉和元人印，旁参汉碑、汉碑额、秦汉金石文字等，印风为之一变，遂成大家，时人有“丁黄巴邓”之称，“巴”即指他。整体而言，巴慰祖印作在雅致处类汪关而自在胜之，浑穆处近程邃而精整胜之。他的篆刻运刀从朱简“碎刀”启发而来，多用“涩刀”，这也是“歙四子”以及包括程邃在内的徽派的刀法特点。但是程芝华摹刻他的《古蜗篆居印述》，运刀相去甚远，印作线条多光润，神韵全无。

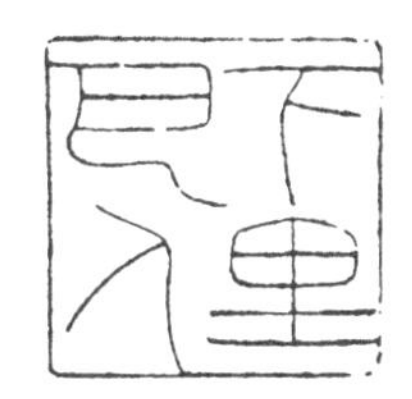

图 4.1.67
巴慰祖“下里巴人”，朱文印，
尺寸 2.2 cm × 2.3 cm

巴慰祖代表作朱文印“下里巴人”（图4.1.67）与张在辛的朱文印“自来草阁”（图4.1.20）线条、布局、刀法、气息等均十分相近，为典型的元朱文风格，线条静穆劲挺，布局疏朗凝练，极见巧思。此印共四字，两疏两密，呈对角呼应。“下”“人”两字笔画少占地也较少，“里”“巴”笔画多呈横向取势，“里”字下面二横笔横向舒展，穿插到“人”字所留下的空白之中，“巴”字末笔作一弯笔的“小尾巴”并向右下发展穿插到“下”字左下角的空白处，因处于印面中心并且造型生动可喜，遂成为全印的“印眼”，堪称神来之笔。这种手法也被服膺他的赵之谦借鉴到“龙自然室”“昀叔”等印之中。另外，四字均有若干的弧线与曲线，“下”字直笔呈外拓笔势与“人”字捺笔的内擫笔势互相欹侧，“下”“里”“巴”三字又均有若干的横画稳定全局并与四字各曲线形成动静的对比，使全印气脉流通，颇有逸趣。巴慰祖传世印作如四灵印“巴予藉”、葫芦形朱文印“巴氏”、朱文连珠印“子安”、古玺细朱文印“巴慰祖手摹（摹）魏晋以前金石文字之印”（图4.1.68）、隶书入印的朱文印“巴氏八分”（图4.1.69）、肖形印“犬”以及大量的汉印和六朝将军章等，风格丰富多样，但仍以元朱文印最为经典。其子树谷（1767—？）、侄树烜（生卒年不详）能传家法。巴树烜传世代表印作有白文印“清闲自可齐三寿”（图4.1.70）等。另在巴树谷时代，他比起程邃和其父巴慰祖所能看到的金文原拓要多得多，所以他以金文入印的作品不再如程邃和其父那样夹杂讹体，而较为自然，这一作风，实开后来吴咨等人之先声。

图 4.1.68
巴慰祖“巴慰祖手摹（摹）魏晋以前金石文字之印”，朱文印，
尺寸 2.4 cm × 2.2 cm

图 4.1.69
巴慰祖“巴氏八分”，朱文印，
尺寸 1.6 cm × 1.7 cm

胡唐（1759—？年），名长庚，字咏涛、咏陶、用涛、子西，号西甫、城东居士等，歙县人。工诗善书。著有《木雁斋诗》、《还香楼印谱》（合辑）等。胡唐早年随母舅巴慰祖和董洵等人相聚汉口，以刻印为乐，并“以诗名噪汉皋”。但四十岁后因眼疾无奈停操铁笔。道光以后，徽州印人如汪肇漋、巴慰祖等均已谢世，只剩下胡唐仍存于世，虽然此时他已停止刻印数

图 4.1.70
巴树烜“清闲自可齐三寿”，
白文印，尺寸 2.5 cm × 2.4 cm

年，但丝毫不影响他在徽派印坛中独尊的地位。魏锡曾《论印诗》评其艺称："变化学秦印，失则为披猖。长庚独精整，婉嫕而安详。时拟荆山玺，或仿兰沱当。"[14]胡唐的篆刻得巴慰祖亲炙，取法自秦印，下至程穆倩，无不逼肖入微，功力深邃。但他与巴慰祖的古茂雅致不同，胡唐更倾向于精整安详、清新婉约一路印风。他的行书印款也十分妙绝。程恩泽论为："我歙艺是工者，代有其良……古蔚若程（邃），古琢若巴（慰祖），古横若汪（肇龙），惟我胡老，能兼三子之长。"朱文印"白发书生"（图4.1.71）是胡唐堪比巴慰祖朱文印"下里巴人"（图4.1.67）的代表印作。论者称为："仿元人之作，遒劲处过之。"细观实际却是他的创新之作，已不同于纯粹的元人朱文印。从线条而言不同于巴氏"下里巴人"的铁线篆，而在笔画起讫处见提按，在波折处见笔意。笔画交接处也形成"焊接点"，有如书写时的涨墨效果，方圆相融，拙中寓巧。布局左实右虚，按笔画多寡分布占地，"白"字占地最少，小而精致，"发"字笔画繁多占地最多，线条细且虚，通过结构的上下错落，留出下部，使气息流动。另外，此印边栏线受到汉古铜印受外力而残损、扭曲启发，而呈现弯曲、残断的形态，笔断意连，发前人之未发。

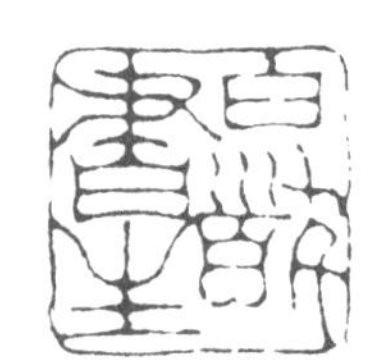

图 4.1.71
胡唐"白发书生"，朱文印，
尺寸 2 cm × 2 cm

"歙四子"之分的主要分歧在于程邃、董洵、王振声和汪肇龙上。程邃与巴慰祖、胡唐的年代相距较远，中间还隔着一个"四凤派"。而且作为"歙四子"风格代表的巴慰祖、胡唐的印风，既有学程邃的，也有学古玺、秦汉印和元人印的，有些地方甚至超过了程邃，印风与程邃并不相同。程氏昆仲与程、汪、巴、胡都是歙县人。他们纯粹以地域做笼统归类不免是念及桑梓之情的一厢情愿。王振声（1749—？），原名王声，字振声，以字行，号于天、寓恬，安徽新安人。王氏性情孤高豪迈，绝少言笑，只与巴慰祖、胡唐、董洵等名士诗文往还，交流艺事。工诗善书画。书法工篆隶，用笔不同时流，超脱古厚，负有时名，求书者旋踵不绝但不易得其片纸。他的篆刻与董洵、巴慰祖、胡唐齐名，但传世印作均佚，风格遂不宜妄断。汪肇龙（1722—1780年），又名肇漋，字稚川，号松麓，歙县人。汪氏书法得力于《石鼓文》，篆刻师法汉印，"尚书郎印"（图4.1.72）为他传世仅见的作品[15]，此印取法汉铸印，布局自然妥帖，线条粗实浑厚，其生拙之气与巴慰祖、巴树谷、巴树烜、胡唐等均不相同。但只是一方作品很难做全面的判断和评价，所以王振声和汪肇龙均有待进一步的考证。

图 4.1.72
汪肇龙"尚书郎印"，
白文印，尺寸 1.9 cm × 1.9 cm

董洵（1740—1812年），字企泉，号小池，又号念巢，浙江绍兴人。

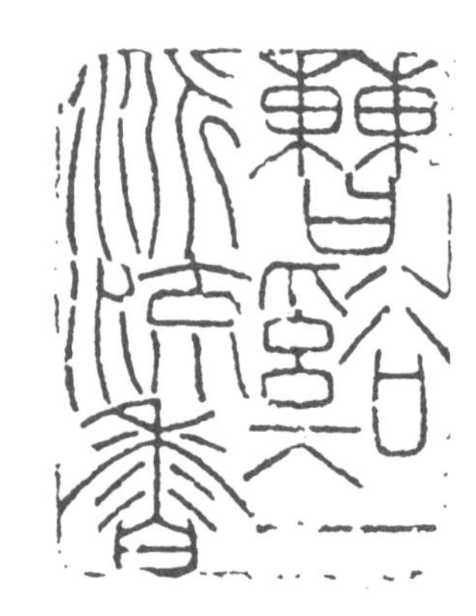

图 4.1.73
董洵"曹溪一派流香"，
朱文印，尺寸 4.8 cm × 3.6 cm

14 杨家骆编《篆刻学》，世界书局股份有限公司，2009，第 320 页。

15 张郁明：《清代徽宗印风》（上），重庆出版社，2011，第 268 页。

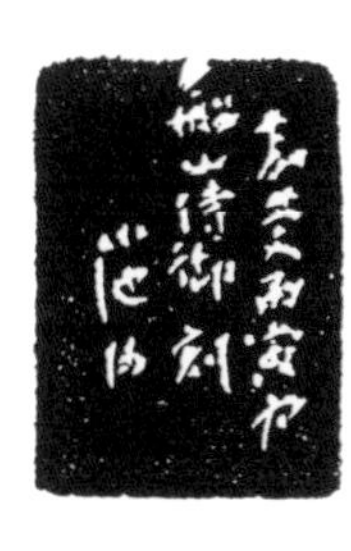

图 4.1.74
董洵“中年陶写”，朱文印，
尺寸 2.1 cm×2.1 cm

曾任四川南充县主簿，落职。工诗善写兰竹，曾遍游蜀中名山，诗画愈精进雄奇。著有《小池诗钞》《董氏印式》《多野斋印说》。他的篆刻初师秦汉，因见识甚广，博学众长而造诣甚高。其篆刻布局自然生动，疏而有致；运刀冲切并举，迟涩相生。传世作品既有类似“歙四子”巴、胡元朱文风格的“曹溪一派流香”（图4.1.73）、“生于癸丑”、“乐山”等，能气韵流动，结构疏朗空灵，线条劲挺圆润；也有类似徽宗程邃风格的白文印“隐者无复旧时楼”“悠然见南山”等，运刀锋锐，绝无妍媚之态；又有浙派风格的朱文印“中年陶写”（图4.1.74）、白文印“直沽渔隐”（图4.1.75）、白文印“曾经沧海”（图4.1.76）以及仿汉之作白文印“小琅嬛”（图4.1.77）等，风格鲜明，风神独具。董洵曾称：“杭州丁布衣钝丁汇秦、汉、宋、元之法，参以雪渔、修能用刀，自成一家，其一种士气，人不能及。”时人也称他为“真龙泓先生的派”；又与浙派蒋仁等人时相过从，且称程邃为“能变化古印者”；同时他还与巴慰祖、胡唐等人相聚汉口，以刻印为乐。另外，从风格而言董氏是兼师众长的，所以到底归属于徽宗的“歙四子”还是归于浙派的问题，似乎并不能绝对区分判断。董洵长蒋仁三岁，而且在他的时代还没有浙派的名目。所以，暂时按照他同时的浙派印人陈豫钟之说，将他归为徽宗的“歙四子”。

在乾嘉学派的学术风气影响之下，乾隆四十五年（1780年），“歙四子”中的董洵、巴慰祖、胡唐会于武汉相聚论印，从而引领其时印坛风气。也正是在此时，邓石如于扬州获交程瑶田（1725—1814年），聆听教诲，由是书风、印风为之一变，从而创立邓派。

图 4.1.75
董洵“直沽渔隐”，白文印，
尺寸 2.1 cm×2 cm

邓石如（1743—1805年），原名琰，字石如，其名避仁宗庙讳，以字行，后更字顽伯，号完白山人等，安徽怀宁人。邓氏书法兼攻四体，被时人曹文埴称为“清代四体书之第一人”。他的篆书以李斯、李阳冰为宗，沉厚遒丽，后又以隶书笔法写篆书，开创了有别于秦篆系统的清代篆书；隶书则遍习汉碑而自成一格，遒丽淳质，变化不可方物。著有《完白山人篆刻偶存》等。他的篆刻初学明人何震、梁袠、汪关等人。邓散木将他定为梁袠传脉，梁袠师从何震，大抵也是对何震一系印风的追随之故。传世梁袠朱文印“折芳馨兮遗所思”融合元朱文和小篆的方法，也的确为开邓石如将书法与篆刻相结合“其书由印入，其印由书出”的先声。邓石如的书法功底雄厚，后来又从汉碑额上的篆书得到启发，以自创书体入印，篆刻独具一格。

图 4.1.76
董洵“曾经沧海”，白文印，
尺寸 2 cm×2 cm

从邓石如的传世印作来看，整体都有着布局饱满而风神流动，刀法苍劲而刚健婀娜，线条劲挺而笔意盎然的意韵，世有“铁钩锁”之誉。魏锡曾《论印诗》：“蝯叟爱完白，遗谱慨星散。累累押尾章，朱光接炎汉。镌诗赠两峰，瑶琼斗璀璨。”[16]邓石如尝言：“疏处可使走马，密处不使透风，常计白以当黑，奇趣乃出。”成为后世篆刻布局的圭臬。

朱文印“江流有声断斥（岸）千尺”（图4.1.78）是他的传世经典之作。印文取自苏东坡《后赤壁赋》。此印线条挺拔遒劲，富有笔意；布局巧思，结构紧密。“江”“岸”“千”“尺”删繁就简，“流”“声”“断”舍简就繁形成印面的对角疏密对比。印章有边款云：“一顽石耳，癸卯菊月客京口，寓楼无事，秋多淑怀，乃命童子置火具，安斯石于洪炉。顷之，取出幻如赤壁之图，恍若见苏髯先生泛于苍茫烟水间。噫！化工之巧也如斯夫。兰泉居士吾友也，节《赤壁赋》八字，篆于石赠之。邓琰又记。图之石壁如此云。”此印边款布局为倒三角形，十分独特。款称此石经过火烤，石面有一部分呈现“幻如赤壁之图”的深赭色。见到原石发现印款文字正是刻在这印侧深赭色的图案之中。其款字以外的空白处就作为江流，意境自生，耐人寻味。邓石如最为擅长朱文印，气象恢宏、大气磅礴者如“意与古会”（图4.1.79），回转流动、圆厚朴拙者如“一日之迹”（图4.1.80），落落大方、灵活洒脱者如“乱香（插）緐（繁）枝向晴昊”（图4.1.81）等，还有别具一格的“雷轮”五面印（图4.1.82），风格、形式丰富多样，但都刚健婀娜、遒美大气。白文印“灵石山长”（图4.1.83）、“翏城一户长”（图4.1.84）、“淫读古文日闻异言”（图4.1.85）等多以汉印法融入汉篆体势，印面线条都以圆畅流动示人，既强调篆字的平正稳定，又突出书写的波折和笔迹的运动感，个性鲜明独特。这种方法和篆刻特征启发了他的再传弟子吴熙载（1799—1870年）。吴氏篆刻以圆转流畅充满笔意的线条表达出一种轻松淡荡、气象骏迈、质而不滞的意趣，体现出书法与篆刻的完美结合，对后世影响巨大。所以，论者将邓石如与吴熙载统称为“邓派”，而归入徽宗。其他受邓石如、吴熙载影响的清代晚期印人有吴咨、徐三庚、赵之谦、吴昌硕、黄牧甫等，都各具面目。但吴熙载、徐三庚、吴咨、赵穆等人已属清代晚期流派篆刻鼎盛时期所阐述的内容，在此不表。

图 4.1.77
董洵“小琅嬛”，白文印，
尺寸 3.4 cm × 3.3 cm

16 杨家骆编《篆刻学》，世界书局股份有限公司，2009，第 320 页。

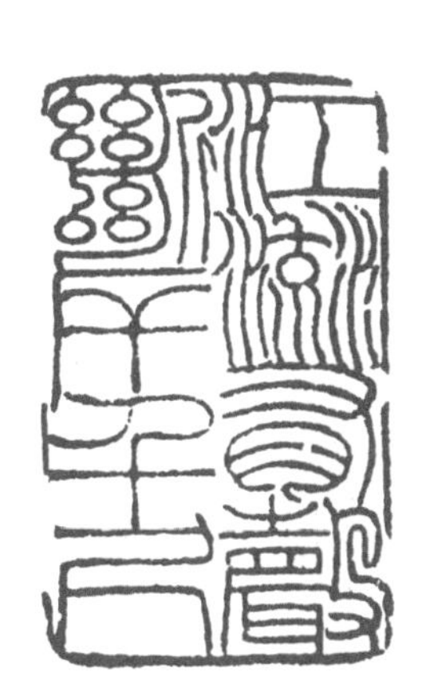

图 4.1.78
邓石如“江流有声断厈（岸）千尺”，
朱文印，尺寸 5 cm×3.2 cm

图 4.1.79
邓石如“意与古会”，朱文印，
尺寸 5.3 cm×5.4 cm

图 4.1.80
邓石如“一日之迹”，朱文印，
尺寸 2.6 cm×2.5 cm

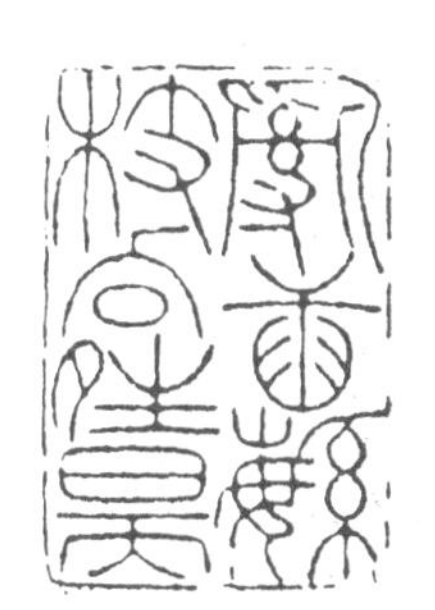

图 4.1.81
邓石如“乱臿（插）緐（繁）枝向晴昊”，
朱文印，尺寸 3.5 cm×2.3 cm

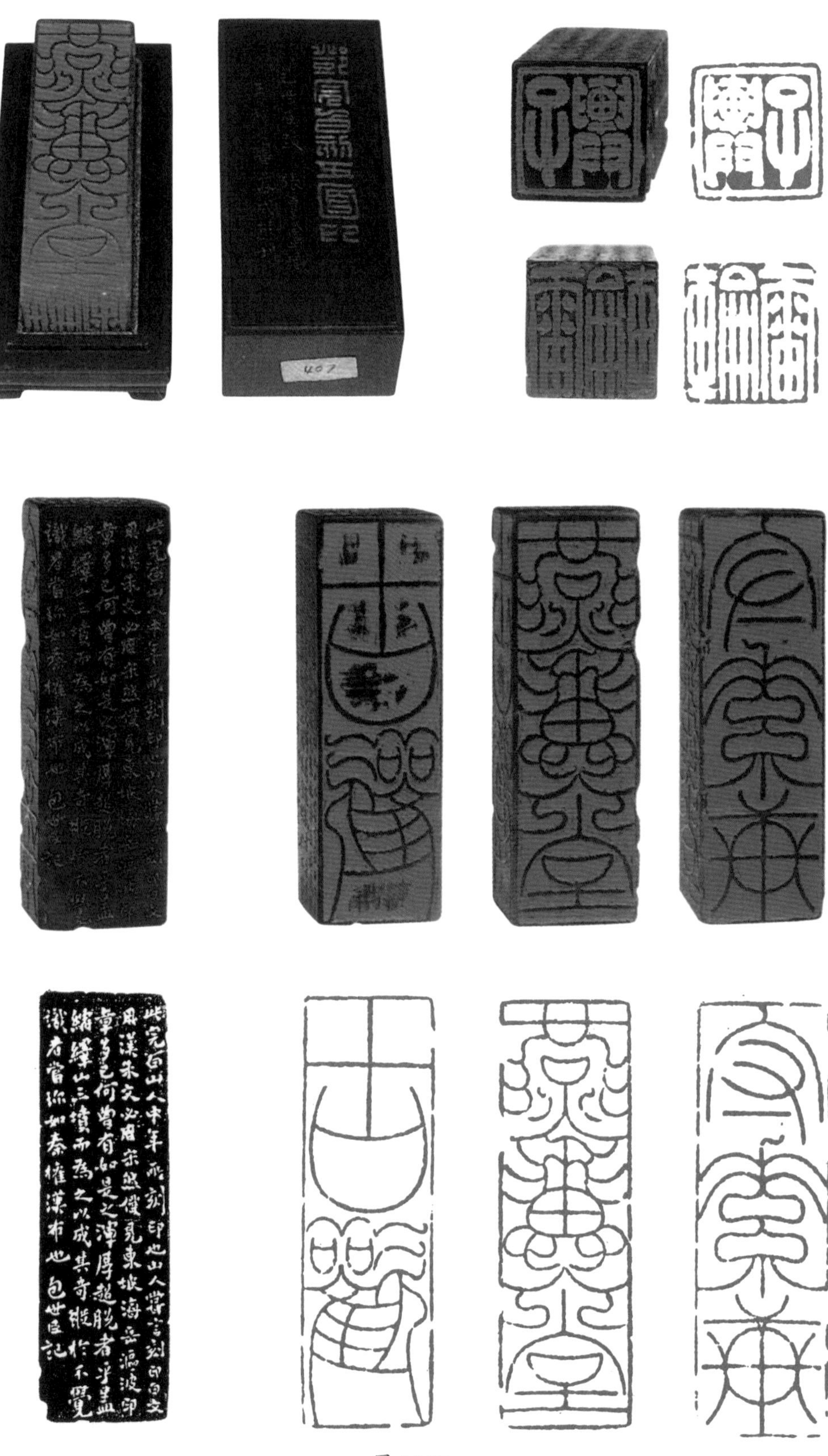

图 4.1.82
邓石如“雷轮”五面印，
尺寸 2.1 cm×2.1 cm

图 4.1.83
邓石如“灵石山长”，白文印，
尺寸 2.4 cm×2.4 cm

图 4.1.84
邓石如“畮城一户长”，白文印，
尺寸 3.1 cm×3.1 cm

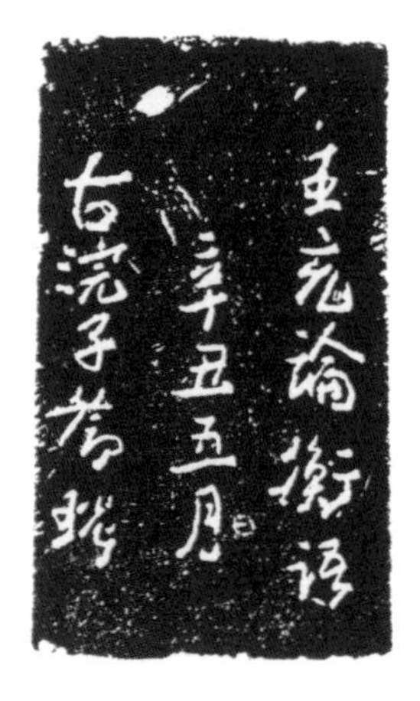

图 4.1.85
邓石如“淫读古文曰闻异言”，
白文印，尺寸 3 cm×3.3 cm

第二节　浙派篆刻及其与徽宗篆刻的对比与融贯

一、“西泠八家”

清代初期浙江一带的印人沿袭沈世和、林皋的印风甚久，追风者刻意摹仿而失去个性，渐成矫揉轻媚、庸俗怪异的阴柔末流，进而由“钝丁力挽颓风”。钝丁即丁敬（1695—1765年），字敬身，号砚林，别署钝丁、云壑布衣、玩茶叟、孤云石叟、龙泓山人等，浙江杭州人。著有《武林金石录》《砚林诗集》《龙泓山人集》《砚林印存》《砚林印款》等。他矢志向学，博览群书，尤其专注于金石碑版的鉴考和研究，眼光所到，真伪立辨。又在诗文、金石学、书画各方面都有很高的造诣。他的诗有“声外声”之誉，是当时著名诗社“吟社”的重要人物。书法则四体兼能：隶书得《华山碑》《曹全碑》笔意，清雅飘逸；行书则结体奇崛，线条高古浑朴；篆书则遒穆超凡，清劲秀健。他最主要的成就在于篆刻。清魏锡曾《论印诗》称：“健逊何长卿，古胜吾子行。寸铁三千年，秦汉兼元明。请观论印诗，浑浑集大成。”[17]又蒋仁称：“砚林丁居士之印犹浣花诗、昌黎笔，拔萃出群，不可思议。当得其得意超秦汉而上之，归、李、文何未足比拟。”凡此种种，绝非过誉之辞。

丁敬的篆刻取法上及秦汉，下至元明以及清初诸家等。诚如仿秦人玉章的“愿保兹善千载为常”“新拜南湖为上将”；作秦朱汉白文的“赵瑞泉皋”；仿汉人切玉的“抱经堂印”；依宋样，不差毫黍的“同书”；以及黄易“乔木世臣”款中所说的“宋元人好作连边朱文，丁丈敬身亦喜为之……”。可见，他善于吸收各个时代的长处，沉浸既久，既形成丰富多样的面目，又孕育出“错综变化，无美不备”的审美特点。诚如秦印的结构端严、汉印的浑脱自然、宋元印的奇古雅致，都在他的印作中时有体现，并“后人所不能作，由其神流韵闲不可捉摸也”。在刀法上，他受明代“新安派”朱简的“碎刀”启发，以豪迈鲜明的“短切涩进”“碎刀短切”等切刀技巧表达波磔明显并具有浓郁金石意味的线条。这种运刀方式直接产生了印作果敢阳刚的气息，以至于奚冈由衷地发出“古劲茂美处，虽文、何不能及也”的赞叹。在用字上，他较早提出篆刻用字与研究汉字造字规律和诠释字义的《说文解字》并不相同的观点，强调文字研究与艺术创作应该区分对待。他曾说道：“古字日茫昧，谁能正谬讹。铜符迷契窍，漆简绝编

17　杨家骆编《篆刻学》，世界书局股份有限公司，2009，第 318 页。

挚……”（“洗句亭”印款语）。所以，自丁敬始，对摹印篆诸体的简化、讹变等成为浙派典型的用字特征。在笔势和气韵上，丁敬则通过“怒猊抉石，渴骥奔泉之趣，顷刻而成，如劲风之送轻云也”（“徐观海印”印款语）、“顷刻而就，犹劲风之扫薄霭也”（“汪彭寿静甫印”印款语）般的运刀节奏和速度来表现出挥洒自如、纵横冲驰的艺术效果。

另外，丁敬的印款刻制方法也异于时流。一方面，以记人记事的散文施于印款自丁敬为滥觞，后世纷纷仿效；而以单刀刻款的技法也在丁敬手中渐臻成熟。另一方面，正如陈豫钟所言：“文、何两家署款之最著者，然与书丹勒碑无异。若不书而刻者，乡先辈丁居士为然。其用刀之法，余闻之黄小松司马云‘握刀不动，以石就锋，故成一字其石必旋转数次’。”丁敬刻印款“以石就锋”，体现运刀的极大灵活性，成为后世圭臬。

图 4.2.1
丁敬“丁氏敬身”，朱文印，
尺寸 2.1 cm × 2 cm

丁敬传世作品甚多，精品亦不在少数。拟元朱文印如“丁氏敬身”（图4.2.1）、“上下钓鱼山人”（图4.2.2）、“砚林亦石”（图4.2.3）等，皆细润遒劲、高古茂美；朱文印如“丁敬身印”（图4.2.4）、“汪鱼亭藏阅书”（图4.2.5）、“胡姓翰墨”（图4.2.6）等，取法汉朱文印又个性强烈，清刚凝拙，后成为浙派朱文印的主要样式；仿汉官私印如“陈鸿宾印”（图4.2.7）、“两湖三竺卍（万）壑千岩”（图4.2.8）、“钱琦之印”（图4.2.9）浑脱自然，既有汉印神韵又有自己的面目；细线白文印如“敬身父印”（图4.2.10）、“丁居士”（图4.2.11）、“卫尗（叔）”（图4.2.12）为仿汉玉印作品，但与汉玉印清刚劲挺的线条不同，丁氏这种线条带有凝涩和拙韧的意趣；满白文印“玉几翁”（图4.2.13）、“下调无人采，高心又被瞋，不知时俗意，教我若为人”（图4.2.14）、“覔虚”（图4.2.15）等浑朴凝重，笔画起讫方起方收，雄强处愈见精神，线条力能扛鼎，也成为浙派典型风格。另外，还有以钟鼎文和仿先秦小玺的“小山居”（图4.2.16）、“山舟”（图4.2.17）、“杉屋”（图4.2.18）等印，也都灵动疏朗，气息高古，诚为佳构。

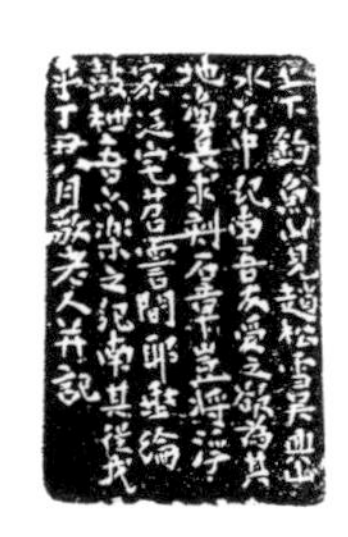

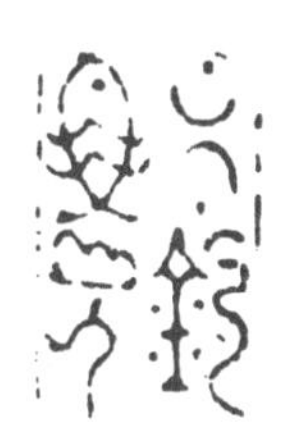

图 4.2.2
丁敬“上下钓鱼山人”，朱文印，
尺寸 2.5 cm × 1.5 cm

邓散木说：“开浙派者丁敬，远承何雪渔，近接程穆倩。人谓：‘入清以来，文何旧体，皮骨都尽，皖派诸子，力复古法，而古法仅复，丁敬兼撷众长，不主一体，故所就弥大。’……余谓钝丁之不墨守成法，正是其善守法处，盖能以汉为经，而杂取众长以为之纬也。余子仅黄、奚能传衣钵，蒋、陈以下，已多剑拔弩张之势。至如陈曼生之有肉无骨，钱叔盖之牵合附会，赵次闲之筚路蓝缕，皆后世学浙派者，锯牙燕尾一派所自出，躯壳已非，遑论神意。”[18]除篆刻的技艺高超之外，丁敬最为世人盛誉的，也是最

图 4.2.3
丁敬“砚林亦石”，朱文印，
尺寸 2.2 cm × 2.3 cm

18 邓散木：《篆刻学》上篇，人民美术出版社，1979，第 55-56 页。

图 4.2.4
丁敬“丁敬身印”，朱文印，
尺寸 2.3 cm × 2.3 cm

图 4.2.5
丁敬“汪鱼亭藏阅书”，
朱文印，尺寸 2.3 cm × 2.4 cm

图 4.2.6
丁敬“胡姓翰墨”，朱文印，
尺寸 1.8 cm × 1.8 cm，印款 5.7 cm × 1.8 cm

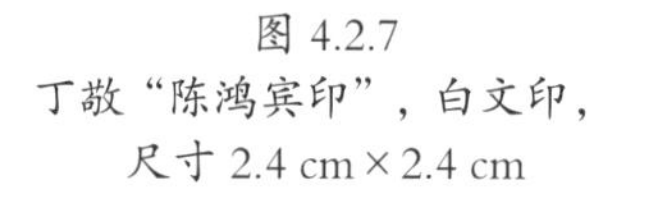

图 4.2.7
丁敬“陈鸿宾印”，白文印，
尺寸 2.4 cm × 2.4 cm

图 4.2.8
丁敬“两湖三竺卍（万）壑千岩”，
白文印，尺寸 1.9 cm × 2 cm

图 4.2.9
丁敬“钱琦之印”，白文印，
尺寸 6.1 cm × 6 cm

图 4.2.10
丁敬“敬身父印”，白文印，
尺寸 2.1 cm × 2.1 cm

图 4.2.11
丁敬“丁居士”，白文印，
尺寸 1.9 cm × 1.9 cm

图 4.2.12
丁敬“卫尗（叔）”，白文印，尺寸 2.6 cm × 2.6 cm，
印款 3.6 cm × 2.6 cm

图 4.2.13
丁敬“玉几翁”，白文印，
尺寸 2.5 cm × 2.1 cm

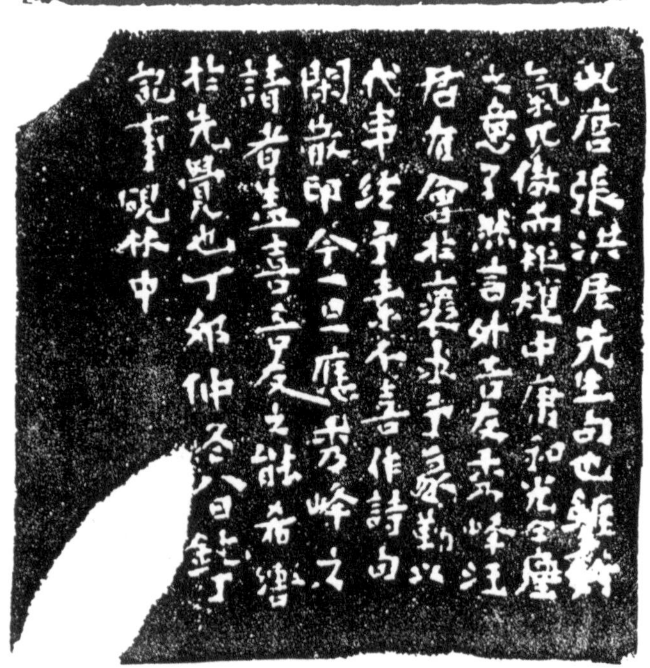

图 4.2.14
丁敬“下调无人采”廿字印，白文印，
尺寸 8.7 cm × 8.8 cm

图 4.2.15
丁敬“荚虚”，白文印，
尺寸 1.8 cm × 1.8 cm

图 4.2.16
丁敬“小山居”，朱文印，
尺寸 3 cm × 1.5 cm

图 4.2.17
丁敬“山舟”，朱文印，
尺寸 1.5 cm × 1.5 cm，印款 4.2 cm × 1.5 cm

图 4.2.18
丁敬“杉屋”，朱文印，
尺寸 1.6 cm × 1.6 cm

不同于皖派诸家“力复古法，而古法仅复”的，在于他的善学与创造。丁敬在他的《论印绝句》中公然标举他的印学旗帜：“古人篆刻思离群，舒卷浑同岭上云。看到六朝唐宋妙，何曾墨守汉家文？”这种强调学习秦汉印在于追本求源、大胆创新的精神正是“解得汉人成印处”的。

作为上承明季流派余绪，下启清代晚期印坛时风，横贯清两百多年文化史的徽宗印风，其影响同样被及清乾隆年间曾活动于扬州的浙派开山鼻祖丁敬。丁敬初受徽宗印风的影响，后以“思离群”的创造精神，力挽阴柔颓风，在杭州独标门户，以其古拗峭折、直追秦汉、有个性的汉印风格和鲜明的切刀技巧，以及印作整体的阳刚气息开创了以他和他的追随者蒋仁、黄易、奚冈、陈豫钟、陈鸿寿、赵之琛、钱松（又称为“西泠八家”）为代表、以杭州为中心的浙派，与当时以扬州为中心的徽宗形成南北对峙的格局。

所以，魏锡曾说道：“钝丁之作，熔铸秦、汉、元、明，古今一人，然无意自别于皖。黄、蒋、奚、陈曼生继起，皆意多于法，始有浙宗之目。流及次闲，偭越规矩，直自郐尔。而习次闲者未见丁谱，自谓浙宗，且以皖为诟病。无怪皖人知有陈、赵，不知其他。”“意多于法”是“八家”的黄、蒋、奚、陈学习丁敬的主要方向，也是浙派重精神、重创造并形成流派最重要的因素。但赵之琛往规矩和法度去寻求，使浙派向精工绵密方向发展，又由于求其印者络绎不绝，应酬、程式化之作在所难免。从学于赵之琛者没有见到丁敬的作品并“以皖为诟病”，又仅在赵之琛作品的形式和简单的技巧上去效颦，遂流弊至深。所以就有了高时显的“浙宗至次闲而弊生矣”之说，甚至魏锡曾提出“浙宗后起而先亡”观点（《吴让之印谱跋》）。

但是，赵之琛以后，浙派又有钱松异军突起，仍生机勃勃，对后世的影响直至今日。流派的消亡不能仅唯个人而论，整体而言，“西泠八家”水平虽有高下之分，但均各显其能，都有一定的独创之处和特色。所以，钱松说道：“国朝篆刻，如黄秋庵之浑厚；蒋山堂之沉着；奚蒙泉之冲淡；陈秋堂之纤秾；陈曼生天真自然；丁钝丁清奇高古，悉臻其妙。予则直沿其原委秦汉。”郭麐《补罗迦室印谱序》也称：“秋堂贵绵密，谨于法度。曼生跌宕自喜，然未尝度越矩镬。……次闲既服习师说，而笔意于曼生为近，天机所到，逸趣横生，故能通两家之驿，而兼有其美。”“西泠八家”整体以阳刚气息、切刀、省减的篆法和有个性的汉印体式为特征，各家在大同中又有小异。如丁敬以古拗峭折胜；蒋仁以沉着古醇胜；黄易以遒劲秀逸胜；奚冈以冲和拙质胜；陈豫钟以娟秀工致胜；陈鸿寿以雄迈恣肆胜；赵之琛以娴熟精能胜；钱松以稚拙淳古胜。（图4.2.19—图4.2.25）如上所述，丁敬开派之时就提出“思离群”追求个性的独创精神。对丁敬印风的延续，蒋仕、黄易、

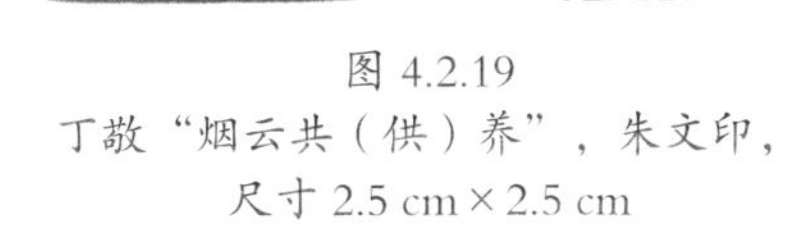

图 4.2.19
丁敬“烟云共（供）养”，朱文印，
尺寸 2.5 cm × 2.5 cm

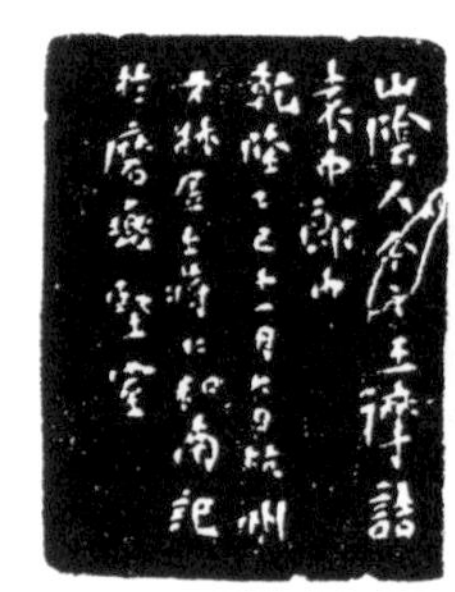
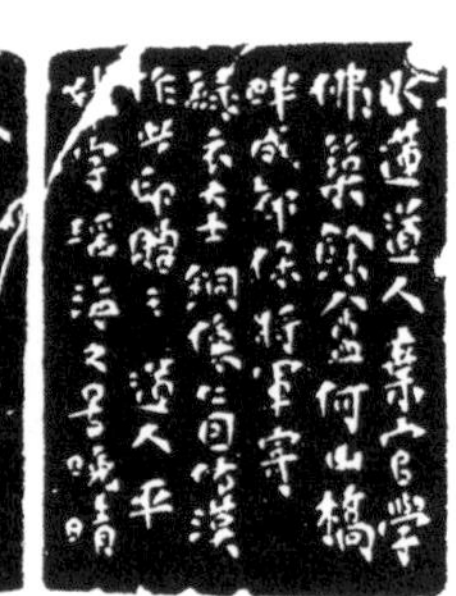

图 4.2.20
蒋仁“火莲道人”，朱文印，
尺寸 2.8 cm × 2.8 cm

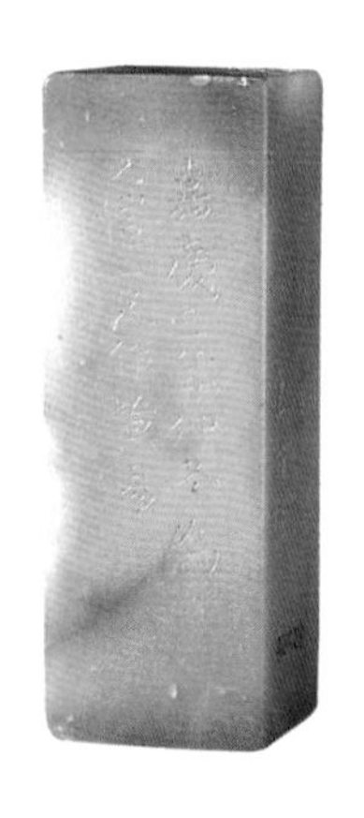

图 4.2.21
黄易“五砚楼”，白文印，
尺寸 1.8 cm × 1.8 cm

图 4.2.22
奚冈“滄胜”，白文印，
尺寸 1.7 cm×1.6 cm

图 4.2.23
陈鸿寿“陈文述印宜身至前迫事毋闲愿君自发封完印信”，白文印，
尺寸 2 cm×2 cm

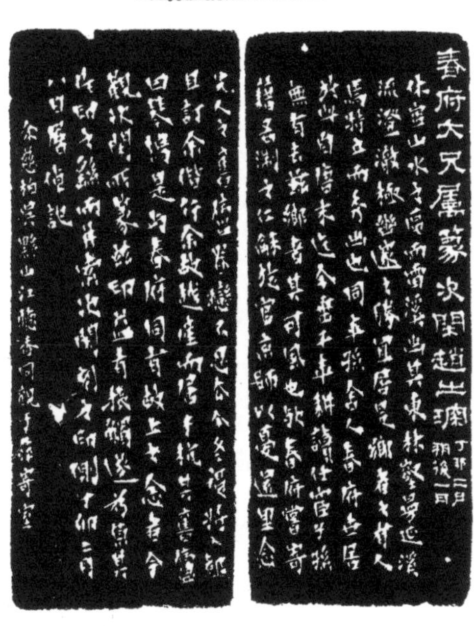

图 4.2.24
赵之琛“雷溪旧庐”，朱文印，
尺寸 3 cm×3 cm，印款 7.4 cm×3 cm

图 4.2.25
钱松“我书意造本无法”，白文印，
尺寸 2.4 cm×2.4 cm，印款 5.5 cm×2.4 cm

奚冈、陈豫钟、陈鸿寿、赵之琛、钱松也大都“意多于法”，如黄易的“此印不师古，不袭人，我行我法，画家没骨体，庶几近之”（“琴书诗画巢”印款语），陈鸿寿的“古人不我欺，我用我法，何必急索解人”（“南芗书画”印款语），均可见他们对丁敬和前人篆刻艺术的善学活用，从而各臻其妙。

图 4.2.26
蒋仁“蒋山堂印”，朱文印，
尺寸 2.5 cm × 2.4 cm

蒋仁（1743—1795年），原名泰，于扬州平山堂得汉“蒋仁”铜印而改今名，字阶平，号山堂、吉罗居士、女床山民等，浙江杭州人。性孤介而笃于交谊，无意功名，诗画兼工，但较少作，独以书法篆刻妙绝一时。行楷书允为当时第一手。著有《吉罗居士印谱》等。

蒋仁的篆刻深得丁敬神髓，所仿阳文，几乎神似。他曾刻“项夔印”一印，其边款云：“……作此印，粗头乱服真美人，则吾岂敢？然与画角描鳞者异矣。迩来黄九小松学力最深，不免摹仿习气；王裕增俗工耳。瓣香砚林翁者不乏，谁得其神得其髓乎？乃知此事不尽关学力也。”可见颇为自信。但蒋仁又有不同于丁敬的地方，他强调作印如作诗，要出新意为佳。清赵之谦就说道：“蒋山堂印在诸家外自辟蹊径，神至处，龙泓且不如。”（《书扬州吴让之印稿》）正如钱松所评“沉着不轻浮，不薄弱，不纤巧，朴实浑穆，端凝持重，是其要归也”。所以，从外在的面貌而言，其印作与丁敬的区别不大，但他作品中所体现的奇恣苍拙、沉着冷隽、端凝持重的特点又与丁敬篆刻的意趣迥异。魏锡曾《论印诗》称：“山人学佛人，具有过师智。印法砚林翁，浑噩变奇恣。瓣香拟杜韩，三昧匪游戏。”[19]

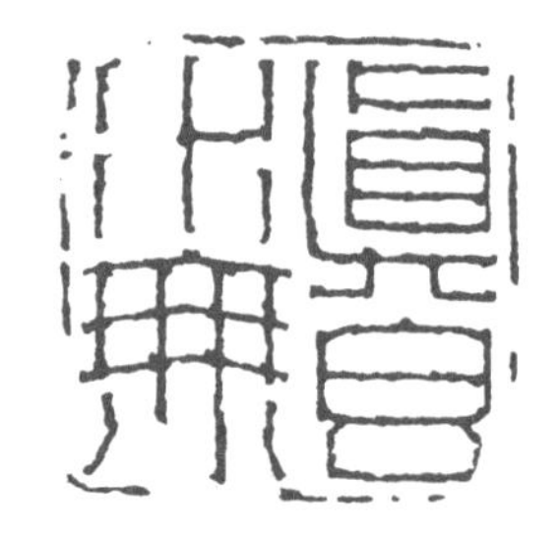
图 4.2.27
蒋仁“真水无香”，朱文印，
尺寸 3 cm × 3.2 cm

另外，蒋仁篆刻创作强调意兴与作品神韵之间的关系，也就是刻印要以意为之，意兴则随意挥洒，迅疾而成。这一点既上承丁敬豪迈爽利的运刀风格，又下启黄易“大胆落笔”之说。蒋仁人品绝高，自秘其技，不肯轻易为人作，又生平清贫无子，所以，他的印作本不多，又大量散佚。朱文印“蒋山堂印”（图4.2.26）、“真水无香”（图4.2.27）是他的代表作。蒋仁延续丁敬篆刻的朱文印式只有两种，一种是元朱文，另一种就是这类典型的浙派朱文印。两印的篆字都作浙派特有的美化和减省，形成只有横、竖、斜三种走向的直线式架构。两印布局都稳定疏朗，但它们在线条上却略有区别：“蒋山堂印”平直方折、清刚劲挺，“真水无香”质感曲涩，状如屈铁。白文印“蒋仁印”（图4.2.28）、“邵志纯字曰褱（怀）粹印信”（图4.2.29）等以满白形式表现，其中一个明显的特征是借鉴汪关的仿烂铜印的方式，许多笔画有意粘连形成块面，使得红底和白线相与融洽，从而营造出浑蒙苍茫的视觉效果。又“邵志纯字曰褱（怀）粹印信”与白文印“火中莲”（图

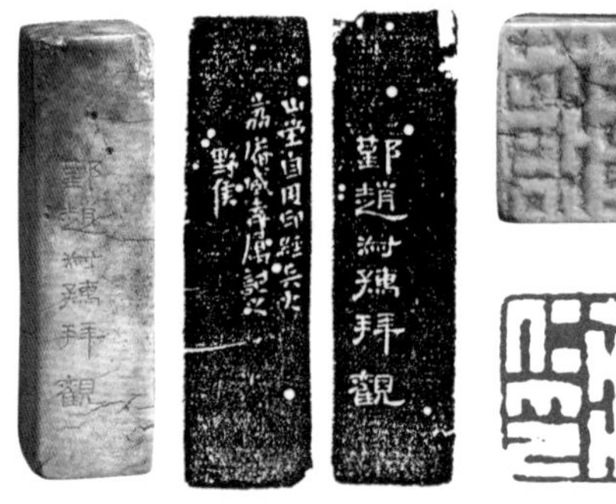
图 4.2.28
蒋仁“蒋仁印”，白文印，
尺寸 1.6 cm × 1.6 cm

19 杨家骆编《篆刻学》，世界书局股份有限公司，2009，第 319 页。

图 4.2.29
蒋仁“邵志纯字曰褱（怀）粹印信”，白文印，尺寸 2.2 cm×2.3 cm

图 4.2.30
蒋仁“火中莲”，白文印，尺寸 1 cm×1 cm

4.2.30）一样，加入边框或界格，此二印的边框或界格起到稳定印面的作用，又与文字线条形成紧密关联，产生虚实、开合的对比，浑然一体。

黄易（1744—1802年），字大易，号小松、秋盦，别署秋景庵主、散花滩人、莲宗弟子等，浙江杭州人。诗人黄树穀之子，诗词出于家学。后父死家贫，乃习刑名之学，为人做幕僚，后任主簿、兖州府同知等小官。凡所游历，皆搜访金石碑刻，分析源流、探求原委，海内金石家如阮元、翁方纲、王昶等人皆与其交往讨论。善书画、精鉴赏，喜研六书和金石碑版。他的篆隶书和山水画并为世重。山水得北苑、关仝笔意。著有《小蓬莱阁金石文字》《小蓬莱阁集》《秋景庵主印谱》《种德堂集印》等，另辑有《黄氏秦汉印谱》。

黄易的篆刻亲受丁敬教导，风格雄健浑朴。因与丁敬都专研金石学，并兼擅篆刻，所以，被合称为“丁黄”。何元锡就曾合辑二家印稿成《丁黄印谱》。奚冈曾评：“友人黄九小松，丁敬后一人。”陈鸿寿说：“平生服膺小松司马一人。”陈豫钟也说道：“余素服小松先生篆刻，于丁居士外更觉超迈。”还有魏锡曾《论印诗》论及最为适当：“朱文六国币，白文两汉碑。沈浸金石中，古采扬新姿。姿媚亦何病，不见倩盼诗。”[20]此中可见，黄易的篆刻于丁敬的苍劲之中，更多一份超迈古逸的气息。他认为“汉印有隶意，故气韵生动”，所以，多用汉、魏、六朝碑版文字入印，在篆法上有意与丁敬拉开距离。他认为篆刻创作有着调适心神和检验学力的两种功能。他说：“余宿有金石癖，又喜探讨篆隶之原委，托诸手以寄于石，用自观览，并贻朋好，非徒娱心神，亦以验学力。”（“金石刻画臣能为”印款语）而对于篆刻的技法要求，他说道：“……如今人写字然，卷舒如意，欲其姿态横生也；结构严密，欲其章法如一也……以古为干，以法为根，以心为造，以理为程。疏而通之，如矩泄规连，动合自然也；固而存之，如银钩铁画，不可思议也。参之笔力，以得古人之雄健；按之章法，以得古人之趣味。”（“求是斋”印款语）也正因为探访金石碑刻的印外修养积淀，其印作大都有着闲雅遒劲、具体而微的特点。

另外，黄易的篆刻创作与蒋仁的“胸有成竹，再意兴俱至，下笔立就”一样，也强调先积累创作情境再“小心落墨，大胆奏刀”，求之运腕奏刀，在有意无意之间。在取法上，黄易也一如其师丁敬，自秦汉、宋元无不涉猎，博师众长。对不为徽宗所喜的宋元图书（印章），他也表达了极大的兴趣，他说：“宋元人印喜作朱文，赵集贤诸章无一不规模李少温。作篆宜瘦劲，正不必尽用秦人刻符摹印法也。”（“梧桐乡人”印款语）

20 杨家骆编《篆刻学》，世界书局股份有限公司，2009，第 319 页。

黄易传世作品甚多，因早年就四处游历，探讨金石碑版，学养积淀日深，二十岁左右篆刻已具有个人面貌。朱文印“茶孰（熟）香昷（温）且自看”（图4.2.31）是他二十七岁时的精品之作。此印舒适娴雅，以“二三二”格式布局。其中“温”字为全印的“印眼”，以典型的浙派文字减省法，省去三点水，既不碍识读，又与“香”“且”等字做横间距匀称布白的处理，疏朗妥帖。黄易此印运刀较为平和娴熟，线条波折平实温润，转折挺劲自然，体现作者不激不厉的闲散的创作心态。五年后，他又重刻了此印，印比原印略大，布局结构基本一致，但与原印相比，此印较显拘束，精致有余而灵动不足，可见同文重刻总不如原印。（图4.2.32）白文印“一笑百虑忘”（图4.2.33）、“小松所得金石”（图4.2.34）这一类仿汉白文之作，切刀的跨度很大，运刀的节奏感很强。朱文印“寉（鹤）渚生”（图4.2.35）、“湘管斋”（图4.2.36）圆劲之中更有洞达之意；朱白文相间印“陈氏八分”（图4.2.37）等运刀则开始转向沉稳老辣，印风更趋于自然平和，线条则爽利而浑厚，渐臻妙境。另外，黄易还刻了许多尺寸很大的印，如朱文印“大司马总宪河东河道总督章”（图4.2.38）、“河南山东河道总督之章”（图4.2.39）等。其中白文印“姚立德字次功号小坡之图书”为他的大印代表作。

图 4.2.31
黄易“茶孰（熟）香昷（温）且自看”，朱文印，
尺寸 2.5 cm × 2.7 cm，
印款 2.5 cm × 2.6 cm

与丁、蒋相比，黄易已在技法上更趋成熟和稳定。运刀从容不迫，线条浑厚凝重，具有很强的立体感。此印竖笔多呈上窄下宽或者上窄下宽中间略粗的线条（产生如瀑布一泻而下的气势和力量感），笔画起讫、转折以方为主，方中带圆充盈着的阳刚之气已呈典型的浙派面目，可算作浙派的上乘之作。但是，这种高度的成熟也暗示着容易凝固为一种定式，要是从学者仅从形式上去学习，那自然习气渐生，堕入末流。

奚冈（1746—1803年），原名钢，字铁生，一字纯章，号萝龛、鹤渚生、蒙泉外史、散木居士等，浙江杭州人。性豁达磊落，举孝廉不受，以布衣终生。奚冈的好友梁绍壬在其画像上有诗道：“先生之品峻且洁，皎如孤鹤云中翔。先生之诗妙天趣，冬心樊榭有瓣香。先生之画擅众美，衣钵徐华兼陈方。先生铁笔恣奇古，后先丁叟伯仲黄。先生大隶脱凡近，上法汉魏兼宗唐。先生酒杯更磊落，一饮往往倾百觞。”可作为他的真实写照。奚冈性孤介好豪饮，遇有所不合者，辄大骂或失声痛哭，人目之以狂。诗词超隽，曾与“二陈”（陈豫钟、陈鸿寿）等在西湖葛林园成立“得树轩吟社”，时时文酒高会，吟咏不止。书法九岁即能作隶书，脱俗迥于时流，及长兼擅各体，皆有声于时。绘画与方薰齐名，世称“方奚”。尤工山水、花卉，山水上溯元四家，下至董其昌、李流芳、陈撰、方环山等人，皆得其神髓，花卉亦生动有致，海外有许多人购藏之。他的绘画在“八家”之中，成就最高，其画名之盛，在黄钺《画友录》中有述：“（奚冈）能诗工画，笔墨秀润，

图 4.2.32
黄易“茶孰（熟）香昷（温）且自看”，
朱文印，尺寸 3 cm × 3.1 cm

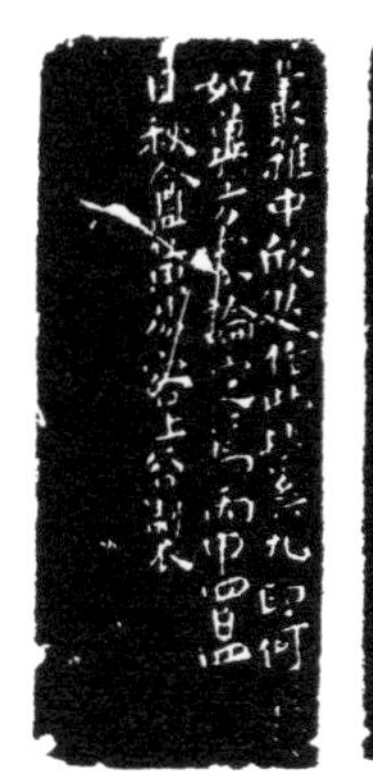

图 4.2.33
黄易“一笑百虑忘”，白文印，
尺寸 2 cm×2 cm，
印款 4.9 cm×2 cm

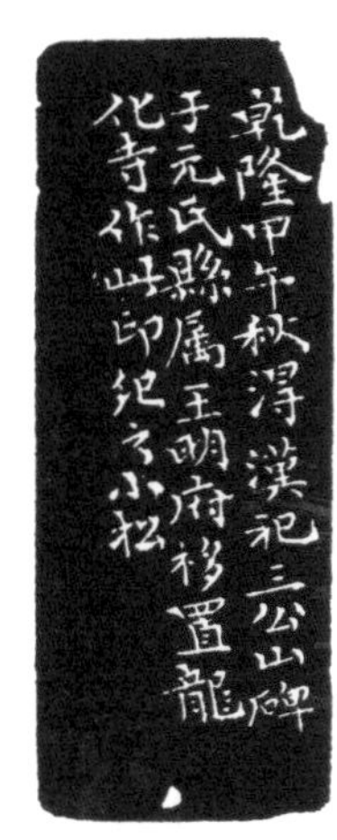

图 4.2.34
黄易“小松所得金石”，白文印，
尺寸 2.3 cm×2.2 cm，
印款 5.7 cm×2.3 cm

图 4.2.35
黄易“寉（鹤）渚生”，朱文印，
尺寸 1.2 cm×1.8 cm，
印款（左）3.2 cm×1.1 cm，
（右）3.2 cm×1.8 cm

图 4.2.36
黄易“湘管斋”，朱文印，
尺寸 3 cm×3.1 cm

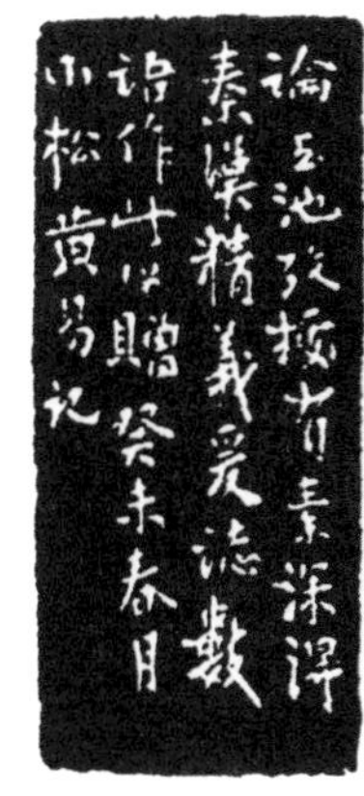

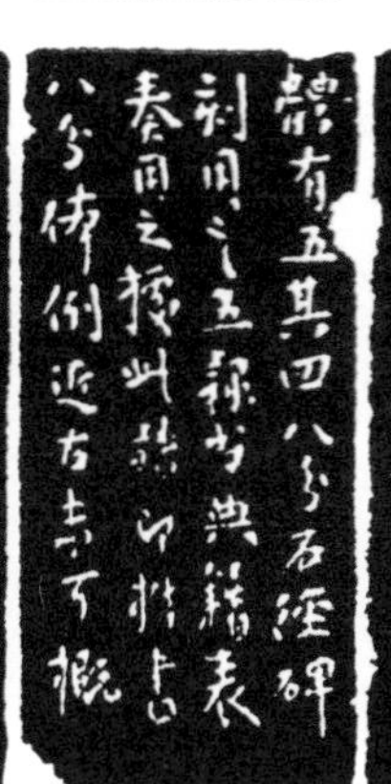

图 4.2.37
黄易“陈氏八分”，朱白文相间印，
尺寸 2.4 cm×2.4 cm，
印款 5 cm×2.4 cm

图 4.2.38
黄易“大司马总宪河东河道总督章”，朱文印，
尺寸 6.5 cm×6.5 cm，
印款 6.5 cm×6.5 cm

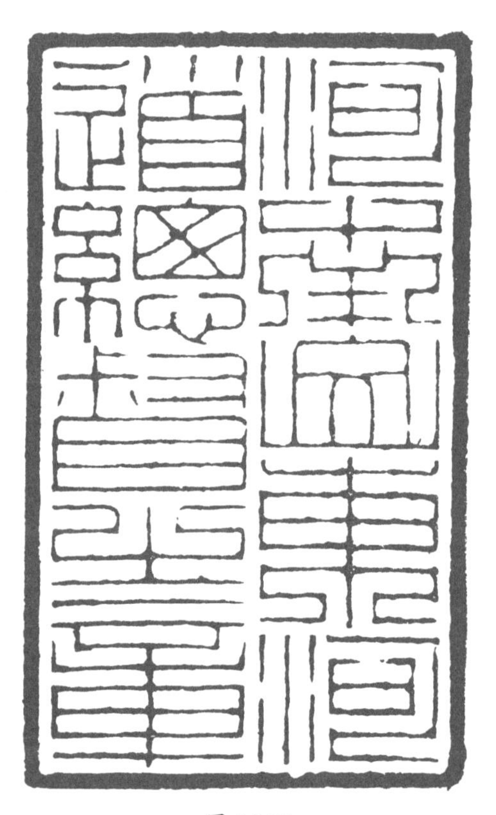

图 4.2.39
黄易“河南山东河道总督之章”，朱文印，
尺寸 10.1 cm×6.1 cm

得云林、子久之意。梁学士同书书名震海内，杭人至京师馈遗知交，必以铁生画俪学士书，其为人所器重如此。”[21]著有《冬花庵烬余稿》《蒙泉外史印谱》等。

奚冈篆刻恣肆奇古，与黄易不相伯仲。魏锡曾有《论印诗》云：“冬花有殊致，鹤渚无喧流。萧澹任天真，静与心手谋。郑虔擅三绝，篆刻余技优。”[22]奚冈与蒋仁都属于不肯轻为人作的人物，并且他在三十岁后“笔墨繁甚而篆刻疏矣”，所以他的印作流传绝少。他与丁敬、黄易都不相同，他并不主张学习宋元人印，因极力推崇汉印，遂阐析出对汉印开拓性的理解。“印至宋元，日趋妍巧，风斯下矣。汉印无不朴媚，气浑神和，今人实不能学也。”（“铁香邱学敏印”印款语）“印泥、画沙，鲁公书法也。铁生用以刻石，一洗宋、元轻媚气象。”（“百钝人”印款语）凡此种种。所以，他也在评黄易为“丁敬后一人”之后，又斥他“犹恨多作宋、元为病”。之于汉印，奚冈就说道：“近世论印，动辄秦汉，而不知秦汉印刻，浑朴严整之外，特用强屈传神。今俗工咸趋腐媚一派，以为仿古，可笑！”（“汪氏书印”印款语）故他认为“仿汉印当以严整中出其谲宕，以纯朴处追其茂古，方称合作”（“寿君”印款语）；“作汉印宜笔往而圆，神存而方，当以《李翕》《张迁》等碑参之”（“金石癖”印款语）。因他对汉印的推崇，所以他的传世作品以仿汉之作为多。白文印“寉（鹤）渚散人”（图4.2.40）、“何元锡印”（图4.2.41）、“凤巢后人”，仿汉朱文印“奚冈言事”（图4.2.42）、“蒙泉外史”（图4.2.43）、“频罗庵主”（图4.2.44）等都呈现出典型的浙派仿汉印的特征。但他的仿汉之作又有别于丁、黄，更有圆浑朴媚之气，后人称之为“古逸”即出于此。另外，他的印款四体书兼有之，但以隶书最具个性，多以汉《衡方碑》结体和笔意为之，严整茂古。而其他书体印款结体、线条均无半点妍巧之态，笔画多藏锋逆入，奇崛凝重。朱文印“龙尾山房”（图4.2.45）是他作品中的别格，因这方印正是奚冈反对取法元人的朱文印样式。此印在切刀的基础上辅以大量的冲刀，线条圆转流畅。尤为难能的是，此印四字无一平直笔画，并与圆转的线条形成呼应，笔画起讫顿挫明显，时有断笔处，但笔断意连。虽笔圆、线圆，但整体上有着方正稳实又灵动之感。他的朱文印“姚氏八分”（图4.2.46）、“秋声馆主”（图4.2.47）也是以类似这种柔婉流畅的方式来表现的。由此可见，奚冈并不反对宋元人印，而是反对宋元人印中的妍巧、轻媚之风。他在仿宋元印的作品中掺以“笔圆而神方”汉印法去纠正这种弊病，从而创作出

图 4.2.40
奚冈“寉（鹤）渚散人”，白文印，
尺寸 2.1 cm × 2.1 cm

图 4.2.41
奚冈“何元锡印”，白文印，
尺寸 1.5 cm × 1.4 cm

21 黄宾虹、邓实编《美术丛书》，江苏古籍出版社，1997，第 203 页。

22 杨家骆编《篆刻学》，世界书局股份有限公司，2009，第 319 页。

图 4.2.42
奚冈“奚冈言事”，朱文印，
尺寸 2.6 cm×2.1 cm

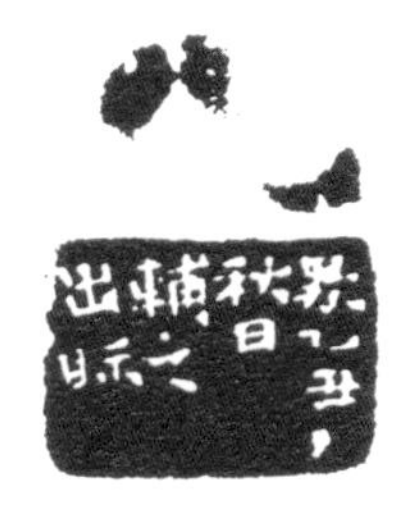

图 4.2.43
奚冈“蒙泉外史”，朱文印，
尺寸 1.8 cm×1.9 cm，
印款 1.9 cm×2.3 cm

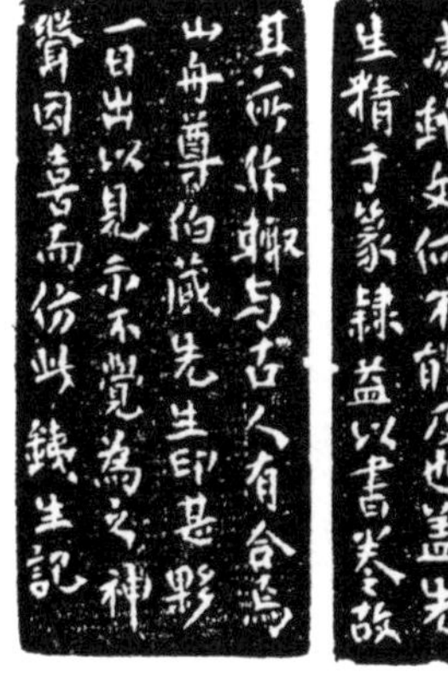

图 4.2.44
奚冈“频罗庵主”，朱文印，
尺寸 2.3 cm×2.4 cm，
印款 5.2 cm×2.4 cm

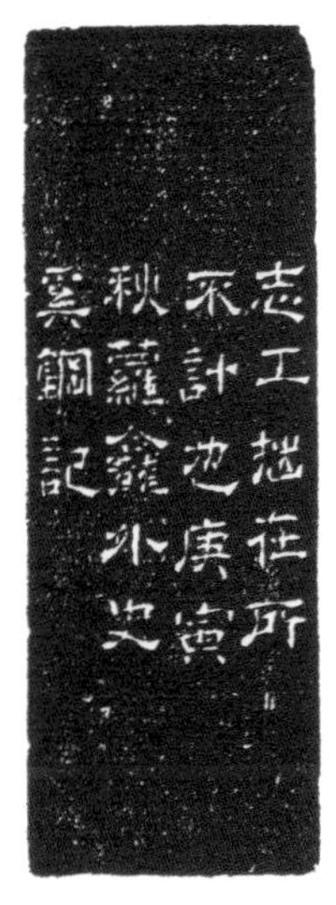

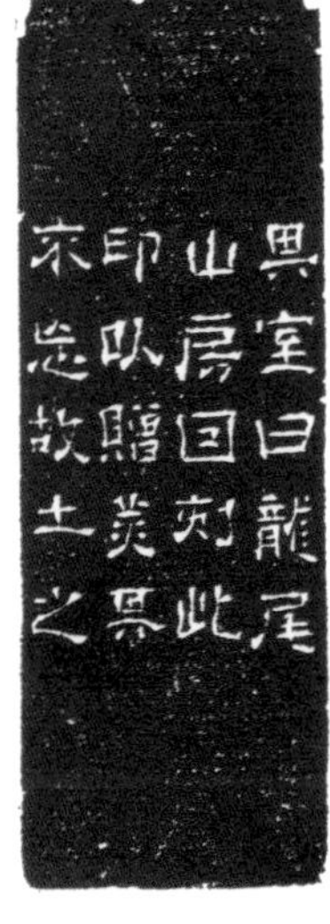

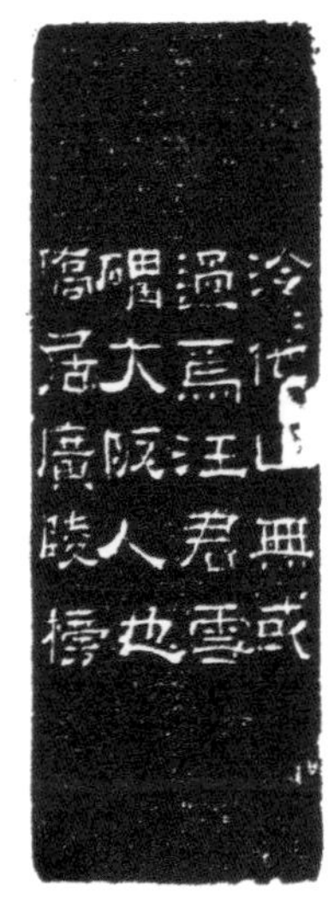

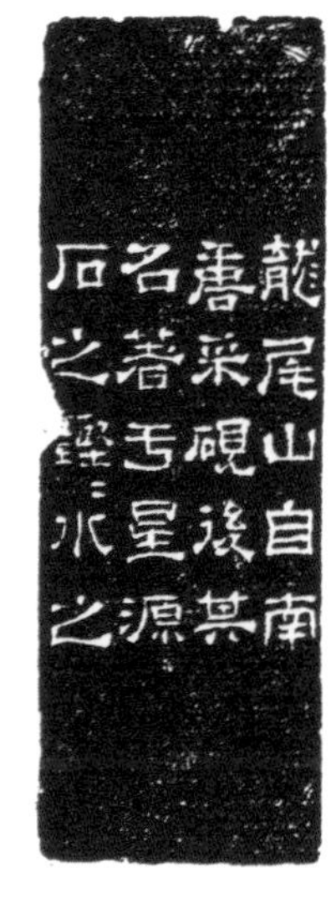

图 4.2.45
奚冈“龙尾山房”，朱文印，
尺寸 2.3 cm × 2.4 cm，印款 6.7 cm × 2.4 cm

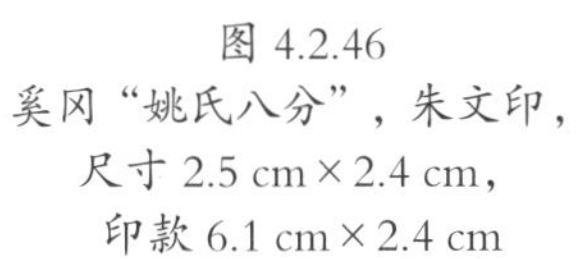

图 4.2.46
奚冈“姚氏八分”，朱文印，
尺寸 2.5 cm × 2.4 cm，
印款 6.1 cm × 2.4 cm

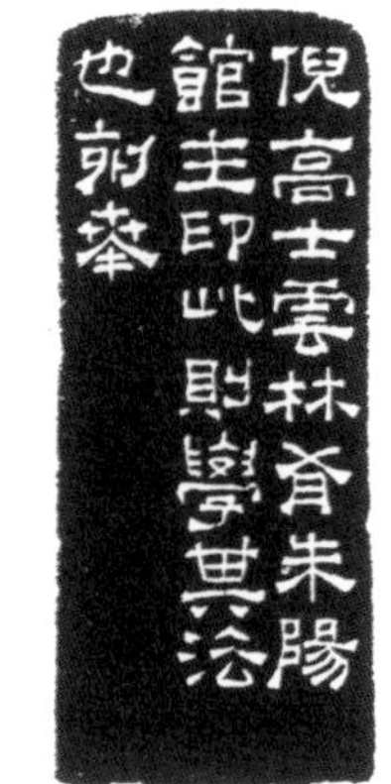

图 4.2.47
奚冈“秋声馆主”，朱文印，
尺寸 2 cm × 2 cm

“龙尾山房”这方经典之作。

陈豫钟（1762—1806年），字浚仪，号秋堂，浙江杭州人。生于金石世家，对金石之嗜近痴。凡金石碑帖、名画佳砚，就算价格高昂也典衣购之。书法善篆隶、小楷。篆书得唐李阳冰法，端庄劲挺；小楷苍雅清丽。又以篆书用笔写松竹，皆清雅可观。他与陈鸿寿为金石至交，终无间言，时有“二陈”之称。著有《求是斋集》《古今画人传》《明画姓氏韵编》《求是斋印谱》等。

陈豫钟早年师文彭、何震，后宗丁敬兼及秦汉印，陈鸿寿则专宗秦汉印，旁及丁敬的。但两人都兼师众长，不专一家。对于两人的风格，他说道：“予自甲辰与曼生交，迄今二十余年，两心相印，终无间言。篆刻予虽与之同能，其一种英迈之气余所不及，若以工致而论，固无多让焉。”（“问梅消息”印款语）他善于从书法中求印法，他说道：“书法以险绝为上乘，制印亦然。要必既得平正者，方可趋之。盖以平正守法，险绝取势；法既熟，自能错综变化而险绝矣。”（“赵辑宁印”印款语）也因为如此，且受所学的李阳冰篆书的影响，他的印风倾向于法度谨严、秀丽工整的绵密一路。或许过于精工严谨，他离浙派豪迈挥洒的创作心态以及有个性的汉印特征越来越远。遂为傅栻所讥为“笔多于意，侪浙五家，不免为仲宣体弱”。但平心而论，绵密一类的印风，虽豪迈不足但细微中见绝妙处，所谓小中见大是也。由此，陈豫钟的印作以小印以及多字印为最佳。魏锡曾《论印诗》即谓：“秋堂师砚叟，自谓得工整。媞媞复纤纤，未许康庄骋。小印极精能，芥子须弥境。”[23]

他所临丁敬的白文印“文章有神交有道”（图4.2.48）、仿汉玉印的“几生修得到某（梅）华（花）”（图4.2.49）、仿汉铜印的“最爱热肠人”（图4.2.50）等多字印都清新自然，不矫饰，不做作，不妩媚，渊然静趣。配篆用字洗练质朴，运刀则不唯切刀，而是正锋冲刀（执刀较正）与切刀结合，所体现的线条就细挺清刚，淡雅工致。因得益于学习李阳冰篆书的书法基础，陈氏朱文印亦属佳制。如拟汉镜铭文的朱文印“洗翠轩”（图4.2.51），学元朱文印的“天水香凝六一泉”（图4.2.52）、“快晴阁”（图4.2.53），取法汉朱文印的“素门所匩（藏）金石”（图4.2.54）等均洗练纤秀，清丽整饬。朱文印“卢小凫印”（图4.2.55）与奚冈“龙尾山房”（图4.2.45）有异曲同工之妙，不知是否二者互相影响。另外，他的印章款识常作密行细字，有隋唐人遗风，神完气足，尤所自矜。识者多评其印款胜于印面，请他刻印往往要求印款多多益善。他曾说文、何刻款与书丹勒碑无议，

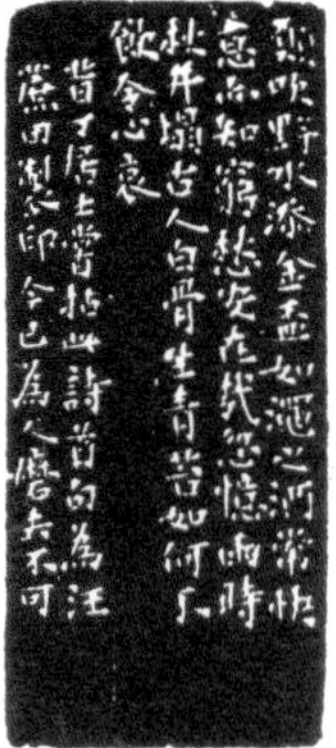

图 4.2.48
陈豫钟“文章有神交有道”，白文印，
尺寸 2.2 cm × 2.2 cm，印款 5 cm × 2.2 cm

图 4.2.49
陈豫钟“几生修得到某（梅）华（花）”，白文印，
尺寸 2.2 cm × 2.2 cm，印款 1.8 cm × 2.2 cm

23 杨家骆编《篆刻学》，世界书局股份有限公司，2009，第 320 页。

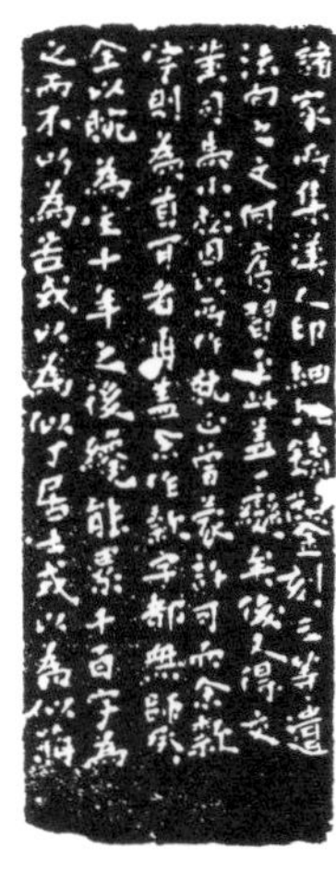

图 4.2.50
陈豫钟“最爱热肠人”，白文印，
尺寸 2.54 cm × 2.5 cm，印款 6 cm × 2.5 cm

图 4.2.51
陈豫钟“洗翠轩”，朱文印，
尺寸 1.8 cm × 1.8 cm

图 4.2.52
陈豫钟“天水香凝六一泉”，朱文印，
尺寸 3.2 cm × 1.4 cm，印款 4.5 cm × 3.2 cm

图 4.2.53
陈豫钟“快晴阁”，朱文印，
尺寸 2.5 cm × 2.5 cm，印款 2.3 cm × 2.5 cm

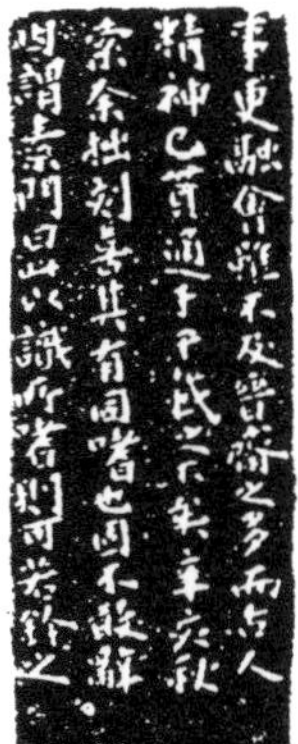
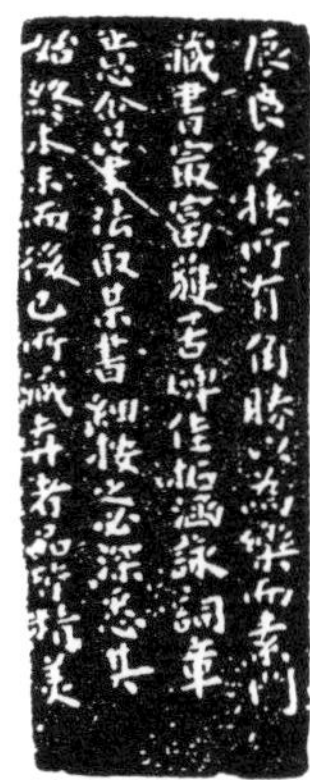
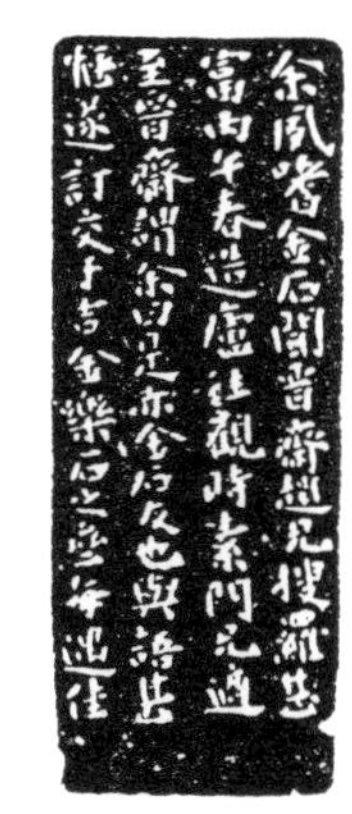
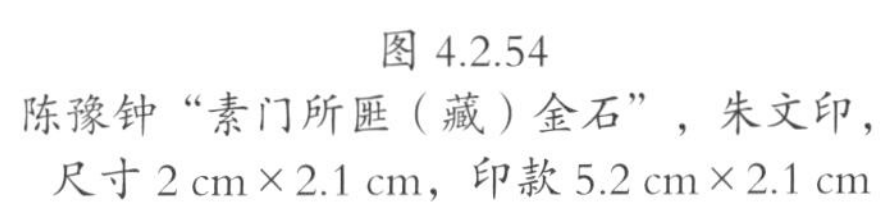

图 4.2.54
陈豫钟“素门所�（藏）金石”，朱文印，
尺寸 2 cm × 2.1 cm，印款 5.2 cm × 2.1 cm

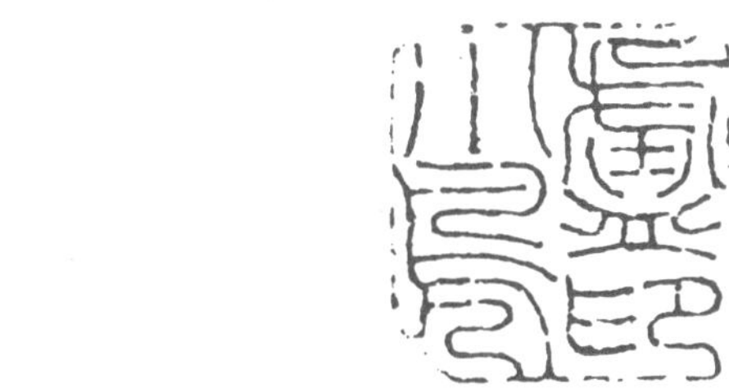

图 4.2.55
陈豫钟“卢小凫印”，朱文印，
尺寸 2.9 cm × 2.9 cm，印款 6.5 cm × 2.9 cm

丁敬刻款则“以石就刀”，独创一格。而他自己刻款则是“盖余作款字都无师承，全以腕为主……”（“最爱热肠人”印款语）“……惟能信手而成，无一毫做造而已，若其浑脱变化，姑以俟诸异日……”（“家在吴山东畔”印款语）“余少乏师承，用‘书字法’意造一二字，久之腕渐熟，虽多亦稳妥，索篆者心兼索之。为能别开一径，铁生词丈尤亟称之……因自述用刀之异，非敢与丁先生较优劣也。”（“希濂之印”印款语）他运刀与丁敬又不相同：以腕力为主，以刀代笔像写字一样的方法来表现，印石并不转动。这种方法体现着更为娴熟的运刀技巧，并更有温婉娟美的书卷气息，在“八家”之中最称典范，开一代风气之先河。

陈鸿寿（1768—1822年），字子恭，号曼生、曼公、恭寿、种榆道人等，浙江杭州人。清嘉庆六年（1801年）拔贡，官淮安府同知。博学多才，性格豪放，好金石碑版之学，钻研精深。他的古文修养很好，阮元任浙江巡抚筹建海防时，请他写文，“轻车往返，走檄飞章千言立就”。曾以著述自娱，拜访各名宿寒儒，所以人都乐与之交。绘画工花卉梅兰竹、山水之属，山水画在明姚绶、程嘉燧之间。他在溧阳上任时，与宜兴名匠杨彭年合制紫砂壶，辨别砂质，创制十八种新样式，并自制铭镌句，人称为“曼生壶”，视如拱璧。他的诗文书画皆以姿胜，书法四体兼能，隶书个性极强，尤为后世从学。著有《种榆仙馆集》《桑连理馆集》《种榆仙馆摹印》《种榆仙馆印谱》等。

陈鸿寿的篆刻宗秦汉并师法丁敬，曾与陈豫钟同受蒋仁、黄易、奚冈的指点，风格苍茫豪迈。在对待诗文书画篆刻的创作态度上，他说：“书画虽小技，神而明之，可以养身，可以悟道，与禅机相通。宋以来如赵、如文、如董皆不愧正眼法藏。余性耽书画，虽无能与古人为徒，而用刀积久，颇有会于禅理，知昔贤不我欺也。”（“书画禅”印款语）所以，他认为诗文书画不必十分到家，乃时见天趣和禅机。由此，他的篆刻更多了一份率意、浑朴和“英迈之气”，也最能体现上述陈豫钟所说的“险绝取势”“错综变化”的篆刻艺术审美理想。魏锡曾《论印诗》曾评：“草法入篆法，下笔风雷掣。一纵而一横，十荡更十决。笑彼姜芽手，旋效虫蠹啮。”[24]并类似于批评地说道：“（陈鸿寿篆刻）刀法之缺蚀，亦从来所无。”“刀法之缺蚀”的风格特点，本无关艺术水平的高下，而“从来所无”却体现出他作品的独创性。在“西泠八家”中，陈鸿寿与后来的陈豫钟弟子赵之琛把浙派刀法运用得更趋于风格化和典型化，个性更为鲜明，变化多端，神形兼具。就陈鸿寿而言，周三燮在《种榆仙馆印谱》题词中说道：“龙泓善用钝，曼

24 杨家骆编《篆刻学》，世界书局股份有限公司，2009，第 319 页。

生间用利；小松善用浑，曼生兼用锐；秋堂善用正，曼生间用戏，竮有三家长，不受三家敝……”可见他这种近似于“刀手笔锋恣，写石如写纸”的切刀法，充分地展示出浙派的运刀风格，甚至于作为篆刻技术本体的刀法的重要意义。他与“融会六书，用意深妙”的徽宗诸子以及后世“印外求印”的赵之谦、黄牧甫等在用篆上的孜孜以求一样共同展现篆刻艺术的表现魅力。陈鸿寿“性拙率，有索篆刻者恒作意应之”，所以他的传世印作甚多。浙派篆刻的典型样式到了他这里也逐渐确定下来。他的仿汉朱文印、白文印（带框和不带框两种）如“寿雪山房”（图4.2.56）、“江郎山馆”（图4.2.57）、“元某（梅）之印”（图4.2.58）、“双红豆斋”（图4.2.59）、“问梅消息”（图4.2.60）、“靈（灵）华僊（仙）馆”（图4.2.61）等；拟元朱文印如“南宫弟（第）一”（图4.2.62）、“许氏子咏”（图4.2.63）、“玉人天际之斋”（图4.2.64）等；宽边朱文古玺如“野云”（图4.2.65）、“周伯子”（图4.2.66）、“穆生”（图4.2.67）、“献父”（图4.2.68）、“孙桐”（图4.2.69）等；仿汉多字印如“我生之初岁在癸丑”（图4.2.70）、“钱塘金氏诵清秘玩”（图4.2.71）、“绕屋梅华（花）三十树”（图4.2.72）、“学以镏（刘）氏七略为宗”（图4.2.73）、“琴书诗画巢”（图4.2.74）等，整体风格都以姿态取胜，布局自然天成，结构简约矫健，运刀挥洒自如，迅涩相生，线条跌宕起伏，锋芒毕露而无习气流弊。

图 4.2.56
陈鸿寿“寿雪山房”，朱文印，
尺寸 1.9 cm × 1.9 cm

赵之琛（1781—1852年），字次闲，一字献甫、献父，号南屏隐君、宝月山人等，晚年杜门，栖心内典，耽于佛学，斋号补罗迦室，浙江杭州人。一生未仕，以金石书画自给，布衣终生。精于金石考据之学，兼工隶法、行楷，阮元的《积古斋钟鼎彝器款识》大部分就由他所写。绘画以山水为主，师元黄公望、倪瓒，苍茫萧散，间作草虫花卉亦得工致。著有《补罗迦室集》《补罗迦室印谱》等。

赵之琛的祖父与丁敬、父亲与陈豫钟都有交谊，他幼承家学，及长即得以拜陈氏为师。但他并不死学陈豫钟，秦汉宋元明诸家以及徽派程邃等都有涉猎，博采众长，转益多师，刀法又受陈鸿寿影响，能通“二陈”之技而兼有其美。魏锡曾《论印诗》：“始学求是斋，材力实远胜。继法种榆仙，横厉辟门径。安得三万卷，润彼四千乘。”[25]他的作品清劲俊逸、工整中有古横之气，布局优美，结体简练，刀法于苍劲中有秀逸之气，线条清刚娟秀。他的印款也文辞优美，各体兼具。其中以行楷书最多，行楷结体取纵势而略斜，运刀清劲精熟，金石味浓郁，为后学典范。嘉道间，浙派印人以陈鸿寿与赵之琛为代表。但陈比赵早逝三十年，赵之琛的影响自然更为深远而久

25 杨家骆编《篆刻学》，世界书局股份有限公司，2009，第 321 页。

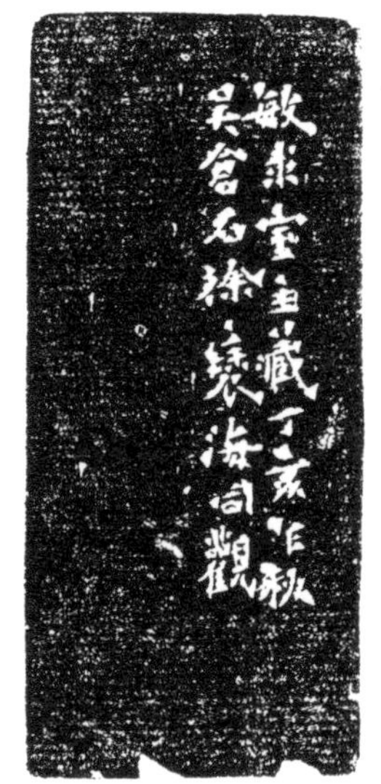

图 4.2.57
陈鸿寿“江郎山馆”，朱文印，
尺寸 3.2 cm × 2.8 cm，印款 7.1 cm × 3.2 cm

图 4.2.58
陈鸿寿“元某（梅）之印”，白文印，
尺寸 0.9 cm × 0.9 cm

图 4.2.59
陈鸿寿“双红豆斋”，白文印，
尺寸 1.6 cm × 1.6 cm，印款 2.9 cm × 1.6 cm

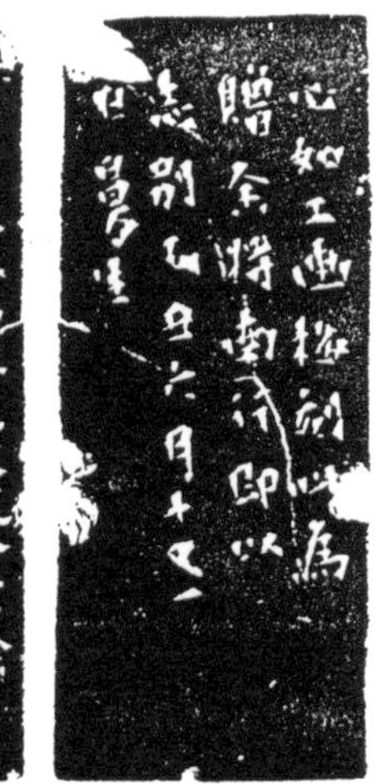

图 4.2.60
陈鸿寿“问梅消息”，朱文印，
尺寸 2.7 cm × 2.8 cm，印款 6.4 cm × 2.8 cm

图 4.2.61
陈鸿寿“霝（灵）华僊（仙）馆”，白文印，
尺寸 2.5 cm × 2.5 cm，印款 5.8 cm × 2.5 cm

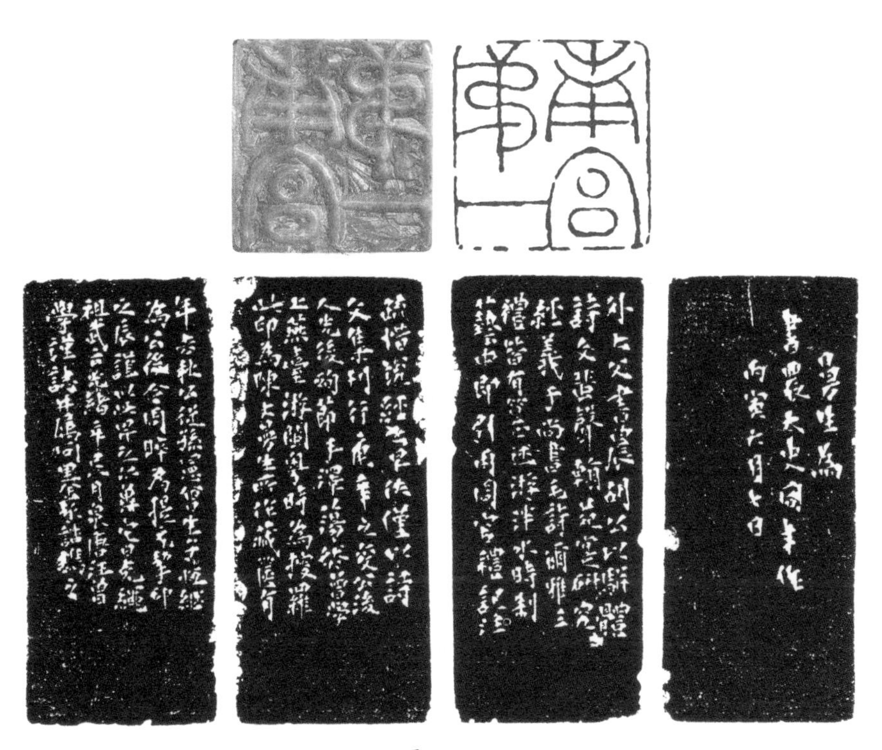

图 4.2.62
陈鸿寿“南宫弟（第）一”，朱文印，
尺寸 2.7 cm × 2.8 cm，印款 6 cm × 2.8 cm

图 4.2.63
陈鸿寿“许氏子詠”，朱文印，
尺寸 1.8 cm × 1.8 cm

图 4.2.64
陈鸿寿“玉人天际之斋”，
朱文印，尺寸 3.7 cm × 3.5 cm

图 4.2.65
陈鸿寿“野云”，朱文印，
尺寸 1.3 cm × 1.3 cm，印款 3.9 cm × 1.3 cm

图 4.2.66
陈鸿寿“周伯子”，朱文印，
尺寸 1 cm × 1 cm

图 4.2.67
陈鸿寿“穆生”，朱文印，
尺寸 1.4 cm × 1.4 cm

图 4.2.68
陈鸿寿“献父”，朱文印，
尺寸 1.5 cm × 1.5 cm

图 4.2.69
陈鸿寿“孙桐”，朱文印，
尺寸 1.3 cm × 1.3 cm，印款 3.8 cm × 1.3 cm

图 4.2.70
陈鸿寿“我生之初岁在癸丑”，
白文印，尺寸 3 cm × 3 cm

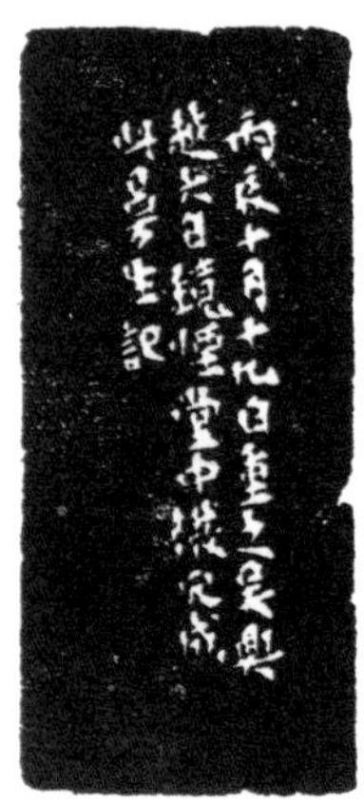

图 4.2.71
陈鸿寿“钱塘金氏诵清秘玩”，白文印，
尺寸 2.4 cm × 2.4 cm，印款 5.4 cm × 2.4 cm

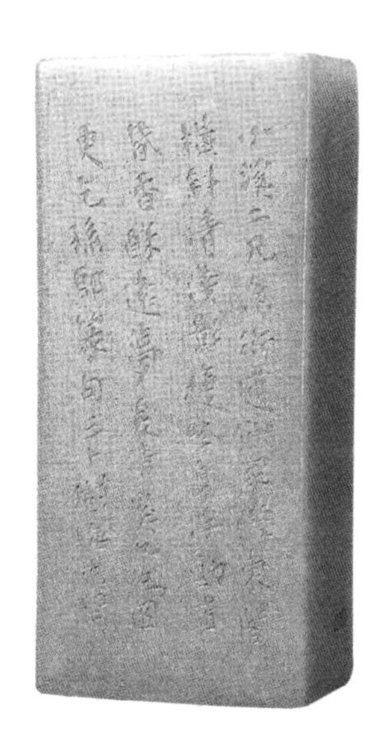
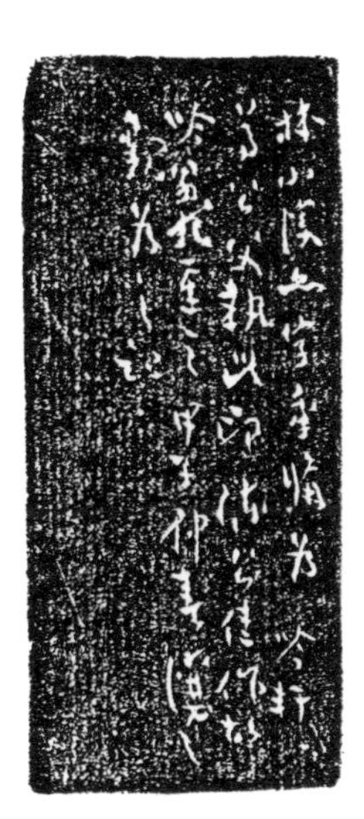

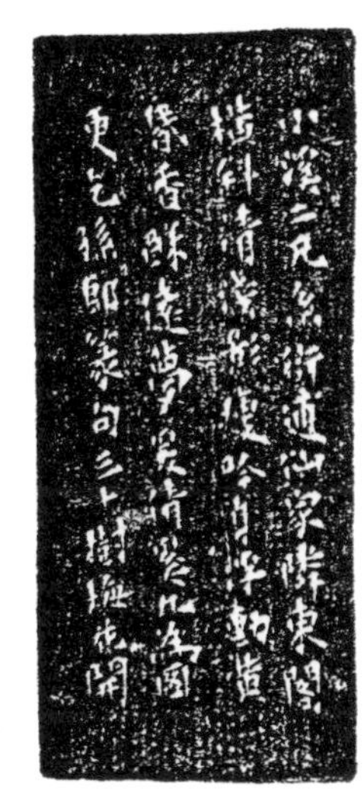

图 4.2.72
陈鸿寿“绕屋梅华（花）三十树”，朱文印，
尺寸 3 cm×3 cm，
印款 6.6 cm×3 cm

图 4.2.73
陈鸿寿“学以镏（刘）氏七略为宗”，
白文印，尺寸 3 cm×3 cm

图 4.2.74
陈鸿寿“琴书诗画巢”，
朱文印，尺寸 2.6 cm×2.6 cm

长。影响越大关注的人就越多，对他作品的评价也存在着褒贬不一的意见。褒者认为他将浙派各种技法与样式发展到无比精熟极致的境地。贬者则认为他有些作品流于技巧、规矩的执意追求而渐失丁敬所提出“思离群”的浙派精神，而且浙派发展到赵之琛，由于求者不绝，其应酬、程式化之作的为人所讥的“燕尾鹤膝”习气在所难免。后之从学者又仅在形式和简单的技巧上去效颦，遂流为习尚。所以就有了高时显的“浙宗至次闲而弊生矣”之说，甚至魏锡曾提出“浙宗后起而先亡”（《吴让之印谱跋》）观点。邓散木也发出“蒋、陈以下，已多剑拔弩张之势”的感慨。仿佛是赵之琛将浙派带到一个近乎灭亡的境地。当然，此说不免偏颇。

赵之琛后钱松异军突起，开创新风，浙派仍然生机勃勃。平心而论，“八家”之中赵之琛的确更重视浙派技法的传承、提炼和完善，但并不代表他缺少创造。他性格淡泊，耽于禅学，虽然浙派早期丁、蒋的质朴渊雅已消失殆尽，但只是风格的不同。他仿汉凿印、汉玉印所创作的作品流露出的宁静空灵、劲逸隽永的气息却是“八家”中的其他诸家所没有的，其鲜明的个性丝毫不比其他诸家少半点创造性。

另外，从初期样式到提炼典型，从风格探索到个性强化，从质拙古朴至娴熟精美是艺术发展的一般规律。浙派初期丁、蒋尚在探索之中，风格自然浑朴无定也变化丰富，到了赵之琛阶段，各种典型的样式和手法已发展到极致，这时非常需要一个精于此道并长寿者将之整理、归纳并推而广之。赵之琛恰恰担负了这一角色。所以，他所创作的作品数以万计，印作的形式也是除丁敬以外最为多样、用字最为丰富的一位。尤为难能的是这大量的印作又统一于精能整饬、略程式化的风格之中。当然这并不代表他没有率意和个性强烈之作。传世白文印“自怜无旧业不敢耻微官”（图4.2.75）、“惯迟作答爱书来”（图4.2.76）、“嗜好与俗殊酸咸”（图4.2.77）、“可意湖山留我住断肠烟水送君归”（图4.2.78）和“汉瓦当砚斋”（图4.2.79）等，朱文印“补罗迦室”（图4.2.80）、“神仙眷属”（图4.2.81）、“尛（小）行窝”（图4.2.82）、“平冈细草鸣黄犊斜日寒林点莫（暮）鸦”（图4.2.83）和“宝�”（图4.2.84）等可作为他的精品代表之作。其中如白文印“汉瓦当砚斋”，运刀少了一分规矩、拘谨和周到，多了一分随意、洒脱和率真，从而使线条凝练稚拙，质感丰富又变化多端。布局疏落自然，与细线条相得益彰，无半点雕饰之感，得天真散逸的意趣，深得汉凿印之神髓。

钱松（1818—1860年），原名松如，字叔盖，号耐青、铁庐、西郊、西郭外史，别署曼花庵、未虚室等，浙江杭州人，传为五代吴越国创始人钱镠的后裔。著有《未虚室印谱》《铁庐印谱》等。钱松曾与李念孙、杨岘等创“解社”，时时书画雅集，诗文唱和。又与胡震、范守和昆仲为金石交，研

图 4.2.75
赵之琛“自怜无旧业不敢耻微官”，白文印，尺寸 2.9 cm × 2.9 cm

图 4.2.76
赵之琛“惯迟作答爱书来”，白文印，
尺寸 2.8 cm × 2.8 cm，印款 2 cm × 2.8 cm

图 4.2.77
赵之琛“嗜好与俗殊酸咸”，
白文印，尺寸 2.7 cm × 2.7 cm

图 4.2.78
赵之琛“可意湖山留我住断
肠烟水送君归”，白文印，
尺寸 4.9 cm × 4.9 cm

图 4.2.79
赵之琛“汉瓦当砚斋”，
白文印，尺寸 2.1 cm × 2.2 cm，
印款 4.2 cm × 2.2 cm

图 4.2.80
赵之琛“补罗迦室”，朱文印，
尺寸 2.3 cm × 2.3 cm

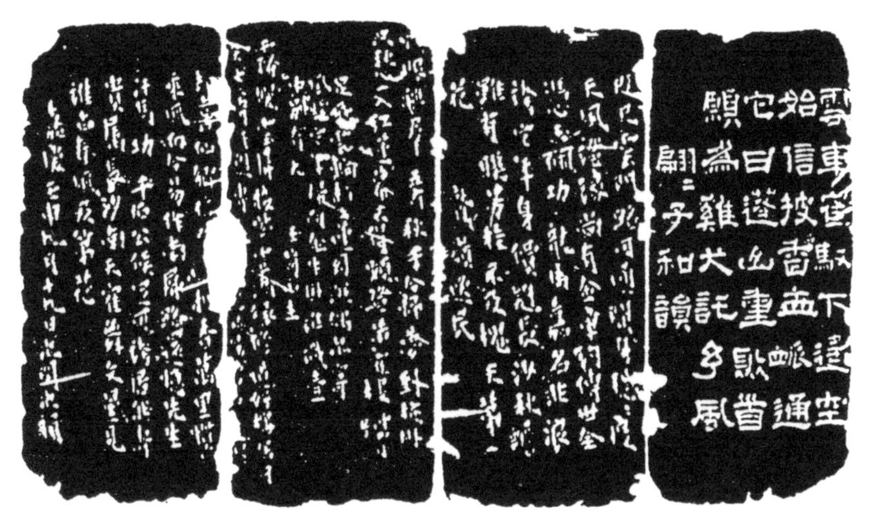

图 4.2.81
赵之琛“神仙眷属”，朱文印，尺寸 2.9 cm × 2.9 cm，
印款（上）2.7 cm × 2.7 cm，（下）6.2 cm × 2.9 cm

图 4.2.82
赵之琛“尛（小）行窝”，朱文印，
尺寸 1.4 cm × 1.4 cm，印款 2.7 cm × 1.4 cm

图 4.2.83
赵之琛“平冈细草鸣黄犊斜日寒林点莫（暮）鸦”，
朱文印，尺寸 4.9 cm × 4.9 cm

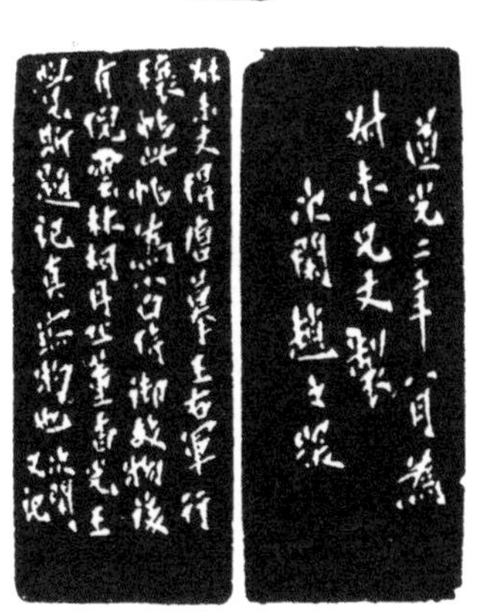

图 4.2.84
赵之琛“宝穰”，朱文印，
尺寸 2 cm × 0.9 cm，印款 5 cm × 2 cm

求金石，相互砥砺。他克承家学，自幼嗜金石文字。书法精篆、隶和行书，笔力雄健苍茫。绘画兼工山水、花卉。山水近南宋江参，设色苍古有金石之气；花卉亦得工致。咸丰十年（1860年），太平军围攻杭州，为守节，钱松与全家人仰药而死。次子钱式得以幸存，后从赵之谦游，尽得其篆刻之奥秘，与朱遂生并为赵之谦称赏。（图4.2.85、图4.2.86）

钱松篆刻初师丁敬、蒋仁、黄易、奚冈诸家，深入浙派堂奥。后又着力于汉印，曾摹汉印二千方，“信手奏刀，笔笔是汉”，尤得其神髓。赵之谦曾言：“汉铜印妙处，不在斑驳，而在浑厚。学浑厚则全恃腕力，石性脆，刀所到处应手辄落，愈拙愈古，看似平平无奇，而殊不易貌。此事与予同志者杭州钱叔盖一人而已。”中年旁涉皖派邓石如等人，博采众长，整体得浑厚朴茂、沉雄博大的气格，生拙老辣，独树一帜，其境界比同时期的浙派诸子高妙甚多。故赵之琛看到他的印作大发感慨道：“此丁黄后一人，前明文何诸家不及也。”魏锡曾也评论道：“余于近日印刻中，最服膺者，莫如叔盖钱先生。先生善山水，工书法，尤嗜金石，致力于篆隶。其刻印以秦汉为宗，出入国朝丁、蒋、黄、奚、邓诸家。同时赵翁次闲，方负盛名，先生以异军特起，直出其上。”（《钱叔盖印谱跋》）

从陈豫钟到赵之琛对浙派程式的整理与归纳之后，印风已渐趋典型化和程式化，后之学浙派者大都因循相袭，不思求变，流弊丛生，使之浙派险入末路。在丁敬以下的其他西泠六家的艺术发展进程中，蒋、黄、奚、“二陈”多在丁敬的基础上提取、整理与归纳，随着他们对丁敬印风的择优取精，技艺越来越精纯，但鲜活的东西和古朴渊雅的气息越走越远，道路也越来越狭窄，最后渐渐失去浙派立派的“思离群”精神。正在此时，钱松力挽狂澜，使浙派从一个渐趋定型的发展进程中回归原点，独辟蹊径并获得巨大的成功。这正是对于当时“浙宗后起而先亡者”之论最为有力的辩驳。他的成功可看作既给浙派重新注入新鲜的血液，使它重新回到浑朴无定的原生态之中，又极大地拓宽了它的视野：在取法上更为广阔，不唯丁、黄论，还包括与西泠诸家风格迥异的邓石如，更主要的是追溯原委，直师秦汉印；在刀法上，他解放了以浙派切刀为重要特征的刀法体系。他说道：“篆刻有为切刀，有为冲刀，其法种种，予则未得，但以笔事之，当不是门外汉。”（“蠡舟借观”印款语）由此，他创造出一种冲切结合，切中带削，刀笔融合的技法，并且对运刀刻制入石的深浅做节奏的调整，使印作有着变幻莫测的线条变化和浮雕般的立体效果。也因此有他的佳作“久之入浑，至浅不可拓”的趣事。但从他传世作品的原印印面来看，只有少许白文印偶然有较浅的现象，朱文印一般刻得较深，应是随创作所需调整运刀入石的深浅，以达到丰富的变化效果。钱松传世之作甚多，精品也不少。其中朱文印

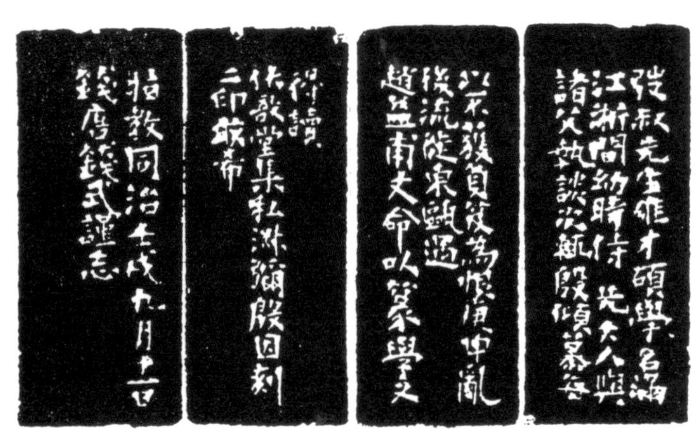
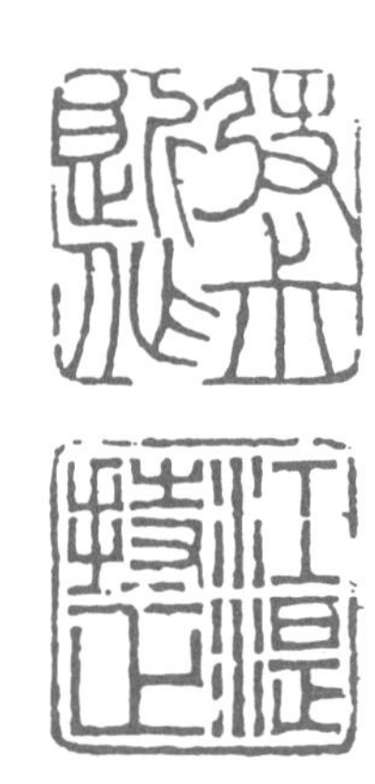

图 4.2.85
钱式江湜两面印，朱文印，
尺寸 2.2 cm × 2.2 cm，印款 5.2 cm × 2.2 cm

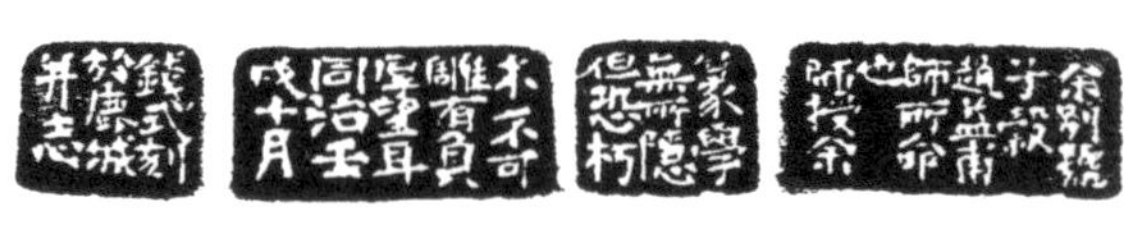

图 4.2.86
钱式“子穀”，朱文印，尺寸 2.3 cm × 1.25 cm，
印款（1）1 cm × 2.3 cm，（2）1 cm × 1.25 cm

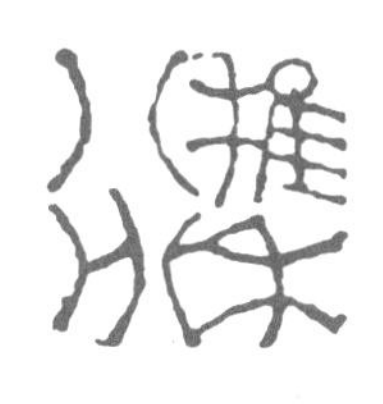

图 4.2.87
钱松“稚禾八分”，朱文印，
尺寸 2 cm×2 cm，印款 2.7 cm×2 cm

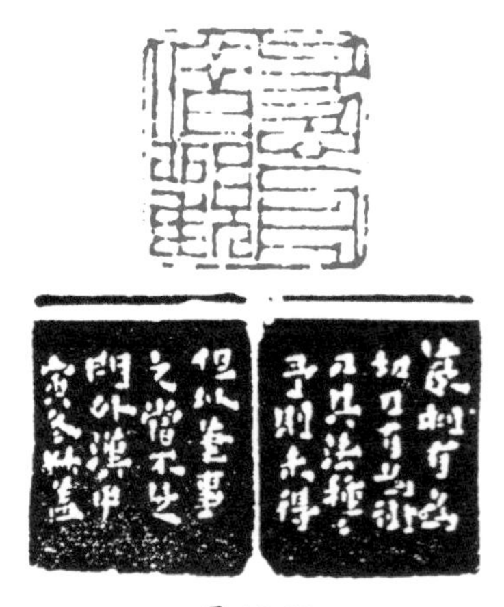

图 4.2.88
钱松“蠡舟借观”，朱文印，
尺寸 2.3 cm×2.3 cm，印款 2.7 cm×2.3 cm

图 4.2.89
钱松“汪氏八分”，朱文印，
尺寸 1.9 cm×1.9 cm

“稚禾八分”（图4.2.87）、“蠡舟借观”（图4.2.88）、“汪氏八分”（图4.2.89）、“大小二篆生八分”（图4.2.90）、“明月前身”（图4.2.91）、“范禾长寿”（图4.2.92），白文印“文章有神交有道”（图4.2.93）、“小住西湖”（图4.2.94）等，为浙派的典型风格。白文印“胡鼻山人胡震之章”（两面印，见图4.2.95）、“钱唐吴凤藻诗书画印”（图4.2.96）、“与绍圣摩崖同丁丑”（图4.2.97）、“射雕山馆”（图4.2.98）、“曾经沧海”（图4.2.99）等为仿汉之作，这类印作有仿玉印、凿印和铜印，但均深得汉法，尔雅恬静。其布局平实中寓险绝，用刀锋铦或钝涩，线条或凝厚、或雄浑、或清刚。可见他对汉印各种形式都浸淫很深。朱文印“鼻山�（藏）”（图4.2.100）、“集虚斋”（图4.2.101）、“受经堂”（图4.2.102）以邓石如之笔意和结字运浙派之切刀法，篆法古雅静穆，刀法稳健松秀又极其细腻，但气息十分浑朴苍茫，洵见巧思。另外，白文印“小吉羊室赏真之印”（图4.2.103）、“南宫弟（第）一对策弟（第）二”（图4.2.104）、“老夫平生好奇古”（图4.2.105）、“不露文章世已惊”（图4.2.106）这类满白文印作笔画带有隶意，字内结体密而字间距宽，大朱大白，对比强烈，已为钱松创新之作。另有“富春胡震伯恐甫印信-胡鼻山人宋绍圣后十二丁丑生”（图4.2.107）两面印是他三十九岁时的精品。此白文印与蒋仁白文印“邵志纯字曰褱（怀）粹印信”（图4.2.29）类似，布局茂密生动，界格与篆字形成虚实对比，结字自然妥帖无半点雕饰之态，笔画圆浑凝厚，线条如锥画沙，力能扛鼎，个性鲜明，后之吴昌硕极为服膺钱松，即缘于此印。

二、清中期的浙派传脉和其他代表印人

张燕昌（1738—1814年），字芑堂，一作芑塘，因手有鱼纹，遂自号文鱼，自署金粟山人，浙江海盐人。著有《金粟笺说》《金石契》《三吴古砖录》《续鸳鸯湖棹歌》《飞白书录》《石鼓文考释》《芑堂印谱》等。张燕昌性好金石文字，凡是商周铜器、汉唐石刻碑拓，无不潜心搜剔，不遗余力。曾自摹古文字为《金石契》，收录吉金贞石资料达数百种。擅篆、隶、飞白、行、楷诸体，精金石篆刻、勒石，工画兰竹，兼善山水、人物、花卉，皆攸然越俗，别有意趣。他作为浙派创始人丁敬高足，其白文印在方折的总体情调下，大胆创新，极尽穿插挪让之能事，刀法质朴，气息空灵，被誉为浙派篆刻的“负弩前驱”。因此，海盐文人治印之风，可谓是变始自张氏。飞白朱文印“翼之”（图4.2.108）受唐宋人飞白石刻启发而创作，虽非正格，但从创造性而言有一定的意义。传世代表作有朱文印“听碧处”（图4.2.109），白文印“小瀛洲”（图4.2.110）、“沧海一粟”（图4.2.111）、“金石契”（图4.2.112）等。

图 4.2.90
钱松“大小二篆生八分”，朱文印，
尺寸 2.3 cm×2.3 cm，印款 5.3 cm×2.3 cm

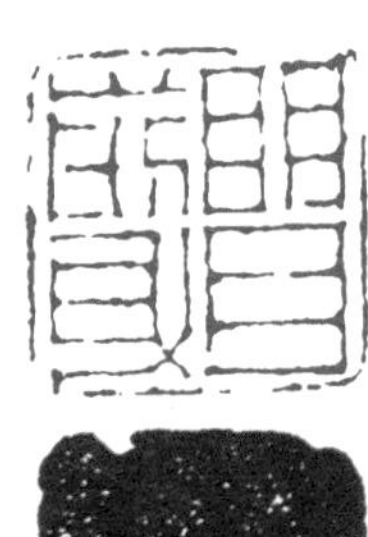

图 4.2.91
钱松“明月前身”，朱文印，
尺寸 2.3 cm×2.3 cm，印款 5.3 cm×2.3 cm

图 4.2.92
钱松“范禾长寿”，朱文印，
尺寸 1.3 cm×1.3 cm

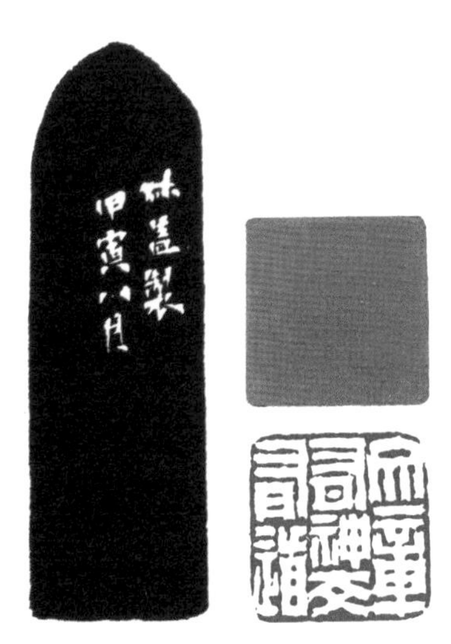

图 4.2.93
钱松“文章有神交有道”，白文印，
尺寸 2 cm×2 cm，印款 6.2 cm×2 cm

图 4.2.94
钱松“小住西湖”，白文印，
尺寸 1.4 cm×1.4 cm

图 4.2.95
钱松“胡鼻山人胡震之章－字予曰恐”，两面印，
尺寸 2.4 cm×2.4 cm，印款 4.9 cm×4.9 cm

图 4.2.96
钱松“钱唐吴凤藻诗书画印”，
白文印，尺寸 2.6 cm × 2.6 cm

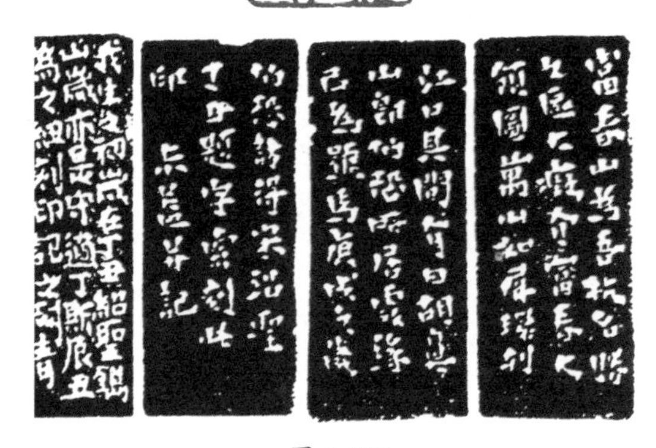

图 4.2.97
钱松“与绍圣摩崖同丁丑”，白文印，
尺寸 1.9 cm × 1.9 cm，印款 4.3 cm × 1.9 cm

图 4.2.98
钱松“射雕山馆”，白文印，
尺寸 1.9 cm × 1.9 cm

图 4.2.99
钱松“曾经沧海”，白文印，
尺寸 2.7 cm × 2.7 cm，印款 6.6 cm × 2.7 cm

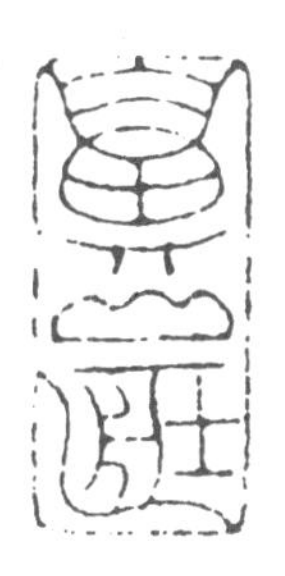

图 4.2.100
钱松“鼻山匩(藏)”，朱文印，
尺寸 3.2 cm × 1.5 cm

图 4.2.101
钱松“集虚斋”，朱文印，
尺寸 3.5 cm×3.6 cm，印款 6.3 cm×3.6 cm

图 4.2.102
钱松“受经堂”，朱文印，
尺寸 3.2 cm×3.2 cm，印款 7.6 cm×3.2 cm

图 4.2.103
钱松“小吉羊室赏真之印”，白文印，
尺寸 2.4 cm×2.4 cm，印款 6.9 cm×2 cm

图 4.2.104
钱松“南宫弟（第）一对策弟（第）二”，
白文印，尺寸 2.4 cm×2.4 cm

图 4.2.105
钱松“老夫平生好奇古”，
白文印，尺寸 2.4 cm×2.4 cm

图 4.2.106
钱松“不露文章世已惊”，
白文印，尺寸 2.5 cm×2.6 cm

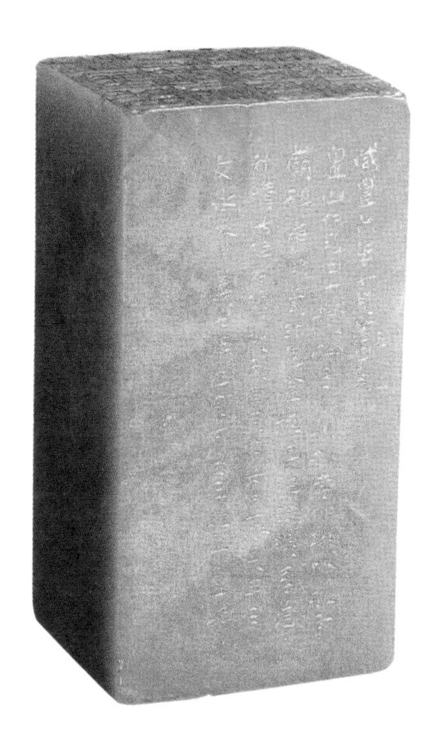
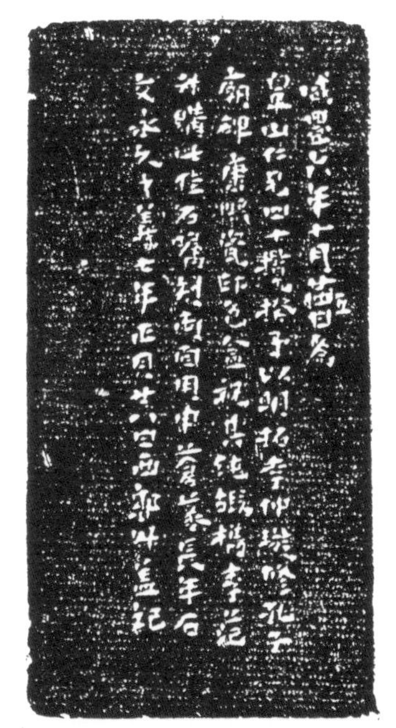
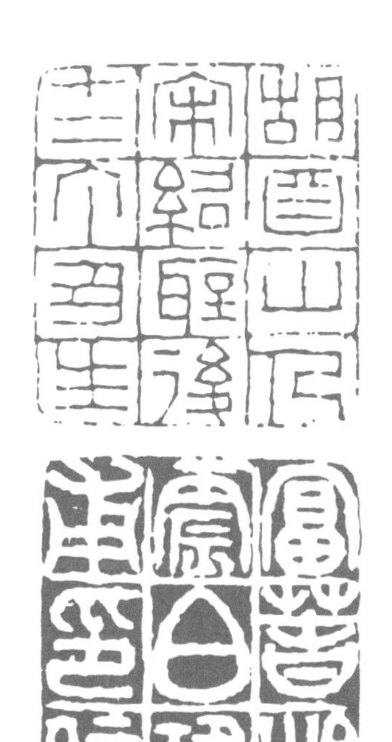

图 4.2.107
钱松“富春胡震伯恐甫印信－胡鼻山人宋绍圣后十二丁丑生”，
两面印，尺寸 4.3 cm × 3.9 cm，
印款（上）8.5 cm × 4.3 cm，（下）4.3 cm × 8.5 cm

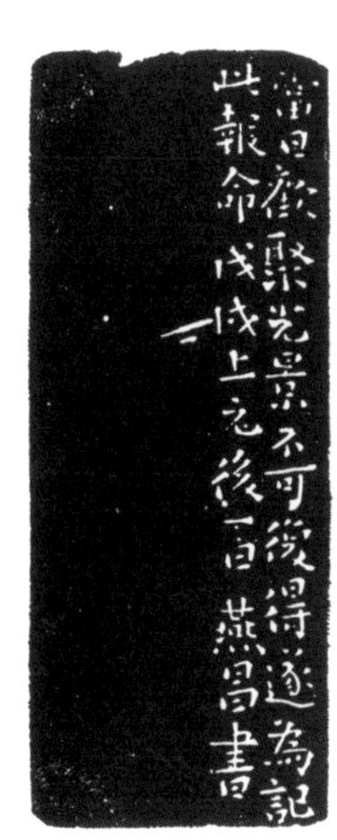
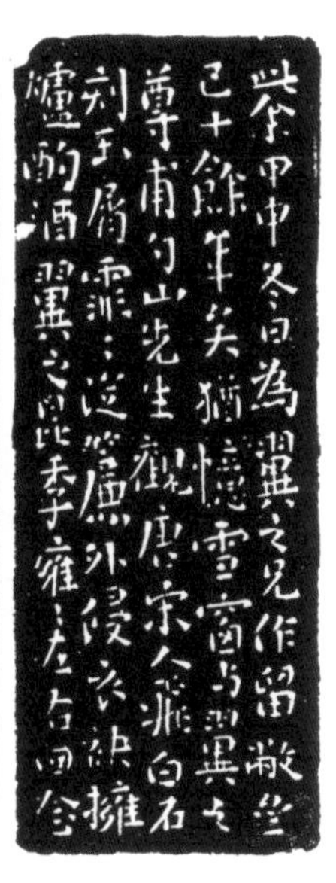

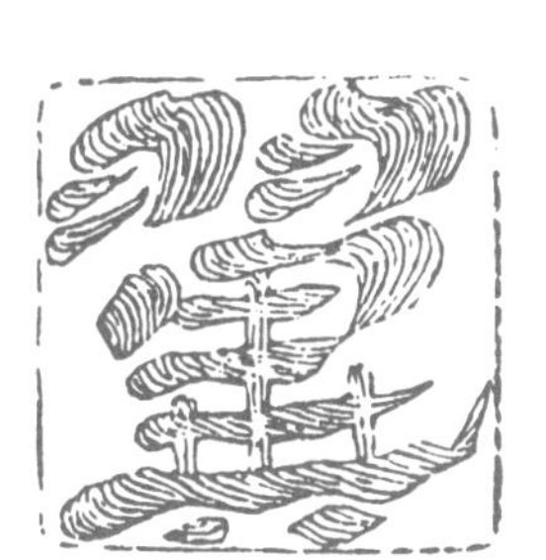

图 4.2.108
张燕昌“翼之”，两面印，朱文印，
尺寸 3.2 cm × 3.2 cm，3.2 cm × 3.3 cm

张开福（生卒年不详），张燕昌之子，浙江海盐人，字质民，号石匏，晚号太华归云叟，篆刻家。未见作品传世。

张辛（1811—1848年），原名辛有，字受之，张燕昌从子，浙江海盐人。善椎拓，工刻印。著有《丁未消寒集》。篆刻参以隶法，苍浑古厚。爱金石之学，精摹泐上石，时作篆刻牙石印，古劲有韵。曾为金石收藏名家、清仪阁主人张廷济刻印，受其赏识，得以窥其珍秘，由是技艺日进。后于京师刻制杨继盛《谏马市》疏，完成后即逝世于杨氏松筠庵。传世代表作有朱文印“甲辰年政七十”等。

严冠（1760—？），字四香，号木雁斋，浙江杭州人。善画梅，故宫博物院藏有其嘉庆十七年（1812年）所作的《墨梅图》。喜吟咏，著有《茶寿庵诗稿》等。传世印作仅见有朱文印“木雁斋”，无法对他的艺术风格做一整体的判断。此印布局、结体颇有奇趣，线条近浙派，印款亦单刀行书刻就，但略显零乱。

钱善扬（1765—1807年），字顺甫，又字慎夫，号几山，又号麂山，浙江嘉兴人，“秀水派”诗人钱载之孙。著有《几山吟稿》等。钱氏工诗善画，绘画梅花得祖父家法，兼能写生，尤为人所珍重，间作山水，师法董其昌。他的篆刻以汉人为宗，旁涉奚冈和西泠诸贤，布局疏密相间，脱去时下町畦。与文鼎、孙三锡、曹世模一起被世人称为“嘉禾四山”或“鸳湖四山”。传世代表作品有白文印“张廷济印”（图4.2.113）、“钱善扬”（图4.2.114）、“白圭三复”（图4.2.115）等。

文鼎（1766—1852年），字学匡，号后山、后翁，浙江嘉兴人。他的篆刻谨严，章法工秀，有文彭遗意。又精于鉴别，收储金石、书画多上品。偶作小楷，并画云山松石，则谨守徵明家法。著有五字不损本室诗稿《周栻撰墓志、广印人传、竹刻录》。传世代表作品有白文印“张尗（叔）未”（图4.2.116），朱文印“文鼎”（图4.2.117）、“八砖精舍”（图4.2.118）、“移家白沙翠竹江村”（图4.2.119）等。

孙三锡（？—1836年后），字桂山，又字桂珊、子宠，号怀叔，别号碧壶生、华南逸史等，浙江平湖人，晚徙海盐。官陕西周至县丞。博学好古，善鉴别。工书法，学唐孙过庭。画学江介，花鸟清丽绝俗。他的篆刻师陈鸿寿，浑朴遒劲，颇有韵致，兼善刻竹。传世代表印作有朱文印“郭止亭”（图4.2.120）、“万氏九沙草堂匿（藏）书记”（图4.2.121），白文印“家在莺声细雨中”（图4.2.122）、“温不增华（花）寒不改叶”（图4.2.123）等。

郭麐（1767—1831年），字祥伯，号频伽，因右眉莹白如雪，故自署“白眉生”，江苏吴江人。郭氏年少时有神童之誉，举止不凡，姚鼐对其青睐有加。郭麐在醉后画竹石，别有天趣。擅诗文，所作皆清婉颖异。可惜平生怀

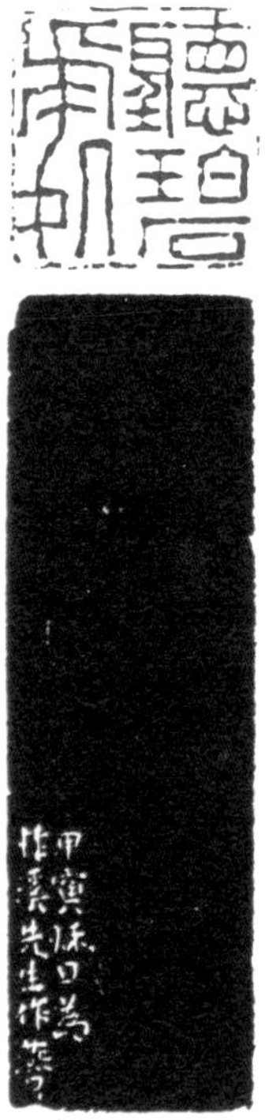

图 4.2.109
张燕昌“听碧处”，朱文印，
尺寸 2.2 cm × 2.2 cm，印款 6.9 cm × 2.2 cm

图 4.2.110
张燕昌“小瀛洲”，白文印，
尺寸 2.1 cm × 2.1 cm，印款 4.5 cm × 2.1 cm

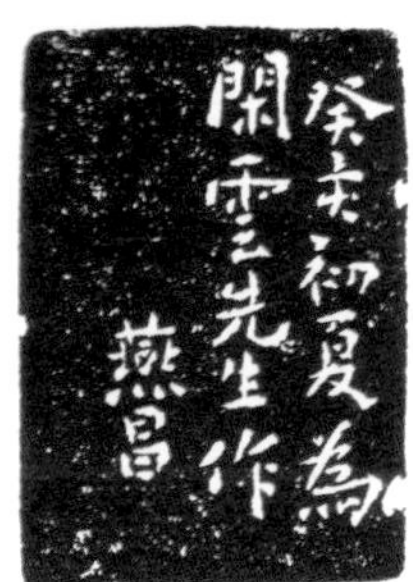

图 4.2.111
张燕昌“沧海一粟”，白文印，
尺寸 2.6 cm×2.6 cm，印款 3.7 cm×2.6 cm

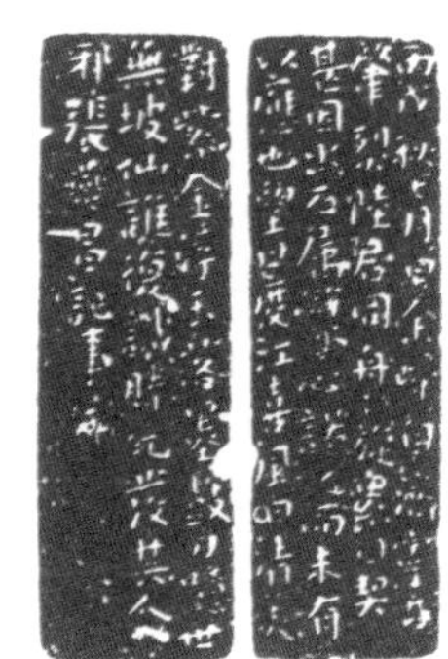

图 4.2.112
张燕昌“金石契”，白文印，
尺寸 1.7 cm×1.7 cm，印款 4.3 cm×1.7 cm

图 4.2.113
钱善扬“张廷济印”，白文印，
尺寸 1.8 cm×1.8 cm，印款 1.8 cm×1.8 cm

图 4.2.114
钱善扬“钱善扬”，白文印，
尺寸 1.8 cm×1.8 cm，印款 0.8 cm×1.8 cm

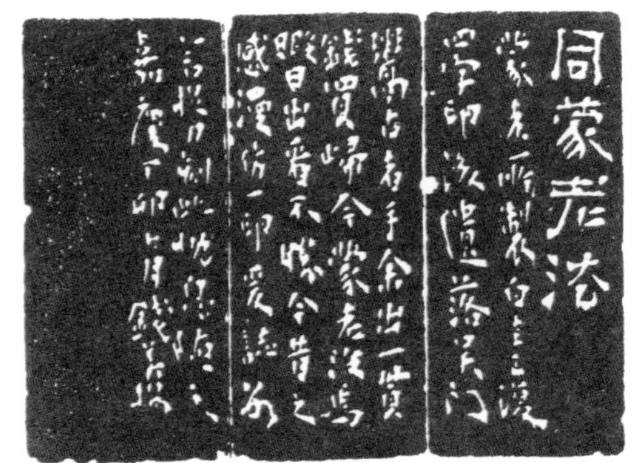

图 4.2.115
钱善扬“白圭三复”，白文印，
尺寸 2.15 cm×2.15 cm，印款 4.75 cm×2.15 cm

图 4.2.116
文鼎“张尗（叔）未”，白文印，
尺寸 1.1 cm×1.1 cm，印款 3.9 cm×1.1 cm

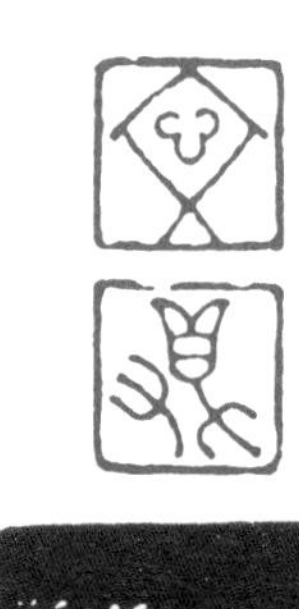
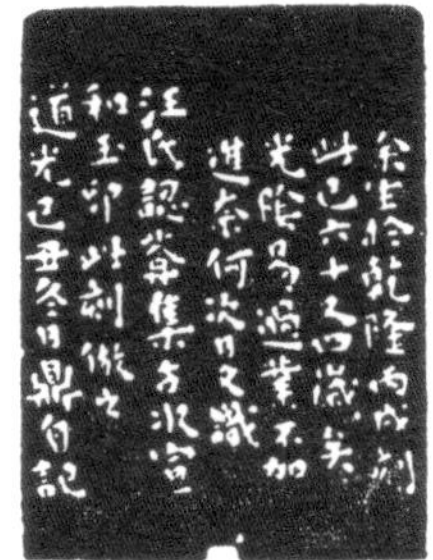

图 4.2.117
文鼎“文鼎”，朱文印，
尺寸 2.7 cm × 1.3 cm，印款 3.7 cm × 2.7 cm

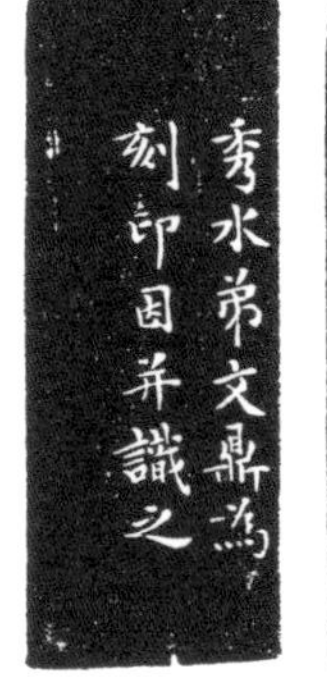

图 4.2.118
文鼎“八砖精舍”，朱文印，
尺寸 1.9 cm × 1.9 cm，印款 4.5 cm × 1.9 cm

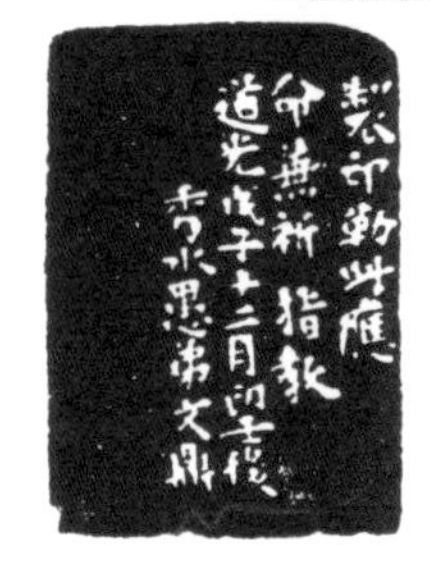
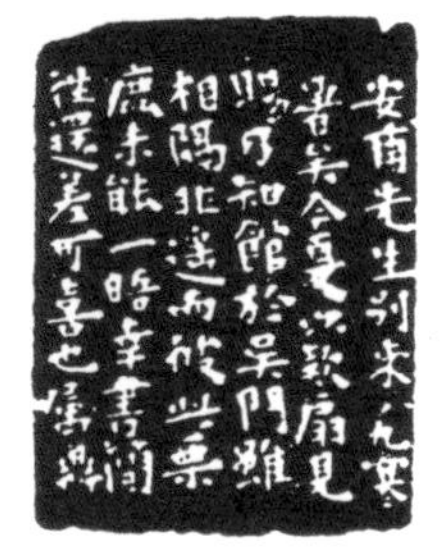

图 4.2.119
文鼎“移家白沙翠竹江村”，朱文印，
尺寸 2.5 cm × 2.5 cm，印款（上）
2.5 cm × 2.5 cm，（下）3.3 cm × 2.5 cm

图 4.2.120
孙三锡“郭止亭”，朱文印，
尺寸 1.9 cm × 1.9 cm，
印款 5.7 cm × 1.9 cm

图 4.2.121
孙三锡“万氏九沙草堂�(藏)书记”，
朱文印，尺寸 3.7 cm × 3.7 cm，
印款 3.5 cm × 3.7 cm

图 4.2.122
孙三锡“家在莺声细雨中”，
白文印，尺寸 2.2 cm × 2.2 cm，
印款 3.9 cm × 2.2 cm

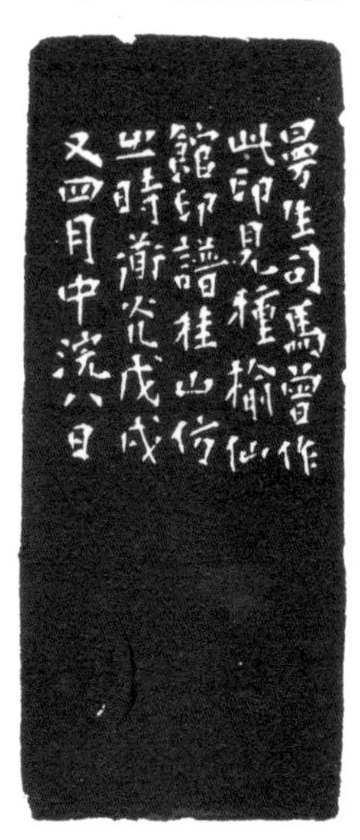

图 4.2.123
孙三锡“温不增华（花）寒不改叶”，
白文印，尺寸 3.3 cm × 3.3 cm，
印款 7.4 cm × 3.3 cm

才不遇，时将愤郁无聊之感寓于歌咏。辑收藏印及自制印成《灵芬馆印存》。著《灵芬馆全集》《蘅梦词》《江行日记》《樗园消夏录》《灵芬馆诗话》《浮眉楼词》《忏余绮语》等。精刻印，印宗秦汉，质朴苍茫。传世代表作品有朱文印“骚之苗裔”（图4.2.124）、“郭麐印信”（图4.2.125）等。

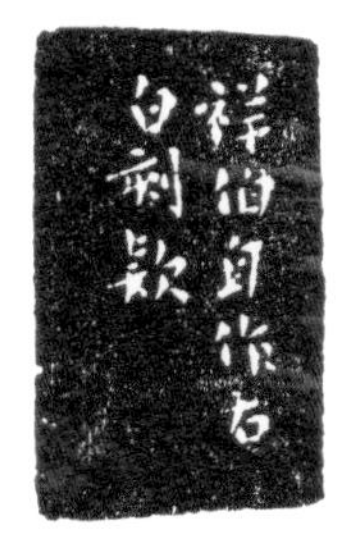
图 4.2.124
郭麐“骚之苗裔”，朱文印，
尺寸 2 cm × 2 cm，印款 3.3 cm × 2 cm

江介（1767—1832年），本名鉴，字石如，浙江杭州人。书法学唐欧阳询。绘画花鸟重写生，风格近陈淳，间作山水，得元人闲冷意趣。工篆刻，时称与赵之琛水平相当。传世代表印作有白文印“寸心千里”（图4.2.126）、“壮心不已”（图4.2.127）等。

张镠（1769—1821年），字子贞、紫贞，号老姜，别署紫磨、井南居士等，江苏扬州人。张氏不求闻达，布衣终生。工山水，笔意古秀，多参篆法。著有《求当斋集》《老姜印谱》等。他与陈鸿寿、鲍方舟、郭麐相友善。善隶书，精篆刻，宗浙派，所作皆端凝朴厚。传世代表作品有“江州司马”（图4.2.128）、“许乃济印”（图4.2.129）、“郭麐祥伯”（图4.2.130）等。

高垲（1769—1839年），字子高，号爽泉，浙江杭州人。书法得欧阳询、褚遂良神髓。嘉庆中，阮元任浙江巡抚，延请他编校金石文字，其中《薛氏钟鼎款识》释文就由他所写，并手录薛氏钟鼎识跋以刊之。另大江南北名胜碑版也多出其手。复精绘事，尤工花鸟、草虫，取法宋、元，勾勒设色，均极精妙。他的篆刻师法浙派，介于陈豫钟、陈鸿寿之间，偶然治印，皆古秀苍劲，面目自成。传世代表作品有白文印“诗杂仙心”（图4.2.131），朱文印“频伽居士”（图4.2.132）、“华（花）竹安乐斋”（图4.2.133）等。

瞿中溶（1769—1842年），篆刻家、书画家，兼通医。字苌生，又字镜涛，号木夫，晚号木居士，嘉定人。为钱大昕女婿。瞿氏精金石考据，富收藏，有汉镫、铜像、古泉、古镜、汉砖瓦等，号称甲于娄东。擅音韵，工书画，兼长篆刻。书学欧柳，画工花卉。著有《汉金文编》《三体石经辨正》《集古官印考证》《古泉山馆诗集》等。因与陈曼生诸家时相过从，刀法、布篆均受浙派影响。或受治学的原因，所刻之印严谨端庄，亦得汉人神髓，自谓：“白文不如陈鸿寿，朱文则过之。”惜未见其朱文印传世。传世代表作品有白文印“浮眉词客”（图4.2.134）、“汪煜之印”（图4.2.135）、“郭麐祥伯氏印”（图4.2.136）等。其子树本（根之）、树辰（心沤）师承庭训，所作花鸟虫鱼画及篆刻皆古雅可爱。

图 4.2.125
郭麐“郭麐印信”，朱文印，
尺寸 2.2 cm × 2.2 cm，印款 4.5 cm × 2.2 cm

孙均（1777—1826年），字诒孙，号古云、遂初。浙江杭州人。清廷重臣孙士毅（智治）之孙，汉军正白旗。孙氏书法工篆隶，绘画善写生，花卉得徐渭、陈道复神趣。精篆刻，兼工刻竹。学黄易，又取法泉文，能于浙派的樊篱中另辟蹊径，俊雅古劲。传世代表印作有朱文印“吉祥云室”（图

图 4.2.126
江介“寸心千里”，白文印，
尺寸 2 cm × 2 cm，印款 1.5 cm × 2 cm

图 4.2.127
江介“壮心不已”，白文印，
尺寸 1.8 cm × 1.8 cm，印款 4 cm × 1.8 cm

图 4.2.128
张镠“江州司马”，白文印，
尺寸 2.1 cm × 2.2 cm，印款 5 cm × 2.2 cm

图 4.2.129
张镠“许乃济印”，白文印，
尺寸 2.8 cm × 2.8 cm，印款 7.1 cm × 2.8 cm

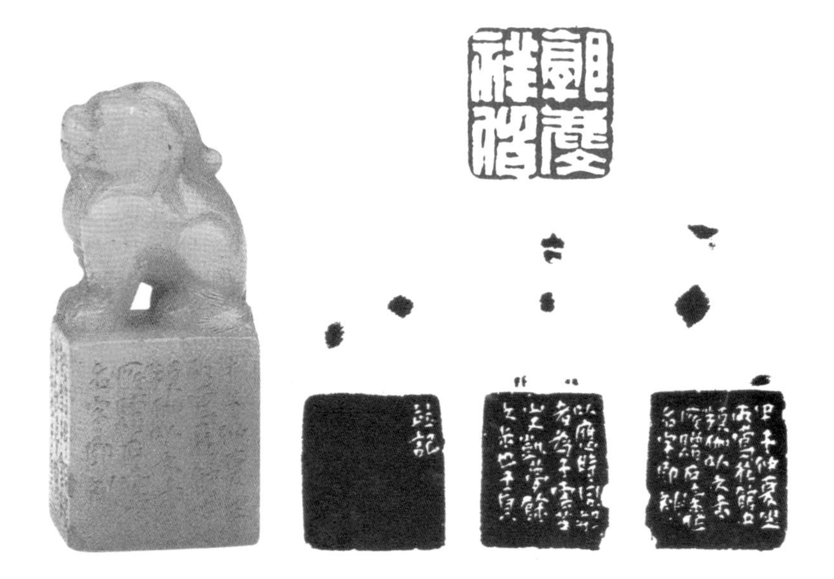

图 4.2.130
张镠“郭麐祥伯”，白文印，
尺寸 2 cm × 2 cm，印款 4.3 cm × 2 cm

图 4.2.131
高垲“诗杂仙心”，白文印，
尺寸 1.6 cm × 1.5 cm，印款 2.7 cm × 1.6 cm

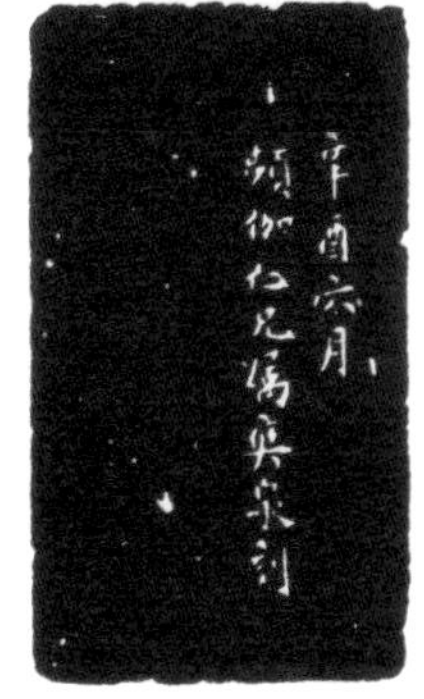

图 4.2.132
高垲“频伽居士”，朱文印，
尺寸 2.6 cm × 2.6 cm，印款 4.5 cm × 2.6 cm

图 4.2.133
高垲“华（花）竹安乐斋”，朱文印，
尺寸 2.6 cm × 2.1 cm

图 4.2.134
瞿中溶“浮眉词客”，白文印，
尺寸 1.9 cm × 1.9 cm，印款 2.7 cm × 1.9 cm

图 4.2.135
瞿中溶“汪熤之印”，白文印，
尺寸 1.5 cm × 1.5 cm，印款 2.7 cm × 1.5 cm

图 4.2.136
瞿中溶“郭麐祥伯氏印”，白文印，
尺寸 2.8 cm × 2.8 cm

图 4.2.137
孙均“吉祥云室”，朱文印，
尺寸 2.2 cm×2.2 cm，印款 6.3 cm×2.2 cm

4.2.137）、“大富千万”（图4.2.138）等。

项朝藁（？—1789年后），字寿芝，号秋鹤，浙江杭州人。乾隆五十四年（1789年）举人。项氏曾学印于蒋仁。乾隆四十四年（1779年），项朝藁刻“饮酒游山”一印后，蒋仁曾为此印刻跋文：“项子此印扫尽作家习气，乍看不能佳，久而始见。项三几岁已臻此境，真可畏也。”乾隆五十一年（1786年），蒋仁于扬州市上购得梁袠所刻“兰生而芳”印，刻跋文：“乾隆甲午十一月八日，广陵市上得此印，凡书画得意之作钤之，或曰千秋侍姬韩约素代作，铜官山民蒋仁记。”此印后为倪小迂向蒋仁索去，项朝藁记其事如下：“此印山堂购自扬州，倪君小迂乞得之，以遗其母夫人，夫人工诗，尝集闺秀结社联吟，每有投赠，诗笺必用此印，此人此事洵可传也。夫人姓苏，讳兰。癸卯十二月十一日灯下，秋鹤记。”曾抄《尔雅》三卷，未见其他著作。传世代表印作有朱文印“饮酒游山”（图4.2.139）、“白凤堂印”（图4.2.140），白文印“结翰墨缘”（图4.2.141）等。

屠倬（1781—1828年），字孟昭，以原籍绍兴琴坞为号，晚号潜园，浙江杭州人。嘉庆十三年（1808年）进士，官江西九江知府。屠倬工诗词古文，诗格伉爽洒脱，与郭麐、查揆齐名。旁及书画金石篆刻，靡不深造。书法仿恽南田，四体兼工，时有绝妙之誉。画学奚冈，风格沉郁秀浑，兰竹、花卉亦得工致。著有《是程堂诗文集》《若邪溪渔唱》。篆刻学陈鸿寿，险劲不及，但苍浑过之。传世代表印作有朱文印“三分水阁”（图4.2.142）、“吾亦澹荡人”（图4.2.143）、“桃华（花）山馆”（图4.2.144），白文印“周官私印”（图4.2.145）、“查揆字伯葵印”（图4.2.146）、“憨道人”（图4.2.147）等。

杨澥（1781—1850年），原名海，字竹塘，号龙石，晚号野航、聋石、聋道人等，江苏吴江人。工诗文，刻竹、刻碑、刻印，亦于金石考据之学靡不精通。著有《龙石道人印存》等。他的篆刻早年学浙派，后侧重秦汉，力矫妩媚之习。竹刻喜摹金石碑版文字，刀法圆畅，风格独特。蒋宝龄《墨林今话》评他为“江南篆刻第一名手”（此处应就刻竹而言）。传世代表印作有朱文印“悦我生涯”（图4.2.148）、“昭文张约轩鉴定”（图4.2.149）、“白溪听香主人姚秦之印”（图4.2.150），白文印“林则徐印”（图4.2.151）、“此道芒（茫）�（然）”（图4.2.152）等。

王应绶（1788—1841年），更名申，又作曰申，字子若，一字子卿，为王原祁第十九元孙，江苏太仓人，客居苏州。王氏能书画，兼擅篆隶铁笔，皆能深入古人堂奥。篆刻得力于浙派，风格在陈豫钟、陈鸿寿之间。又善刻砚，曾应葛廉山之聘，以砚石百余方，缩摹汉碑刻成《百汉砚碑》一帙，与原碑不差毫厘，为墨林之巨观。后又受王相委托，为其摹刻高凤翰

图 4.2.138
孙均“大富千万”，朱文印，尺寸 2.3 cm × 1.9 cm，
印款（左一、右二）3 cm × 1.9 cm，（左二、右一）3 cm × 2.3 cm

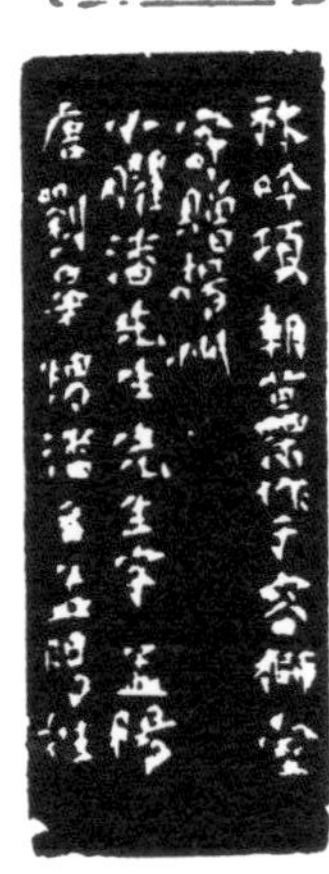

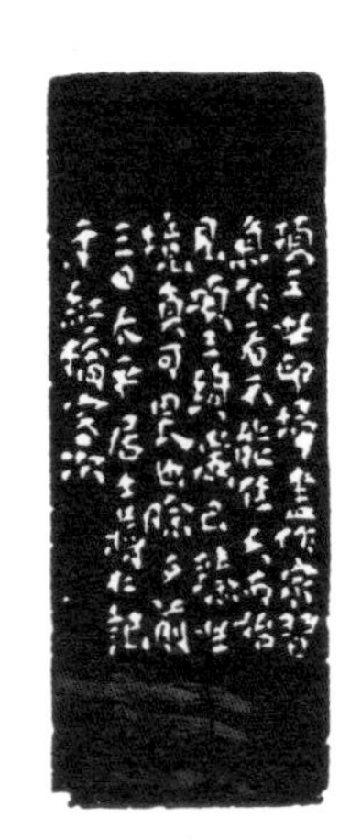

图 4.2.139
项朝藁“饮酒游山”，朱文印，
尺寸 2 cm × 2 cm，印款 5.3 cm × 2 cm

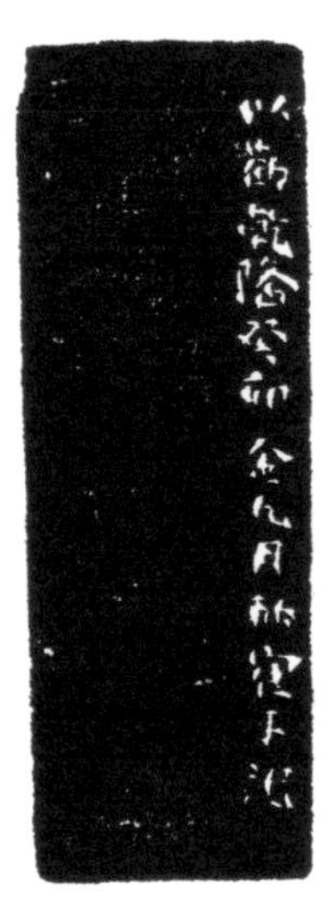

图 4.2.140
项朝藁“白凤堂印”，朱文印，
尺寸 2.2 cm × 2.2 cm，印款 6.5 cm × 2.2 cm

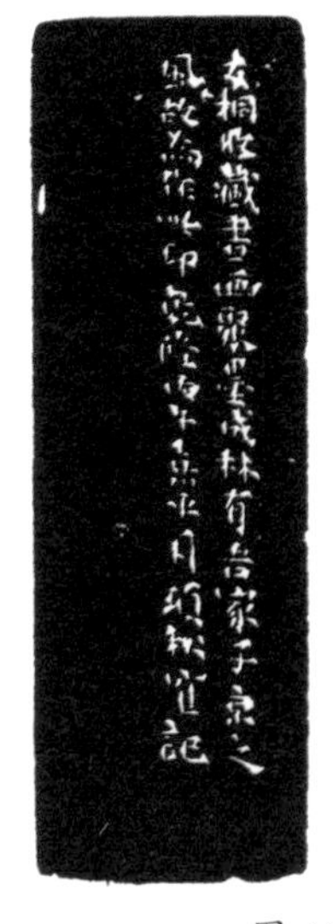

图 4.2.141
项朝藁“结翰墨缘”，白文印，
尺寸 2.3 cm×2.3 cm，印款 6.7 cm×2.3 cm

图 4.2.142
屠倬“三分水阁”，朱文印，
尺寸 2.6 cm×1.15 cm，印款 4.9 cm×2.6 cm

图 4.2.143
屠倬“吾亦澹荡人”，朱文印，
尺寸 2.4 cm×2 cm，印款 5 cm×2.4 cm

图 4.2.144
屠倬“桃华（花）山馆”，朱文印，
尺寸 3 cm×2.9 cm

图 4.2.145
屠倬“周官私印”，白文印，
尺寸 2 cm×2 cm

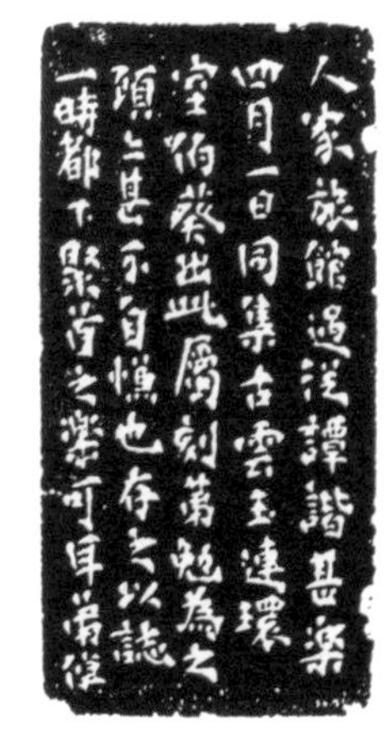

图 4.2.146
屠倬“查揆字伯葵印”，白文印，
尺寸 2.7 cm×2.7 cm，印款 5.5 cm×2.7 cm

图 4.2.147
屠倬“憨道人”，白文印，
尺寸 1.2 cm × 1.2 cm

图 4.2.148
杨澥“悦我生涯”，朱文印，
尺寸 1.9 cm × 1.7 cm

图 4.2.149
杨澥“昭文张约轩鉴定”，朱文印，
尺寸 2.3 cm × 2.3 cm

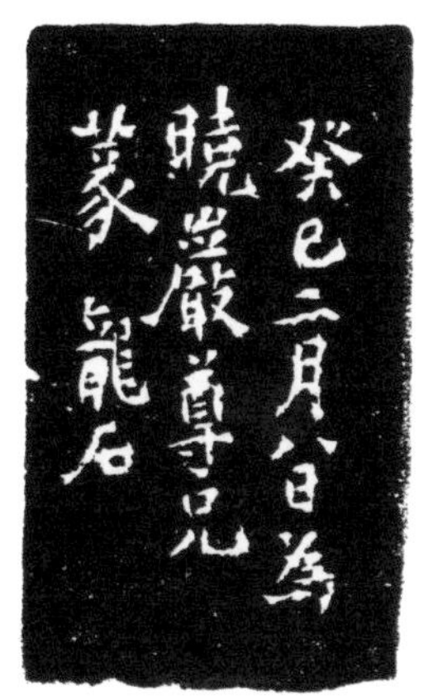

图 4.2.150
杨澥“白溪听香主人姚秦之印”，朱文印，
尺寸 3.2 cm × 3.2 cm，印款 5.3 cm × 3.2 cm

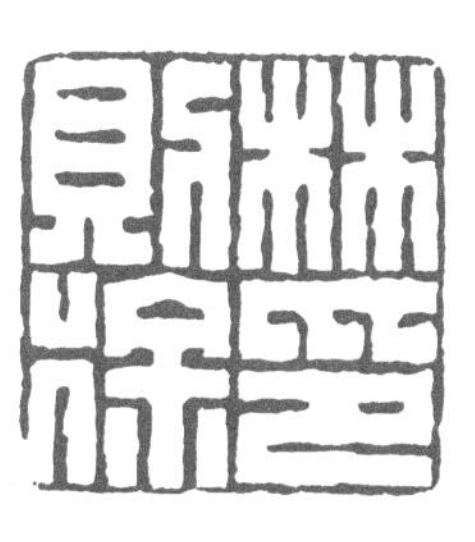

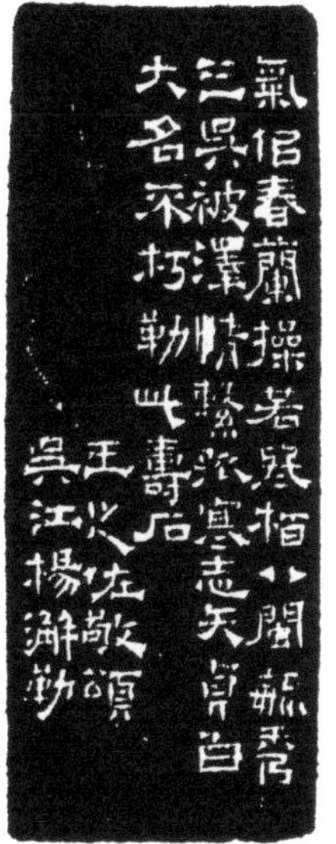

图 4.2.151
杨澥“林则徐印”，白文印，
尺寸 2.9 cm × 2.9 cm，印款 7.2 cm × 2.9 cm

图 4.2.152
杨澥“此道芒（茫）肰（然）”，
白文印，尺寸 2.4 cm × 2.5 cm

《砚史》，惜完成即病逝于苏州。传世代表印作有白文印“为善最乐”（图4.2.153）、“新兴冶库督印”（图4.2.154）、“卧游仙馆”（图4.2.155）、“凌江将军章”（图4.2.156）等。

沈爱蘐（活动于清道光年间），沈道腴之子，字琴伯，一字寿伯，斋名曰“卍云小筑”。沈氏承家学，能诗善医，尤工篆刻。所作均出自秦汉，旁涉西泠诸家，古雅浑厚。冯柳东《〈卍云小筑印谱〉序》中称：“诘曲参差，汉印之妙诀也，钝丁不得专美，次闲何论焉？”可见推重如此。沈爱蘐重视运刀之法，《卍云小筑印谱》中印作的边款大都署明使用了何种刀法，亦属创例。传世代表作品有白文印“闲来写幅丹青卖不使人间造孽钱”（图4.2.157），朱文印“甲辰岁华（花）甲一周”（图4.2.158）、“十研楼图书记”（图4.2.159）等。

程庭鹭（1796—1858年），初名振鹭，字组真，又字问初，号绿卿，改名庭鹭，字序伯，号蘅乡，嘉定人，客江苏苏州甚久。程氏绘画工山水，清苍浑厚，得钱杜指授，并上追李流芳、程嘉燧等人，兼善人物、花卉。陈云伯谓“（程庭鹭）抱鸾凤之姿，挹烟霞之气，诗情画境一如其人”。著有《小松圆阁印存》《红蘅馆印谱》《小松圆阁书画跋》《练水画征录》等。兼擅篆刻，由丁、黄上溯秦汉，浑朴苍劲。传世代表印作有白文印“文伯”（图4.2.160），朱文印“济父所藏”（图4.2.161）、“二十六宜梅华（花）屋”（图4.2.162）等。

杨大受（？—1820年后），字子君，号复庵，又号啸村，浙江嘉兴人。工隶书，以鬻篆流寓娄东。印章多作边款，字亦疏古。传世代表印作有白文印“琅玕室”（图4.2.163）等。

高日濬（？—1821年），号犀泉，浙江杭州人，寓居江苏苏州。为陈鸿寿妻弟，善书法，行书、隶书皆精，潇洒自然，篆书学《天发神谶碑》，得沉着痛快之致。得陈鸿寿指授，篆刻亦清劲不俗。传世代表作品有白文印“南渡循王之子孙”（图4.2.164），朱文印“为耽华（花）月不神仙”（图4.2.165）、“隔华（花）人远天涯近”（图4.2.166）、“玉人天际”（图4.2.167）、“郭桐孙初氏诗书画印”（图4.2.168）等。

徐楙（？—1823年），字仲繇，号问蘧，一号问年道人，别署问瞿，浙江杭州人。徐氏好金石碑刻收藏，曾藏有商父癸爵、周应公鼎，弥足珍贵。著有《问蘧庐诗词》《漱玉词笺》等。篆刻师法赵之琛，分朱布白工整谨严。传世代表印作有白文印“臣希曾印”（图4.2.169）、“二十八宿罗心胸”（图4.2.170），朱文印“小沧山房”（图4.2.171）等。

赵懿（？—1824年后），初名祖仁，字谷庵，号懿子，为赵之琛从子。赵氏喜饮酒，不事生产，流寓江淮，郁郁不得志，以贫死。书法善隶书，近

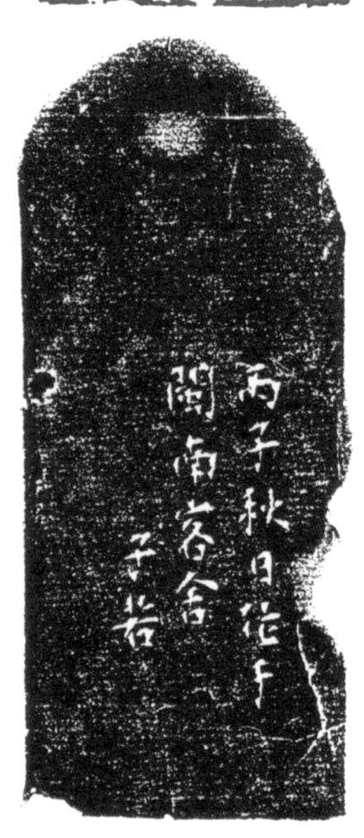

图 4.2.153
王应绶“为善最乐”，白文印，
尺寸 3.3 cm × 3.3 cm，印款 7.3 cm × 3.3 cm

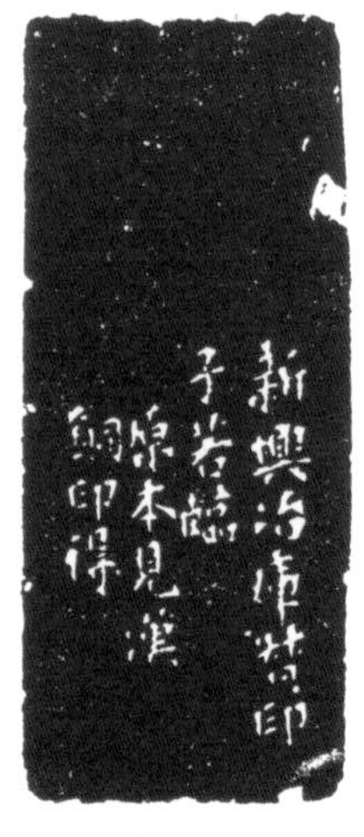

图 4.2.154
王应绶“新兴冶库督印”，白文印，
尺寸 2.4 cm × 2.4 cm，印款 5.9 cm × 2.4 cm

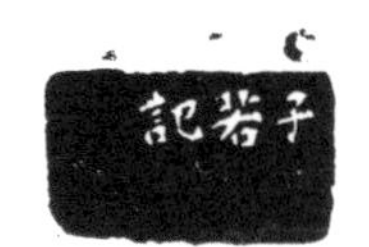
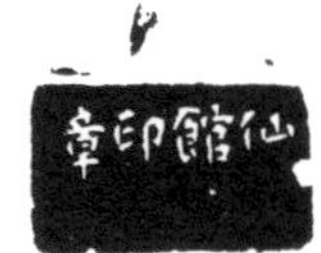
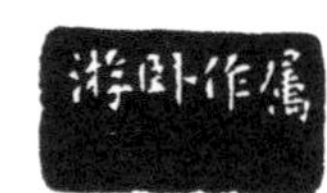

图 4.2.155
王应绶“卧游仙馆”，白文印，
尺寸 2 cm × 2 cm，印款 1.1 cm × 2 cm

图 4.2.156
王应绶“凌江将军章”，白文印，
尺寸 2.4 cm × 2.4 cm，印款 5.9 cm × 2.4 cm

图 4.2.157
沈爱蘐“闲来写幅丹青卖不使人间造孽钱”，
白文印，尺寸 2 cm × 1.9 cm，印款 3 cm × 1.9 cm

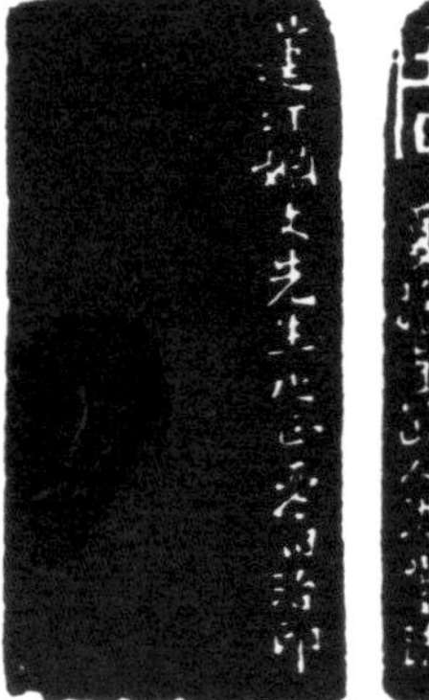
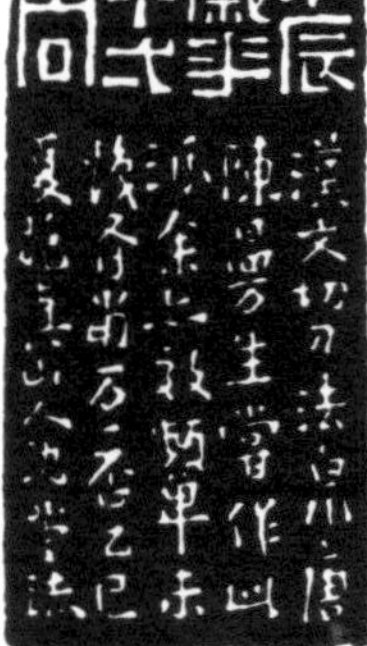

图 4.2.158
沈爱蘐“甲辰岁华（花）甲一周”，朱文印，
尺寸 2 cm × 2.5 cm，印款 4.9 cm × 2.5 cm

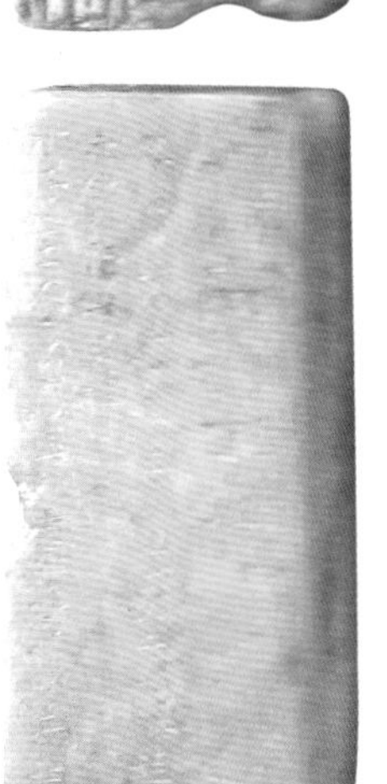

图 4.2.159
沈爱蘐“十研楼图书记”，朱文印，
尺寸 2.6 cm × 2.6 cm，印款 6.2 cm × 2.6 cm

图 4.2.160
程庭鹭“文伯”，白文印，
尺寸 2.2 cm × 1.6 cm，
印款 4.1 cm × 2.2 cm

图 4.2.161
程庭鹭“济父所藏”，朱文印，
尺寸 1.4 cm × 1.4 cm，
印款 4 cm × 1.4 cm

图 4.2.162
程庭鹭“二十六宜梅华（花）屋”，朱文印，
尺寸 3.2 cm × 2.1 cm，
印款 4.1 cm × 3.2 cm

图 4.2.163
杨大受“琅玕室”，白文印，
尺寸 2 cm × 2 cm

图 4.2.164
高日濬“南渡循王之子孙”，白文印，
尺寸 2.3 cm × 2.3 cm，印款 4.5 cm × 2.3 cm

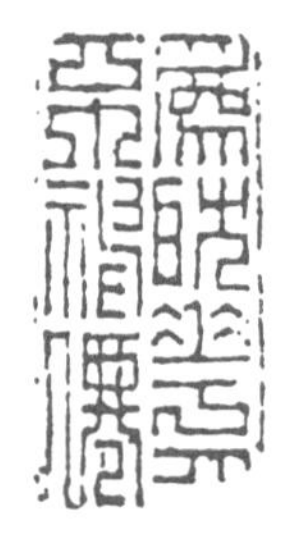

图 4.2.165
高日濬“为耽华（花）月不神仙”，
朱文印，尺寸 3.1 cm × 1.5 cm

图 4.2.166
高日濬“隔华（花）人远天涯近”，朱文印，
尺寸 2.1 cm × 2.1 cm，印款 1.7 cm × 2.1 cm

图 4.2.167
高日濬“玉人天际”，朱文印，
尺寸 1.9 cm × 1.1 cm

图 4.2.168
高日濬“郭桐孙初氏诗书画印”，朱文印，
尺寸 2.5 cm×2.5 cm，印款 2.7 cm×2.5 cm

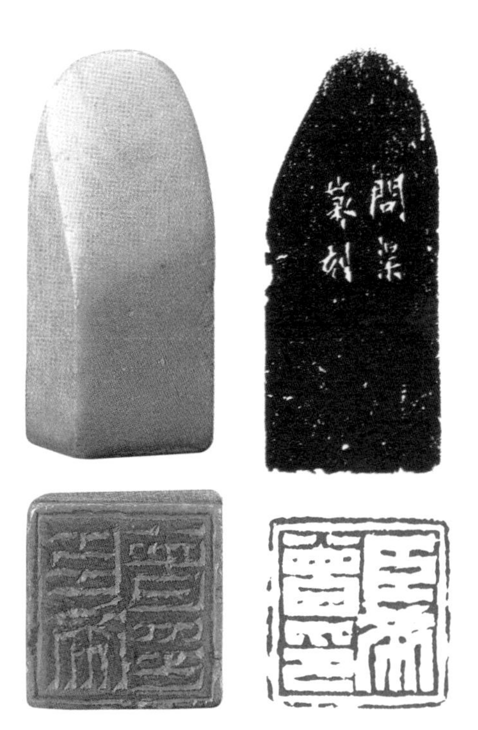

图 4.2.169
徐楙“臣希曾印”，白文印，
尺寸 2.5 cm×2.5 cm，印款 5.6 cm×2.4 cm

图 4.2.170
徐楙“二十八宿罗心胸”，白文印，
尺寸 2.5 cm×1.6 cm，印款 5 cm×2.5 cm

图 4.2.171
徐楙“小沧山房”，朱文印，
尺寸 3.8 cm×2.1 cm，印款 2.5 cm×3.5 cm

陈鸿寿。工画梅，学金冬心，笔意瘦劲冷逸，双钩墨兰水仙，皆有古趣。篆刻亦师陈鸿寿，豪迈奇拔。传世代表印作有朱文印“纫荞（庵）”（图4.2.172）、“豪气未除”（图4.2.173）、“隅上小老”（图4.2.174），白文印“平翁”（图4.2.175）、“听香书屋”（图4.2.176）、“陆宣忠公后裔”（图4.2.177）等。

胡震（1817—1862年），字听香，一字伯恐、不恐，号鼻山，别署胡鼻山人、富春大岭长，浙江富阳人，客居上海。胡氏善书法，精篆刻，应宝时曾称胡震“书法第一，铁笔次之”。与“西泠八家”之一的钱松为金石至交，情谊在师友间。篆刻初师西泠诸家，二十七岁时获交钱松，因服膺钱氏印风，乃执弟子礼，为此风格也与钱松相似，篆刻并齐名。著有《胡鼻山人印谱》等。又钱、胡相继去世后，二人的好友严荄辑成《钱胡印存》。所刻用刀遒劲爽利，浑朴质拙，为后世吴昌硕极力推崇，但于钱松亦步亦趋，未能跳出钱氏印风，成就自然不如，“八家”之名选钱松而不选胡震，亦因如此。传世代表印作有朱文印“富春大岭长”（图4.2.178）、“敦复之印”（图4.2.179）、“金石长年”（图4.2.180），白文印“汝南伯子”（图4.2.181）、“富春胡鼻山”（图4.2.182）等。

江尊（1818—1908年），字尊生，号西谷，又号太吉，浙江杭州人，晚寓苏州。戴熙、黄均为他作《西谷图》，名流题咏殆遍。江氏工篆刻，为赵之琛入室弟子，最能得赵氏篆刻三昧。俊逸秀劲，极富书卷之气。另外，印款亦精致可观。著有《遽遽斋印留》等。传世代表作品有白文印“愿君替忏楳（梅）华（花）梦”（图4.2.183）、“秀野亭人”（图4.2.184），朱文印“不惹盦”（图4.2.185）、“得意唐诗晋帖间”（图4.2.186）、“钱唐张氏寒香馆藏”（图4.2.187）等。

汪之虞（？—1836年后），本名照，字驺卿，徐问蘧女婿，浙江桐乡人。少年好学，尝从顾洛、江介、赵之琛诸君游，书画铁笔俱有师承，惜早卒。传世代表印作有朱文印“宝晋英光之阁”（图4.2.188）、白文印“碧梧吟室”（图4.2.189）等。

严坤（？—1846年后），字庆田，号粟夫，浙江湖州人。为人冲和朴实，工诗文，其笔倔强。书法工缪篆。著有《溲勃丛残》《太上感应篇印谱》。他的篆刻以丁敬、陈鸿寿为宗。于元朱文尤有心得，曾称：“凡作朱文，不难丰秀，而难于古朴；不难整齐，而难于疏落。操刀者须精神团结，意在笔先，斯为上乘。余每心摹手追，未克臻此妙境。”传世代表印作有朱文印“只此是学”（图4.2.190）、“酒气拂拂从十指出”（图4.2.191）、“陆氏家藏”（图4.2.192）、“铁山”（图4.2.193）、“复翁”（图4.2.194），白文印“斗寅之印”（图4.2.195）、“万潮字文光号斛泉印”

图 4.2.172
赵懿“纫荞（庵）”，朱文印，
尺寸 1.8 cm × 1.8 cm

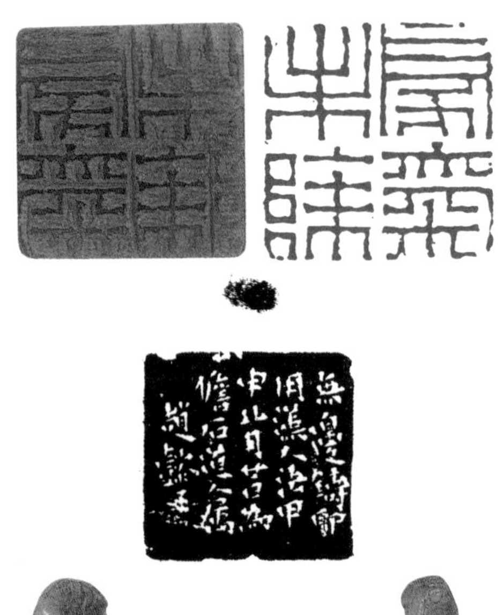

图 4.2.173
赵懿“豪气未除”，朱文印，
尺寸 2.9 cm × 2.9 cm，印款 3.5 cm × 2.9 cm

图 4.2.174
赵懿“隅上小老”，朱文印，
尺寸 1.9 cm×1.5 cm

图 4.2.175
赵懿“平翁”，白文印，
尺寸 1.4 cm×1.4 cm

图 4.2.176
赵懿“听香书屋”，白文印，
尺寸 1.8 cm×1.8 cm

图 4.2.177
赵懿“陆宣忠公后裔”，白文印，
尺寸 1.7 cm×1.7 cm，印款
2.9 cm×1.7 cm

图 4.2.178
胡震“富春大岭长”，朱文印，
尺寸 2.5 cm×2.5 cm，印款 5.8 cm×2.5 cm

图 4.2.179
胡震“敦复之印”，朱文印，
尺寸 2.2 cm×2.2 cm

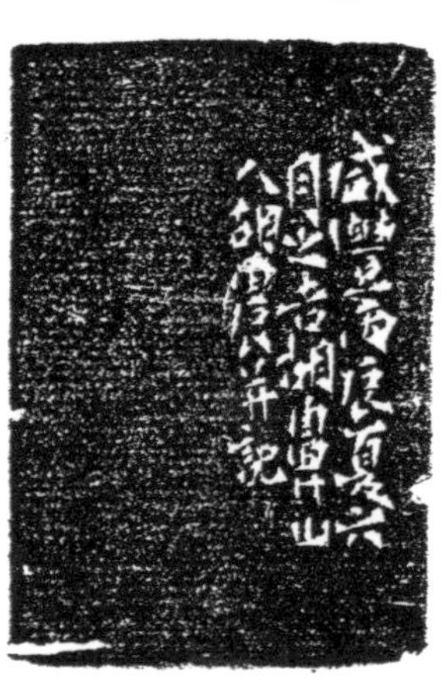

图 4.2.180
胡震“金石长年”，朱文印，
尺寸 3.9 cm×3.9 cm，印款 8.5 cm×3.9 cm

图 4.2.181
胡震“汝南伯子”，白文印，
尺寸 1.4 cm×1.6 cm，印款 2.8 cm×1.4 cm

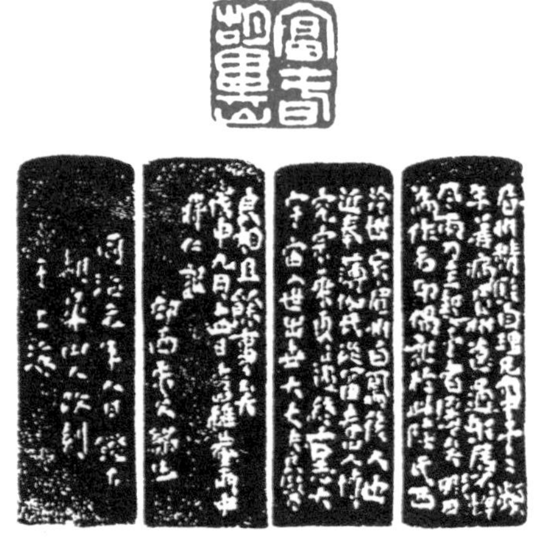

图 4.2.182
胡震“富春胡鼻山”，白文印，
尺寸 1.4 cm×1.4 cm，印款 4 cm×1.4 cm

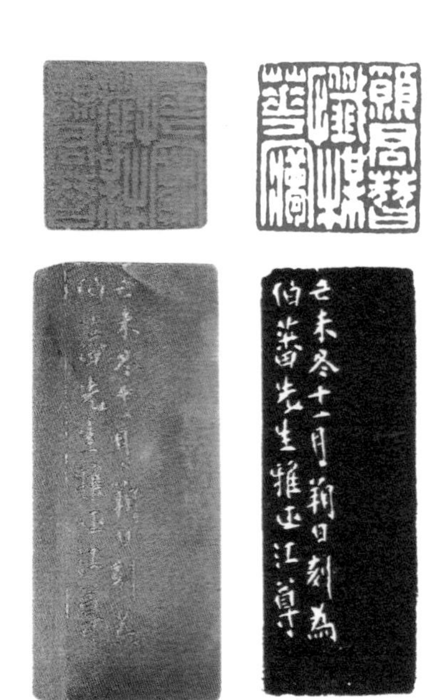

图 4.2.183
江尊“愿君替忏楳（梅）华（花）梦”，白文印，尺寸 1.9 cm × 1.9 cm，印款 5.1 cm × 1.9 cm

图 4.2.184
江尊“秀野亭人”，白文印，尺寸 2.1 cm × 2.1 cm

图 4.2.185
江尊“不蒠盦”，朱文印，尺寸 2.3 cm × 2.2 cm

图 4.2.186
江尊“得意唐诗晋帖间”，朱文印，尺寸 3 cm × 3 cm，印款 3.8 cm × 3 cm

图 4.2.187
江尊“钱唐张氏寒香馆藏”，朱文印，尺寸 4.5 cm × 2.4 cm，印款 4.5 cm × 4.5 cm

图 4.2.188
汪之虞“宝晋英光之阁”，朱文印，尺寸 2.7 cm × 2.7 cm，印款 5.3 cm × 2.7 cm

图 4.2.189
汪之虞“碧梧吟室”，白文印，尺寸 2 cm × 1.6 cm，印款 3.7 cm × 1.8 cm

图 4.2.190
严坤“只此是学”，朱文印，
尺寸 4.1 cm×1.6 cm，印款 3.1 cm×4.1 cm

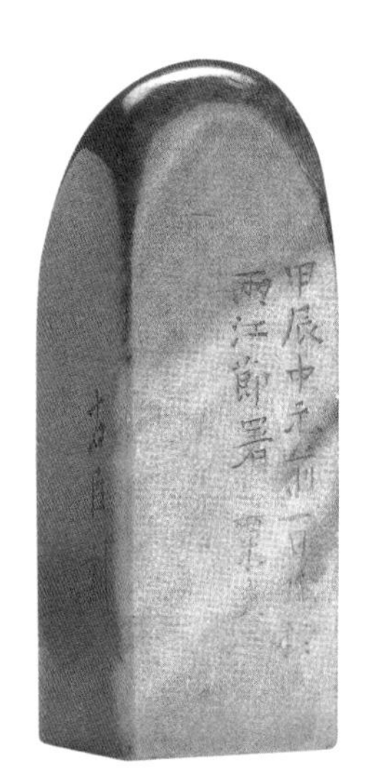

图 4.2.191
严坤“酒气拂拂从十指出”，朱文印，
尺寸 2.4 cm×2.5 cm，印款 6.4 cm×2.4 cm

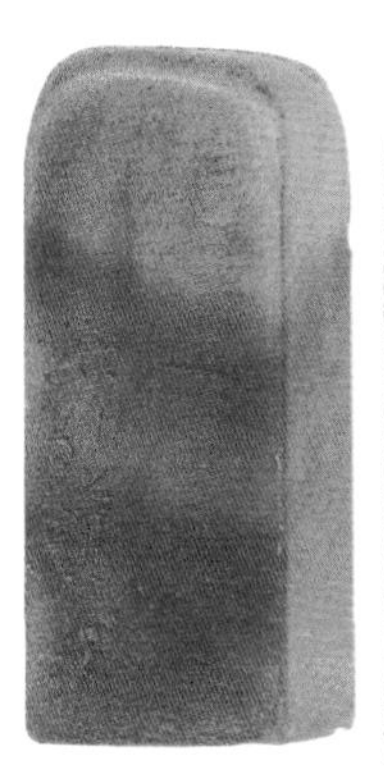
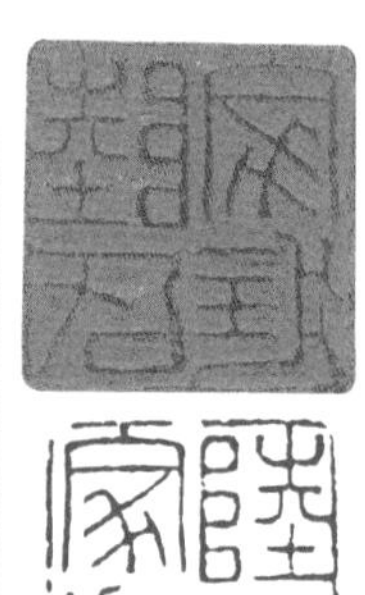

图 4.2.192
严坤“陆氏家藏”，朱文印，
尺寸 2 cm×2 cm，印款 4.8 cm×2 cm

图 4.2.193
严坤“铁山”，朱文印，
尺寸 1.4 cm×1.5 cm

（图4.2.196）等，另有朱文多字印“秀水姚观光六榆行七藏金石书画处曰宝甗堂曰墨林如意室读书处曰小云东仙馆种竹处曰碧雨轩莳花处曰湖西小筑”（图4.2.197），洵为巨制。

杨与泰（？—1851年后），字辛庵，浙江杭州人。他的篆刻宗赵之琛，能传其神韵，款字尤酷似，几可乱真。传世代表作品有朱文印“仁和张曰衔思素氏印”（图4.2.198）、“紫阳氏沛然鉴藏”（图4.2.199）、“孤山梅寉（鹤）是吾家”（图4.2.200），白文印“钮承第印”（图4.2.201）、“书生昔日也从军”（图4.2.202）、“火灭修容慎戒必恭恭则寿”（图4.2.203）等。

图 4.2.194
严坤“复翁”，朱文印，
尺寸 2.5 cm × 2.5 cm

陈祖望（？—1856年后），字缵思，浙江杭州人。工篆刻，师法赵之琛，得浙派正宗。凡玉、石、牙章无所不能，边款几可乱真。又工镌碑，琳宫梵宇多见其手迹。传世代表作品有朱文印“七印斋所得金石”（图4.2.204）、“恬素先生”（图4.2.205）、“借汝闲看几十年”（图4.2.206）、“钱唐夏凤翔子仪甫书画印”（图4.2.207），白文印“横渠苗裔忠靖云仍”（图4.2.208）等。其子光佐，字宾谷，亦能印。

张光洽（？—1858年后），字又峰，浙江杭州人。好金石，工篆刻，与赵之琛在师友之间。画山水尤入奚冈之室，时戴熙以书画名重海内，片楮尺幅至今人争宝之。传世代表作品有朱文印“兰为香祖”（图4.2.209）、白文印“又峰”（图4.2.210）等。

华复（？—1860年后），字松庵，号无疾，浙江杭州人。钱松弟子，所作能似其师，人莫能辨。

邵士贤（生卒年不详），江苏常熟人。好饮酒，善金石，篆刻师法赵之琛，性兀傲不群，所刻不轻易示人。

钟权（？—1872年后），字石帆，浙江诸暨人。书法工隶书，著有《漱石轩印谱》等。钟氏中年时与乡先辈陈鸿寿交往，故篆刻以浙派为宗，边款尤清雅可人。传世代表印作有朱文印“亦亭陈敬”（图4.2.211），白文印“丁文蔚印”（图4.2.212）、“恨长”（图4.2.213）、“韵琴书画”（图4.2.214）等。

图 4.2.195
严坤“斗寅之印”，白文印，
尺寸 1.8 cm × 1.8 cm

沈叔眉（生卒年不详），字少潭，号少潭居士、目耕斋，浙江杭州人。工篆刻，攻浙派，得陈鸿寿、赵之琛法，运刀爽利，结构平实，有雄劲庄美之趣。印款近陈豫钟。

赵大晋（生卒年不详），号梦庵，又号梦道人，浙江杭州人，生于吴门。弱冠时即工篆隶，篆刻有丁、黄遗意。

严诚（生卒年不详），字力闇，一字立庵，号铁桥，浙江杭州人。究心六书，寄兴篆刻，曾见丁敬所镌印，遂规摹之，便能逼肖。后得观大量秦汉铜玉章，其技益进，而另变创一格，颇苍润古雅。

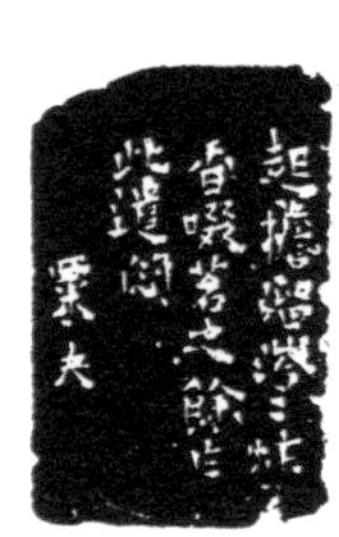

图 4.2.196
严坤“万潮字文光号斛泉印”，白文印，
尺寸 2.2 cm × 2.2 cm，印款 3.2 cm × 2.2 cm

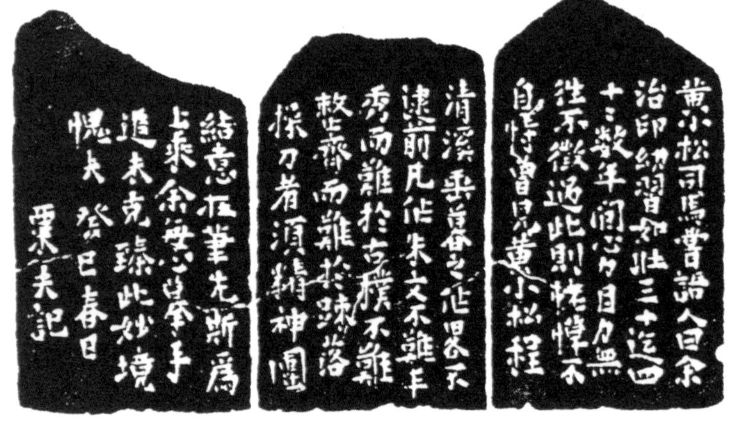

图 4.2.197
严坤“秀水姚观光六榆行七藏金石书画处曰宝甗堂曰墨林如意室读书处曰小云东仙馆种竹处曰碧雨轩莳花处曰湖西小筑”，朱文印，
尺寸 3.35 cm × 3.35 cm，印款 5.4 cm × 3.35 cm

图 4.2.198
杨与泰“仁和张曰衔思素氏印”，朱文印，
尺寸 1.9 cm × 1.9 cm，印款 7.9 cm × 1.9 cm

图 4.2.199
杨与泰“紫阳氏沛然鉴藏”，
朱文印，尺寸 1.9 cm × 1.9 cm

图 4.2.200
杨与泰“孤山梅寉（鹤）是吾家”，朱文印，
尺寸 2.6 cm × 2.4 cm，印款 4.3 cm × 2.6 cm

图 4.2.201
杨与泰“钮承第印”，白文印，
尺寸 2 cm × 1.9 cm，印款 6.3 cm × 1.9 cm

图 4.2.202
杨与泰“书生昔日也从军”，
白文印，尺寸 3.4 cm × 2.2 cm

图 4.2.203
杨与泰“火灭修容慎戒必恭恭则寿”，
白文印，尺寸 1.85 cm × 1.85 cm

图 4.2.204
陈祖望“七印斋所得金石”，朱文印，
尺寸 2.6 cm × 2.6 cm，印款 5.1 cm × 2.6 cm

图 4.2.205
陈祖望“恬素先生”，朱文印，
尺寸 1.7 cm × 1.7 cm，印款 3.8 cm × 1.7 cm

图 4.2.206
陈祖望“借汝闲看几十年”，朱文印，
尺寸 2.8 cm × 2.8 cm，印款 3.1 cm × 2.8 cm

图 4.2.207
陈祖望“钱唐夏凤翔子仪甫书画印”，
朱文印，尺寸 3.3 cm × 1.8 cm

图 4.2.208
陈祖望“横渠苗裔忠靖云仍”，
白文印，尺寸 2.1 cm × 2.1 cm

图 4.2.209
张光洽“兰为香祖”，朱文印，
尺寸 2.6 cm × 2.4 cm，印款 2.5 cm × 2.2 cm

图 4.2.210
张光洽“又峰”，白文印，
尺寸 2 cm×2 cm，印款 5.6 cm×2 cm

图 4.2.211
钟权“亦亭陈敬”，朱文印，
尺寸 1.5 cm×1.5 cm，印款 3.9 cm×1.5 cm

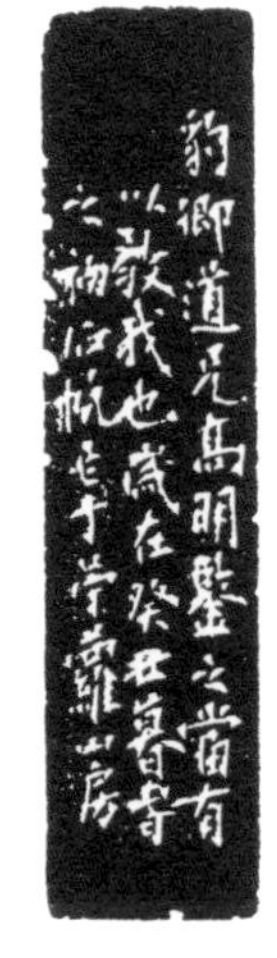

图 4.2.212
钟权“丁文蔚印”，白文印，
尺寸 1.5 cm×1.4 cm，印款 6 cm×1.4 cm

图 4.2.213
钟权“恨长”，白文印，
尺寸 1.8 cm×0.9 cm，印款 3.7 cm×1.8 cm

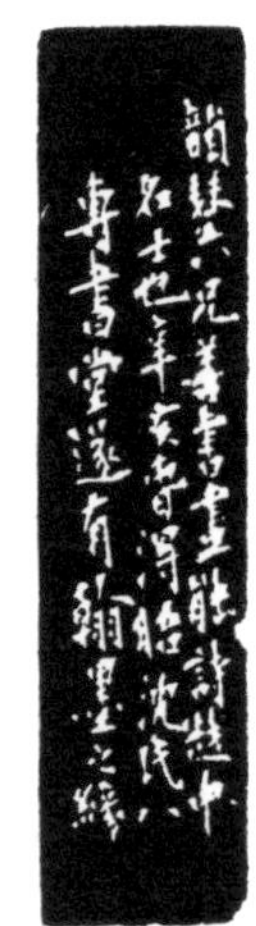

图 4.2.214
钟权“韵琴书画”，白文印，
尺寸 1.5 cm×1.5 cm，印款 6 cm×1.5 cm

朱书麟（生卒年不详），字诗舲，一字尼瑞，别号胥母山人，又号大悲庵主，江苏苏州人。工诗，善画兰，篆刻得蒋仁古茂朴雅之神，但不轻易为人作。

姚孟起（生卒年不详），字凤生，江苏苏州人。工书，正书宗唐欧阳询，隶书略仿陈鸿寿。偶作画，古拙如金农。兼善治印，得蒋仁秀劲之气。

周德华（生卒年不详），字小舫，号赘庵，又号方舟，江苏镇江人。嗜古学，精鉴别，所蓄古印及自刻印，几及万钮，颜其斋曰“万印山房”。隶书学《石门颂》，画梅学黄易，篆刻宗浙派。著有《自怡堂印存》《沁西吟社诗词稿》等。

袁桐（生卒年不详），字琴甫，又号琴南，别署琴居士，浙江杭州人。袁枚从侄。隶书仿汉晋砖文，兼工山水花卉。工小楷篆书，尤善隶法，下笔奇态，类陈鸿寿。金碧山水得仇英遗意，设色花卉雅韵欲流。能诗。篆刻得陈鸿寿之奇纵，旁参钟鼎文、汉砖，胎息甚古。

林鸿（生卒年不详），字茉生，江苏扬州人。篆刻法陈鸿寿，善画。

见初（生卒年不详），号懒堂，浙江杭州人。与陈鸿寿大令为方外交，故亦工铁笔。

孙锡晋（生卒年不详），字次裴，浙江杭州人。篆刻师赵之琛，工整爽逸。

潘俊（生卒年不详），字逸伯，浙江余姚人。工篆刻，得赵次闲衣钵正传，所作尤能不差累黍，与笪晓山交最深，晓山印皆逸伯所刻为多。

吴瑶（生卒年不详），字菊邻，河南湖县人，寓上海。刻印为浙派风格，兼善刻竹。

陈坟（生卒年不详），字叶麂，浙江杭州人，寓吴中。刻宗浙派。

韩鸿序（生卒年不详），原名熊，更名鸿序，字盘上，自署磐上外史，浙江嘉兴人。酷嗜金石、书画，收藏甚多。工诗，精篆刻，规抚秦汉，印章精极，刀法秀洁，书味盎然。边款亦工，于浙派亦偶为之。人称为奚、黄复出。著有《浣溪吟稿》等。

三、浙派与徽宗的风格、取法的对比以及二者的相互影响与融贯

丁敬弟子黄易曾云：“画家有南北宗，印章亦然，文、何南宗也，穆倩北宗也。文、何之法易见姿态，故学者多。穆倩融合六书，用意深妙而学者寥寥，曲高和寡。信哉。”这里的“北宗”指程邃所创立的徽宗，但“南宗”并非指浙派，以丁敬为首的西泠诸子同样长于金石、碑版的研究和文字考证，但徽宗注重质朴之内涵，浙派注重鲜明的姿态可看作两派的不同之处。另外，赵之谦《书扬州吴让之印稿》中说道：“浙宗巧入者也，徽宗拙

入者也。”又邓散木云：“自来拟秦汉印者，未解古人刀法，惟知侧姿取媚，驯至貌合神违，及歙派兴，以涩刀入石，而作风为之一变。至浙派乃纯用切刀，于涩中寓坚挺之意，而秦汉精神，跃然毕现，不可谓非印学功臣。或谓‘浙派用刀，与巴胡辈俱宗汉人，各得一体，歙阴柔而浙阳刚’。”[26]以作品呈现的整体气息而言，浙派古拙阳刚，徽宗典雅阴柔，赵之谦一说恰与事实相反。

然而，这里所说的“巧入”“拙入”就是指两大体系所关注的重点，即浙派在于姿态和外在的技艺如刀法等，徽宗在于内涵和构思巧妙、印面韵味等。当然，两者的关注重点并没有高下之分，以阴柔为美学特征的艺术，自然相对内敛些，以内在韵味擅胜场；而以阳刚为美学特征的艺术，则相对外露些，以个性的技艺取胜。因此，赵之谦又称：“徽宗无新奇可喜状，学似易而实难。”须注意的是，两个体系的风格对比只是就整体而言。邓散木所说的阴柔面目也仅指徽宗的“歙四子”，而如归属于徽宗，受石涛影响的“四凤”“八怪”等人的印风个性就十分突出，气息外露，不让浙派诸子的印作。而浙派的赵之琛印作清劲秀逸，似乎也更趋向于典雅阴柔的审美。所以，徽宗印风较为多样和复杂，并没有统一的面目，其印人群体也较为松散，也由此而旁生了许多别帜。相对而言，浙派印风就较为统一，印人群体也相对固定。以此延伸：徽宗用意深妙，所以“学似易而实难”，也容易缺乏个性而呆板平庸；浙派个性鲜明而强烈，如果没有“印外”内涵的支撑，则肆于技巧而伤于斧痕。

同时，六书、文字小学本来就作为篆刻必修之学问，程邃一脉，学者并不寥寥。除徽宗印人外，徽籍印人项怀述、黄吕，维扬、通州诸郡中的如皋印人童昌龄、黄学圯，就连浙派的赵之琛、近代黄宾虹等人都以仿其风格为能事，可见，徽宗参与印人之多、风靡之广不让浙派。但是如前述邓散木所言：“皖派诸子，力复古法，而古法仅复，丁敬兼撷众长，不主一体，故所就弥大。”徽宗参与印人和风靡之广不代表艺术成就比浙派高。笔者无意对两派进行价值和艺术水平的判断，就连笔者所撰的此文的篇幅关于徽宗的大于浙派的，只是因为徽宗相对繁冗而复杂，旁系较多所以所费笔墨亦较多，如是而已。

整体而论，徽宗、浙派都远师秦汉印，徽宗近师程邃，以涩刀拟古，辅以“披刀”等技法。清陈鍊《秋水园印说》称：“不疾不徐，欲抛还置，将

26 邓散木：《篆刻学》上篇，人民美术出版社，1979，第56页。

放更留谓之挫刀。”“挫刀即涩刀。”[27]今人邓散木又说道：“歙派诸子善以涩刀拟古，故多妙合无间，以视后世之侧刀入石，剽袭取媚者，不可同日语矣。”[28]可见，涩刀执刀较正，运刀稳重而不浮滑，线条朴茂浑厚。清桂馥（未谷）称：“自唐用朱文旧章，寖失及后又以虫鱼蝌蚪杂施其间，而古法亡矣。”

在篆刻字法上，徽宗又强调务求严格按照《说文解字》的准则，并反对宋元图书习气（这里的图书指印章，另明文彭即以力肩复古之任，始变宋元旧习，徽宗诸家基本延续这一特点）。而浙派近师丁敬，以切刀为主要特征，步步推移切下，运刀爽利沉稳，线条生涩如虫蛀出。而在字法上强调《说文解字》与篆刻用字并不相同，文字研究与艺术问题应该分别对待，配篆用字只要符合六书规律，就可灵活运用于篆刻创作之中，甚至在不伤字义的情况下，可对用字进行简化或者引用大篆结构作简化，从而形成古拗朴拙的艺术趣味。

另外，浙派印人并不反对印作被时人称为“古意凌夷”的唐宋元印，认为要汲取其精华，为我所用。一直为学界所忽略的是，徽派开山鼻祖程邃早年与朱简、万寿祺师从陈继儒，后游于抗清被执就义的黄道周、杨廷麟、倪元璐门下，所交多为品行端悫、敦崇气节之人。扬州历经清代初期的“扬州十屠”等兵燹浩劫，经济受到了极大的破坏。然而，其时扬州云集了包括程邃、戴本孝、石涛、郑簠、张在辛等在内的众多文士遗民，程邃也是来到扬州开创了徽派。究其原因在于扬州既是明中叶以来徽商的殖民地，经济一度兴盛，更曾是南明政权的抗清中心。程、戴、石等文士遗民大都是怀黍离之恨、不愿与清廷合作之士，随着明清两朝的更替，他们也大多从明亡前活动的南京来到扬州生活。又程邃自号垢道人，既然“垢”（满脸污垢）自然要清洗、洗净，其中暗喻为涤清、反清之意。石涛的“大涤子”、“大涤草堂印”、“瞎尊者”（失明者希以复明）等都是相类似的除清复明的暗喻之意。而更深层的含义在于：徽派前期诸子篆刻多为抒怀寓情之属，身怀亡国之恨，心情沉痛，以篆刻艺术形式表现出来自然运刀迟涩，沉郁顿挫。不仅如此，其印学宗旨中的反对宋元图书习气，其中的元实清也。随着时间的推移，清廷在平定三藩后，政治时局稳定，复明无望。浙派诸子自然对宋元（尤其元）图书没那么抗拒，心情也没那么郁勃而深怀家仇国恨了，篆刻自然运刀爽利豪迈得多，遂产生出雄强的阳刚印风和果敢的切刀技法来。进一

27 此说为诸家所沿用，如戴启伟《啸月楼印赏》录“刀法”条。见杨家骆编《篆刻学》，世界书局股份有限公司，2009，第113、204页。

28 邓散木：《篆刻学》上篇，人民美术出版社，1979，第54页。

步地构想：黄易所说的穆倩篆刻“用意深妙”，以及徽派前期相对阴柔且隐晦的表现形式，是否又有些许与亡国之恨和时局相关呢？

当然，徽宗、浙派两个体系之间，也并非那么泾渭分明，无论在地域分布、风格取向、艺术思想还是印人群体方面，都存在不同的融合和交叉。作为徽宗重要印人的“扬州八怪”之金农（1687—1763年）在汪启淑《飞鸿堂印谱》中直接被列于浙派之首，丁敬与金农的好友沈心亦称“只眼只推金寿门”（《论印绝句》），甚至有着类似金农为浙派之开山的说法。[29]金农弟子罗聘亦与丁敬、蒋仁、邓石如、巴慰祖、黄易、奚冈有很深的关系，印风的交互影响自不赘言。以阴柔著称的“歙四子”之一的董洵，既推崇程邃“能变化古法者”，又推崇丁敬，并称之为“汇秦、汉、宋、元之法，参以雪渔、修能用刀，自成一家”。丁传（丁敬子）也在《多野斋印说・跋》中说：“（董洵）举凡印谱所载之印，无不摹神逼肖。而于近代独喜临先君子之篆刻，虽千里外必邮致之，一规仿焉，每刻一印成，诧语人曰：此真龙泓先生的派。其雅尚又如此。”董洵在《多野斋印说》中也说道：“古印固当师法，至宋、元、明印，亦宜兼通。若谓汉以后无印法，岂三百篇后遂无诗乎？他若金石文字、碑额墓阙，无往不可悟入。向同黄小松至太学观《石鼓》，摩挲竟日，颇觉有得。”[30]这个观点又更像浙派丁敬的取法宗旨了。可见，董洵治印，不仅徽、浙兼攻，还借鉴其他金石文字并运用到创作之中，已类似后之“印外求印”的取法了。

又有随父宦游维扬的直隶大兴县人方维翰，初与黄易交流印艺，其技渐臻堂奥。后为与诸子印风区分开，遂专事程邃。也正与上所述作为浙派开山鼻祖的丁敬初受程邃一脉的影响相似，赵之琛也以摹程氏印风为能事，黄易所刻的“葆淳”一印亦“以穆倩篆意，用雪渔刀法，略有汉人气味”。“西泠八家”之钱松则是切刀以外探索出一种切中带披（披刀即用刀刃上方的刀背部位，以刃背披擦笔道的沿口）、使刀如笔的刀法，这种技法无疑是受到程邃白文印代表作“徐旭龄印”（图4.1.1）刀法的影响，不再是机械地以短切碎刀作为一成不变的刀法语言。所以，他说：“篆刻有为切刀，有为冲刀，其法种种，予则未得，但以笔事之，当不是门外汉。”（“蠡舟借观”印款语）综上可见，古之善学者，从来都是博采众长后自创一家的，各流派之间的互相交流和互动无疑促进了双方的艺术生成和发展。另外，尤须强调的是，“以涩刀拟古”只是徽宗刀法体系的整体特征，作为徽宗影响最大的

---

29 邓散木：《篆刻学》上篇，人民美术出版社，1979，第 52 页。

30 董洵：《多野斋印说》，载韩天衡编订《历代印学论文选》上册，西泠印社出版社，1999，第 304 页。

别帜之一——邓派，其开创者邓石如和承继者吴让之等人，篆刻运刀不拘于程式，以浅削披转的灵活刀法，深浅、冲切、使转皆自然为之，来表达篆刻的书写意味，对后世影响巨大。综上可见，邓散木《篆刻学》（上篇）第三章《别派》中将程邃归为清中期篆刻流派中的歙派，程邃以下巴慰祖、胡唐、汪肇漋、黄吕、黄宗缉、唐煐、程奂轮、程锦波、江恂、董洵、王声诸人；而邓派则因邓石如师从由明何震开创的皖派的梁袠而作为皖派别帜；作为徽宗重要旁支的"四凤、八怪"的金农、郑燮则归在浙派之下也就并不稀奇了。[31]

31 邓散木：《篆刻学》上篇，人民美术出版社，1979，第 52、53 页。

第三节 流派篆刻兴盛的社会因素以及其他地域的印人群体

一、流派篆刻鼎盛期的社会因素及其传播

流派的划分并不是严格按照朝代的更替作为标准，社会文化意识与精神思想的变化才是引起流派生成和变革的主要因素。明末清初由于乱世带来的惯性，篆刻并不会引起文人的关注，印坛较为冷寂，也基本延续晚明风气，印人群体也基本以明末遗民为主体。

随着清康乾以来的经济复苏，尤其是苏杭一带盐商对艺术的支持与渗透，清初的遗民印人群体的文化精神也渐受冲击，逐渐向商品经济意识转变。遗民出世冷峻的印风也渐转向入世的、表现力和视觉冲击力都十分突出的印风。浙派鼻祖丁敬即说道："古人篆刻思离群，舒卷浑同岭上云。看到六朝唐宋妙，何曾墨守汉家文？"丁敬能从《飞鸿堂印谱》的众多印人中凸显出来，正是因为强调解放自我个性的"思离群"思想的引导。

一方面，清代中期以来的印人对个性的追求和开宗立派的意识也达到前所未有的高度。而徽宗的"四凤""八怪"的印作跟他们的书画一样，盐商的风雅追求和猎奇求新心理既促进他们的商品经济竞争意识，又推动他们在书画印章的形式和内容上大胆出新，从而使印作与前期徽派的相比，无论是在内容还是形式上都要宏大宽博，多姿多彩。当然，又由于商品经济的影响和受制于顾客的需求，他们的印作又有瑕瑜互见、斑驳不纯的问题。

另一方面，明周亮工《印人传》说："印章一道，初尚文何，数见不鲜，为世厌弃，犹王（世贞）、李（攀龙）而后不得不变为竟陵也。"[32]明代文坛经历了前后七子、公安派、竟陵派的变迁，篆刻艺术也受影响而产生变化。文彭生活在前后七子李梦阳、王世贞等笼罩的形式主义非常严重的文坛时代，所以，他的印风总体而言也注重形式的摹古。到了"独抒性灵"的公安"三袁"（袁宗道、袁宏道、袁中道）的时代，何震、苏宣等人又强调个性的篆刻艺术表达，从而在文彭以外开创新格。最后以钟惺、谭元春为代表的同样反对诗文拟古、独抒性灵的"竟陵派"，针对"公安派"末流信口信手、流为俚俗肤浅的文风弊病，又转向刻意雕琢字句，求新求奇，语言佶屈，形成艰涩隐晦、幽深孤峭的文学风格。处于这个时代的胡正言、程邃等印人，也在何震猛利一路的努力探索中寻求平和高古的印风。这种印风发展到基本上延续晚明印风的清初渐成气候，从而开立宗派。

---

32 周亮工等：《印人传合集》，于良子点校，浙江人民美术出版社，2014，第30页。

另外，作为徽宗篆刻开山的程邃长于金石考证之学，篆刻创作融会六书，注重内涵。而作为浙派开山的丁敬同样究心于金石碑版，博学审问，深探源流，手摹摩崖，不遗余力。“金石学之在清代又彪然成一科学也。自顾炎武著《金石文字记》，实为斯学滥觞。继此有钱大昕之《潜研堂金石文字跋尾》，武亿之《金石三跋》……顾、钱一派专务以金石为考证经史之资料，同时有黄宗羲一派，从此中研究文史义例……别有翁方纲、黄易一派，专讲鉴别，则其考证非以助经史矣……自金石学兴，而小学起一革命。”[33]

自清代初期顾炎武、黄宗羲提倡金石之学以来，小学、校勘学、考据学等随之勃兴，客观上促成了以严谨为治学特色的“朴学”之风兴起。以金石考证经史，在实际的操作过程中，金石资料既是考证的实体，也是艺术审美的对象。从清代初期的文人访碑时对金石在史料方面的搜求，延至清乾隆、嘉庆间，访碑学人渐渐加入对金石本身的艺术方面的关注，从而对书法、篆刻产生根本的推动和影响。无论是在小学、考据学等对篆刻创作的用字方面的深入，还是碑刻文字的“援碑入书（或印）”从而产生清中期以降流派印人对“印外求印”的追求，甚至浙派诸家以切刀表达斑驳的碑刻线条，以及在印作气息上，都充盈着金石意味。

因此，乾嘉以降，金石学大兴，大量的汉碑、汉印、金文款识被发现和整理，极大地开阔了篆刻家的视野和丰富了其印作的内涵，直接推动明清流派篆刻发生根本的转变和蓬勃发展。而为了深入研究及把握第一手史料，学人对汉碑、汉印、金文款识的收集、整理亦进行得如火如荼，诚如阮元的《积古斋钟鼎彝器款识录》、桂馥的《缪篆分韵》、黄子高的《续三十五举》，以及众多的集古印谱，就是依附于这种金石搜购和考据、整理之风而产生的。同时，印谱在尚未出现以印屏和实物为展示方式的明清期间几乎承载了印人作品的所有内容。在明代，古印谱和时人印谱、原钤本和版刻本、古印谱中古印与后人摹刻印等一系列的印谱的表现形式定型。印谱成为文人篆刻交流、学习的主要形式和传播手段，延至清代中期达到全盛状态。文人已不限于印谱仅是印迹载体的表现，还呈现出对印谱本身的雅玩之趣的关注。印谱边框、形制的变化，各类专题印谱不再是独标新格之举了。

康熙十四年（1675年），童昌龄以自刻印汇辑成《史印》，该谱汇刻成史学家人名谱，还将每人的史学著作均一一注于谱中；乾隆十九年（1754年），徐坚摹刻印成《西京职官印录》二卷，将西汉时的官职名人以篆刻表达出来，成为可骥检索的职官表录。另外，明末清初周亮工《印人传》、清汪启淑《续印人传》、清叶铭《再续印人传》等众多印人传记翔实地记载了

33 梁启超：《清代学术概论》，朱维铮导读，上海古籍出版社，1998，第58-59页。

一段时期内印坛的名人事略、流派嬗变、风气习尚、艺术规律等。清人秦爨公《印说》和《印指》（附冯泌《东里子论印》）、许容《说篆》、吴先声《敦好堂论印》和《印证》、朱象贤《印典》、夏一驹《古印考略》、高积厚《印辨》和《印述》、孙光祖《六书缘起》和《篆印发微》、陈鍊《秋水园印说》、董洵《多野斋印说》等大量关于篆刻技法、审美规律甚至印章材质、钤印的印学丛书均产生于清代初期至中期。可见，大量印学谱籍的产生和传播，又为这一时期的篆刻艺术兴盛繁荣提供了良好的物质基础和传播途径，使我们得以结合这些文献与传世印作，立体地呈现篆刻家的艺术以及流派的传承脉络和印坛时风等。

二、闽、粤等其他地域的印人群体及其印作风格

清代初期至中期之间，除徽宗、浙派两个篆刻体系以及上述许（容）、沈（世和）、林（皋）印风以外，尚有当时活动于苏州、常熟、南京、上海、福建、广东一带的印人。清中期以来，粤中文士游宦岭外、外来文士游宦岭南亦渐趋频繁，延至嘉道间，岭南已发展成为外来文士游宦、游学的主要地域，盛极一时。[34]一方面，宦游岭南的翁方纲、阮元等人政余倡导金石，使金石之学大行其时。另一方面，广州受通商所带来的海外贸易的影响，粤地经济发展迅猛，由此而促进岭南钜室、文人和儒商拥有丰厚的资金从事金石、碑刻的购藏；清嘉庆间，广东番禺人潘有为（毅堂）游宦京师，广搜古铜印，得一千三百余方，拓为《看篆楼古铜印谱》（图4.3.1），实为其滥觞。在公私两方面的推动下，大量的金石搜购以及频繁的艺术交流，为其时岭南文士从事篆刻的学习提供丰厚的条件，从而促进岭南篆刻的崛起并渐趋繁盛。清道光年间辑广东顺德人尹右（青乔）成谱的《尹右印存》，存谭亮序云：“其（尹右）制作渊穆浑朴，直逼汉人。虽善鉴如十钟山房、吉金斋、秋晓庵，亦直拟为两京遗制，而收入谱中。”[35]清中期以降，广东篆刻首推编撰有《续集汉印分韵》的谢景卿和尹右两家，而尹右尤胜于谢景卿，所刻汉铜铸印，形神兼备，山东著名金石鉴赏家陈介祺都认为尹右所作是汉印而收入《十钟山房印举》之中。横向比较，谢、尹的篆刻水平（尤其是汉印）丝毫不下于同时期全国篆刻诸家，广东人因向不善著述，且地理上偏居一隅，故时至今日仍在学界的篆刻史中难以占一席之地。元吾丘衍《三十五举》世人皆知，而清中期的广东印人黄子高所辑的《续三十五举》则知者甚少，皆类于此。活动于清中期以前的广东印人有何梖（生卒年

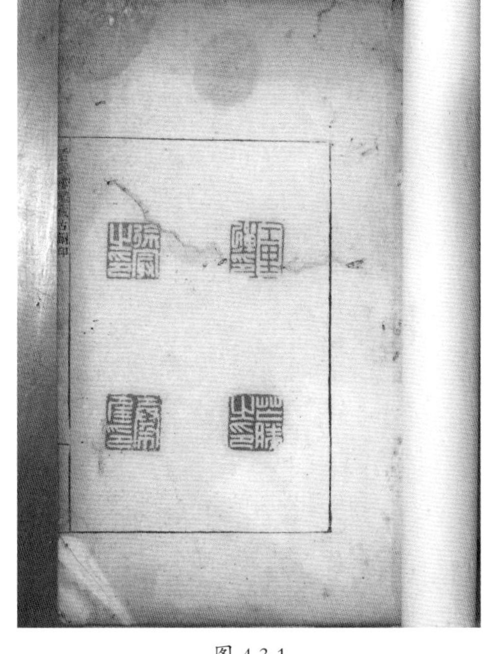

图 4.3.1
潘有为《看篆楼古铜印谱》四册本（扉页），私人藏

34 尚小明：《清代士人游幕量化分析（代序）》，载《清代士人游幕表》，中华书局，2005，第 27 页。

35 十钟山房、吉金斋、秋晓庵，即代称陈介祺、何昆玉、潘仪增。

不详）、谢景卿（1735—1806年）一门（谢观生、谢云生、谢兰生等）、冯敏昌（1747—1806年）、黎简（1747—1799年）、尹青乔（1756—1835年）、刘绍藜（生卒年不详）、彭泰来（1790—1867年）、黄子高（1794—1839年）等人，整体而言多从秦汉印出之，或古拙，或庄重，或古秀，各臻其妙。（图4.3.2—图4.3.15）

图 4.3.2
谢景卿“长生安乐”，白文印，尺寸 2.7 cm × 2.7 cm

◎ 本章小结

概而论之，清代初期至中期是明清篆刻的繁荣时期，印坛出现了多个地域印学中心，各地印人群体也不乏杰出者，虽然多数未构成鲜明的流派，或创造性不强，甚至实际上还笼罩在晚明的印风中，为守成之势。但这种积淀和延续，恰恰体现了印坛繁荣时期百花齐放的状况。同时，伴随着文化界的乾嘉学派的生发和金石文字小学的勃兴，印人群体的频繁交流和印学谱籍的广泛传播，技法和印学思想等全面发展。由此，清代印风发生了根本的转变，发展直至清代晚期而渐趋鼎盛之势。

图 4.3.3
谢景卿“浒闻”，朱文印，尺寸 4.3 cm × 4.3 cm

图 4.3.4
谢景卿“慷慨悲歌之士”，白文印，尺寸 3.4 cm × 3.4 cm

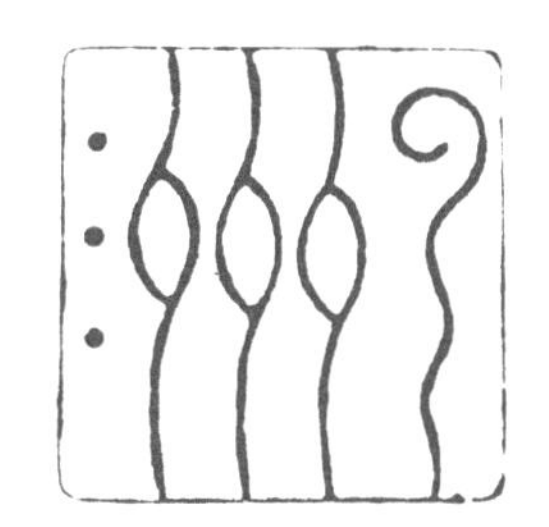

图 4.3.5
谢景卿“云洲”，朱文印，
尺寸 3 cm×3 cm

图 4.3.6
黎简“长毋相忘”，朱文印，
印面直径 2.8 cm

图 4.3.7
黎简“其狂不可及”，白文印，
尺寸 2.4 cm×2.4 cm

图 4.3.8
黎简“小子狂简”，朱白文印，
尺寸 2.5 cm×2.5 cm

图 4.3.9
黎简“黎简私印”，白文印，
尺寸 2 cm×2 cm

图 4.3.10
尹青乔“温遂之仿古印”，
白文印，尺寸 1.6 cm×1.6 cm

图 4.3.11
尹青乔“遂之审定”，白文印，
尺寸 1.4 cm×1.4 cm

图 4.3.12
尹青乔“吴饶之印”，白文印，
尺寸 1.8 cm×1.8 cm

图 4.3.13
尹青乔“保家”，白文印，
尺寸 1.8 cm×0.9 cm

图 4.3.14
尹青乔“遂之戏墨”，白文印，
尺寸 1.9 cm×1.9 cm

图 4.3.15
尹青乔“梦生”，朱文印，
尺寸 1.4 cm×1.4 cm

第五章

鼎盛期——清代晚期

从史学研究角度定位，“清代晚期”的时间跨度是1840年至1911年。此时期的中国，遇三千年未有之变局，经历了翻天覆地的变化。清朝作为中国帝制的最后一个王朝，在经历内忧和外患的同时，思想和文化上也逐渐开始受西方影响，出现了一批开眼看世界的士人。同样，在艺术界也涌现出了许多震古烁今的人物。篆刻艺术更是进入发展的鼎盛期。

第一节 皖派印风的发展和成熟

从纯艺术角度分析篆刻走向繁盛的缘由，首先在于浙派和皖派篆刻艺术的发展。自清代中期以后，以“西泠八家”为主体并占据印坛重要地位的浙派，从发展渐趋成熟。“八家”中赵之琛卒于1852年，钱松卒于1860年，其余六家均去世于1840年之前。而以清代晚期视角定位，皖派的复兴则是此时期的一个重要主题，皖派重要人物邓石如，以其豪放雄强的书风和印风，在艺术史上占据重要地位。随之而来的是皖派进入发展黄金期。邓石如去世后，邓的弟子包世臣及其子邓传密是其书风和印风的有力提倡和传承者。包世臣撰成《艺舟双楫》，奠定了其碑派理论家的地位，但包氏在艺术创作上天资不足，其书法篆刻并未引起很大的关注。邓石如之子邓传密篆刻继承其父，却过于墨守成规，对其父印风缺乏有力的思考和创新。而包世臣弟子吴熙载承担了重振皖派印风的重任。其次是金石学大兴对于篆刻的影响。乾嘉之后，随着大批金石碑版的出土，金石学考据之风空前高涨，特别是一些身居社会高层的士大夫对于金石研究的深度参与。如翁方纲，作为乾嘉时期重要的金石家、书法家，不遗余力地寻觅新发现金石资料，旁征博引，考订品骘，著述《两汉金石记》《汉石经残字考》《焦山鼎铭考》等一系列金石学著作，成为这一时期成就卓著的金石学家。同时期的金石学著作不绝于缕，金石家们相继编纂出《西清古鉴》《积古斋钟鼎彝器款识》《十六长乐堂古器款识考》《说文古籀补》《金石文字记》《山左金石志》《寰宇访碑录》《金石萃编》等。在金石学发展的影响和推动下，篆刻之学亦随之绽放异彩。从“西泠八家”到皖派印风的成熟，近代印学发展与金石学发展相互激荡，印人通过取法金石文字，将“印从书出”“印外求印”理念与治印相结合，篆刻艺术发展至了一个新的高度。

图 5.1.1
吴熙载“文节公孙”，朱文印

一、皖派印风传人——吴熙载

吴熙载（1799—1870年），原名廷飏，字让之、攘之，别号让翁、晚

图 5.1.2
吴熙载“子鸿”，朱文印

图 5.1.3
吴熙载“观海者难为水”，
朱文印

图 5.1.4
吴熙载“仲陶所得石墨”，
朱文印

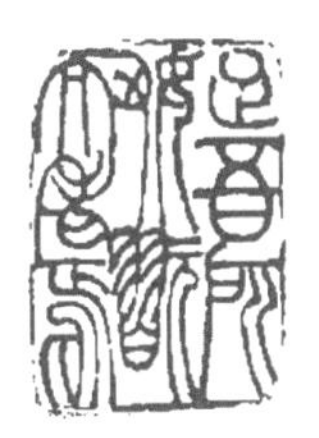

图 5.1.5
吴熙载“足吾所好玩而老焉”，
朱文印

图 5.1.6
吴熙载“宛邻弟子”，白文印

学居士，江苏仪征人。作为皖派印风的中兴人物，吴熙载继承了邓石如的“印从书出”理念，同时在他身上还拥有着一种职业艺术家的气质。皖派印人最大的特点之一即篆书功力好，力行“印从书出”的篆刻理念，以邓石如为例，他的篆刻成就即导源于书法，属于书法篆刻相互借鉴的印人。从刀法上讲，邓石如以冲刀为主，以对书法的认知和理解加以辅助，因此，作为邓石如的再传弟子、包世臣的弟子，吴熙载对邓的刀法、篆法是很有心得的，加之受包氏碑学思想的启发，吴熙载成为皖派印风承前启后的重要人物。他大约在三十岁后得见邓石如的印作，故尽弃所学，以邓石如印风为师，他的篆隶书亦学邓石如，行楷书受包世臣影响。吴熙载的篆书用笔遒美，畅达纵逸，结体颀长、飘逸，结字上紧下松，外疏内密，确有“吴带当风”之境。在篆刻上，吴熙载丰富了皖派篆刻的刀法，并糅合自身篆书笔法，以“神游太虚，若无其事”之境，在邓石如冲刀基础上，用刀如运笔，注重轻重缓急，自成法度。吴熙载是皖派继承和发扬者之一，他在邓石如开创的豪放风格中，将婉约的因素逐渐融入皖派篆刻，对篆法、章法、刀法三者进行了重新组合，并赋予其一定之人文内涵，对后世影响极大。清代晚期篆刻巨匠吴昌硕、黄牧甫均受其启迪，吴昌硕曾言：“让翁平生因服膺完白，而于秦汉印玺，探讨极深，故刀法圆转，无纤曼之习，气象骏迈，质而不滞，余尝语人：学完白不若取径于让翁，职是故也。”[1]

吴熙载篆刻以朱文印最具开拓性，以“文节公孙”（图5.1.1）、“子鸿”（图5.1.2），多字印如“观海者难为水”（图5.1.3）、“仲陶所得石墨”（图5.1.4）、“足吾所好玩而老焉”印（图5.1.5）为例，他的朱文印将邓石如印风中的流畅尽情发挥，以一种婉丽的姿态加以转化。从吴熙载的篆书名作《吴均帖》《崔子玉座右铭》来看，他的篆书于温婉的外形下，隐匿着雄浑的魄力，在看似长袖善舞的灵动秀逸中洋溢着刚劲与自信。以“文节公孙”印来看，吴熙载强化了邓石如篆书方折的用笔，构图中并非一味强求圆转，而是先将字安排妥帖，随后再寓之以灵动，很好地把握了篆书的字形结构变化，深知秦汉之后篆书萎靡之病因。故此，他的篆刻体现出精悍、唯美、古奥的皖派面貌。在白文上，吴熙载除继承邓石如印风的雄浑外，更多的是展现自我，他的白文印深稳大方，无丝毫做作之态，打破了秦汉印人中的成法，以前代邓石如、包世臣的理念为基础，重新诠释秦汉印章，进一步强化了皖派印风的婉转流利的特点，如“宛邻弟子”（图5.1.6）对印面强化了“方”的理解，体现汉印的浑厚苍劲，而“丹青不知老将至”（图

1　吴昌硕：《吴让之印存跋》，载郁重今编纂《历代印谱序跋汇编》，西泠印社出版社，2008，第 473 页。

5.1.7）、“二金蝶堂”（图5.1.8）则一变成婉约面貌，灵动中不减雄浑之色。在吴熙载的白文印中，除常见的面貌外，还有仿其他风格者，但均不及其朱文印突出，且从吴熙载篆书篆刻风格来看，吴的书法篆刻拥有鲜明的个人面貌。且对于师法者来说，以吴熙载篆书、篆刻为范本加以临习，不用担心受到束缚限制。吴昌硕、黄牧甫均曾取法吴熙载，从中得到启示，逐渐演变成各自的流派，因此吴熙载在篆刻史上的地位不容小觑，清代晚期篆刻鼎盛期应从他开始。

吴熙载印章的集谱，有《吴让之印存》《吴让之自评印稿》《晋铜鼓斋印存》《师慎轩印谱》《述古阁藏吴让之印稿》《听雨草堂印集》等。

吴熙载之后，还有吴咨、王尔度亦秉承皖派篆刻中邓派风格。吴咨（1813—1858年），是邓石如友人李兆洛的弟子，他极力追摹邓石如的篆刻风格，恪守皖派家法，亦能以金文入印，但缺乏突出的个人面貌。王尔度（1837—1919年），亦是邓石如印风的有力推崇者，其刀法稳健，为邓派风格的忠实奉行者。

二、皖派印风的变法者——徐三庚

徐三庚（1826—1890年），字辛穀，又字诜郭，号井罍、金罍、袖海、褎海等，浙江上虞人。徐三庚印章的集谱，辑有《金罍山民印存》《似鱼室印谱》《徐三庚印存》《金罍印摭》等。徐三庚属于天资较高的印人，他早年取法浙派丁敬、黄易、陈鸿寿、赵之琛等名家篆刻，后对邓石如、吴熙载皖派篆刻风格产生了浓厚的兴趣，他与赵之谦同时代，其篆刻受《天发神谶碑》启发较大，同时参考汉碑额。因此，徐三庚的篆刻最初植根于浙派，随后师承皖派。徐三庚印风是浙派和皖派相结合的一种新的尝试，以凝重的切刀吸纳皖派冲刀的流畅婀娜，淋漓痛快，最终审美定位于《天发神谶碑》和汉碑额。徐三庚篆刻的特点之一是带有很强的设计感，加之他自身亦擅长篆书，其篆书自成面貌，在借鉴皖派邓石如、吴熙载及《天发神谶碑》《华山庙碑》《韩仁铭》碑额的书法结体基础上将刀笔合一，能在方寸之间将印的文字收放自如，尽显巧思，展现自己的才华，同时其印风颇具装饰性，在他所处的时代曾显赫一时。但客观地讲，作为一代名家，其篆刻、篆书缺乏吴熙载的深稳和大方，与“西泠八家”和皖派邓石如、吴熙载印风存在着一定的距离，故此徐三庚虽聪明过人，其篆刻一度流传很广，甚至受到日本篆刻家的喜爱和推崇，但徐三庚的篆刻被一些人视为偏离篆刻审美传统的轨道，甚至一些师法皖派印风的学者对其印风也是望而却步。总结其原因还是在于徐三庚的篆刻习气过重，篆书篆刻线条过于灵动曲折、矫揉造作，如靡靡之音，不能为传统印人所接受。故此笔者认为徐三庚虽作为清代晚期皖派中一

图 5.1.7
吴熙载“丹青不知老将至”，白文印

图 5.1.8
吴熙载“二金蝶堂”，白文印

位重要的印人，但似乎是走向了某种极端。

徐三庚的朱文印，以“秀水蒲华作英”（图5.1.9）、“放怀楚水吴山外得意唐诗晋帖间”（图5.1.10）、“袖中有东海”（图5.1.11）为例，用刀起伏跌宕，变化手段多样，灵动艳丽，反而失去质朴和凝重的一面，略为涣散靡弱。他的白文印，将皖派邓石如、吴让之的篆刻进一步发展，强化了风姿绰约的美感，观徐之印灵动之势呼之欲出，实乏厚重，一些笔画过于流动琐碎，甚至出现了如同碑派曾熙、李瑞清作书颤抖过甚的治印习气，故此对徐三庚的印风评价是褒贬不一的。

图 5.1.9
徐三庚“秀水蒲华作英”，
朱文印

图 5.1.10
徐三庚“放怀楚水吴山外得意唐
诗晋帖间”，朱文印

图 5.1.11
徐三庚“袖中有东海”，
朱文印

第二节　浙派、皖派印风的合流

浙派、皖派印风的发展和繁荣，极大地丰富了篆刻艺术的内涵，清代晚期是篆刻发展的黄金期，也是鼎盛期，两派印风对后世的影响至今仍未衰退。以浙派钱松为例，作为浙派的宗师，钱松除师法西泠前贤外，亦参考了皖派印人邓石如的篆刻，印风中蕴含着皖派的一些篆刻元素，其成功也源于他不拘泥于门派的限制，对浙派之外的印风有所借鉴。然而以整体创作风格来看，钱松的印风基本未逾浙派范畴，因他早逝，故对皖派印风的涉猎与取法未能进一步深入。而徐三庚虽宗浙派，亦习皖派，也是学两派之长的变法者之一，但由于其个人印风的面貌过于精巧妍美，反而对两派风格的学习浮于表面，很难为大众所接受。而与他几乎同时代的赵之谦的出现，最终开启了真正意义上的浙皖两派合流。

一、浙皖印风合流的先行者——赵之谦

赵之谦（1829—1884年），字益甫、㧑叔，号冷君、悲盦、无闷等，浙江绍兴人，咸丰九年（1859年）举人，历官江西奉新、南城等知县。赵之谦印章的集谱，辑有《二金蝶堂印谱》《赵㧑叔手刻印存》《赵㧑叔印谱》等。赵之谦是清代晚期一位全才式的人物，他在金石学、文字学、诗歌、书法、绘画、篆刻上均取得了一定的成就，但这些似乎都不被他重视，在他心中，当官从政才是士人的正途，因此光绪十年（1884年），赵之谦在低级官位上殉职，此事至今还令后人惋惜不已。正途之外，赵之谦各项艺术成就均足以令他光耀后世。首先在金石学上，赵之谦著成《补寰宇访碑录》《六朝别字记》等专业金石学著作，奠定了他金石家的地位。其次在诗歌上，赵之谦的《悲盦居士诗賸》得到了潘祖荫的赞誉，被视为“二百年来无此手也”。最后在书法上，赵之谦精通楷、行、篆、隶诸体，于书法有突出的贡献，他的魏碑继承了碑派理论家包世臣提倡的“逆入平出”笔法，从《张猛龙碑》、龙门造像、云峰山石刻入手，以一种独特的方法加以尝试，逐渐创作出带有浓厚帖学意味的北碑体书法，用笔刚劲挺拔，自成一家，对后世影响深远。他的篆书取法亦很广泛，从《石鼓文》《祀三公山碑》《天发神谶碑》到邓石如、吴熙载的篆书，赵之谦天资极高，因此能有效地提炼出各体的精髓。最终，赵之谦的篆书于清末书坛异军突起，开一派之风气，赵之谦无疑是清代晚期碑派复兴中的灵魂人物之一。

赵之谦综合素养精深，他生活于动荡的清代晚期，但其独有的经历和不

图 5.2.1
赵之谦“丁文蔚”，白文印

图 5.2.2
赵之谦“灵寿华（花）馆”，朱文印

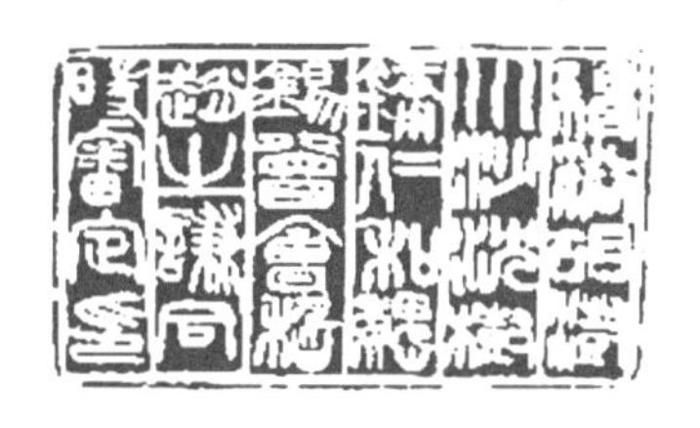
图 5.2.3
赵之谦“绩溪胡澍川沙沈树镛仁和魏锡曾会稽赵之谦同时审定印”，白文印

图 5.2.4
赵之谦“寿如金石佳且好兮”，朱文印

凡的视野造就了他的艺术成就。赵之谦在篆刻史上地位很高，称得上是一位“道与艺合、天与人一”的艺坛巨匠。且在他之后的时代，吴昌硕、胡镬、黄牧甫、齐白石、赵时㭎等印坛宗师无不受到其印风的启发，直至今日，对赵之谦篆刻的推崇亦未减弱。仅仅就其边款而言，即能写成专著。赵之谦的边款，魏碑，朱文，乃至山水、人物、走兽，取材之广，风格之多样，令观者慨叹不已。在篆刻上，赵之谦治印，白文印师法汉印及浙派，朱文印以仿制皖派者为多，他的篆刻除学习“西泠八家”及皖派邓石如、吴熙载等前贤外，亦时刻体现着皖派“印从书出”的理念，并能很好地利用最新发现的金石文字的资料，也就是“印外求印”。据统计，赵之谦在治印中参考了《石鼓文》、《祀三公山碑》、《天发神谶碑》、《石门颂》、《开通褒斜道刻石》、汉碑额、汉石阙、龙门石刻、砖文、两周金文、泉布、秦权量、镜铭、汉吉金文等，这些尝试在赵之谦之前和同时都是不多见的。取法多样也证明了勤奋的赵之谦对艺术孜孜不倦的求索。在艺术上，赵之谦的思想是自由的、深邃的、超越古今的，他不甘于墨守浙派、皖派的陈范，尽可能利用身边的金石资料，自信地进行着尝试。作为清代晚期的重要篆刻家，赵之谦活跃于浙派、皖派繁盛的时代，因此他能从两派之中各取所需，融会贯通，将浙派、皖派印风驾驭于刀下，任其驱驰，其印风瑰丽浓郁而澄清无滓，达到了很高的艺术境界。因此，赵之谦印风是清代晚期最重要的篆刻风格之一。

赵之谦的篆刻朱文印、白文印俱佳，最为后人熟知的“丁文蔚”白文印（图5.2.1），结体取《天发神谶碑》，用刀如刀砍斧削，刚劲而爽利。此印风貌独特，行刀集浙派、皖派之长，又取《天发神谶碑》之结体，故面目一新。此印的出现体现出赵之谦以单刀法及《天发神谶碑》结体入印的超前意识。而赵之谦所制朱文印“灵寿华（花）馆”（图5.2.2）则于平板中寓穷尽之变化，若混入黄牧甫篆刻中亦能浑然而不觉，此印对黄牧甫印风的形成也起到了不容忽视的作用。而他在自治“赵之谦印”边款中评“龙泓无此安详，完白无此精悍”，亦是对自己印风自信的见证。他的“绩溪胡澍川沙沈树镛仁和魏锡曾会稽赵之谦同时审定印”（图5.2.3）则参考了《少室石阙铭》的排列特点，用刀浑穆而不呆滞。而“竟山所得金石”则熔铸秦诏版；“寿如金石佳且好兮”印（图5.2.4）力摹镜铭，取字大胆而和谐，线条体现出铜铸和刀刻的美感。

赵之谦和徐三庚生活于同一时代，赵、徐天资均很高，但从格调和气度上讲，赵之谦在书法和篆刻上还是体现出了士人“雅”的审美好尚，且就取法而言，赵之谦的学习广博而深入，对金石资料的运用把握得恰当而到位，因此赵之谦是清代晚期当之无愧的宗师级人物。

二、吴派印风创始人——吴昌硕

在“西泠八家”及皖派邓石如、吴熙载、徐三庚及赵之谦等人的印风的影响下，清代晚期印坛名家辈出，人才之盛亘古未有。在赵之谦之后，比赵小十五岁的吴昌硕逐渐崭露头角，并登上了印坛，成为那一时期可执牛耳的篆刻宗师。清代晚期篆刻家中成就大者拥有着一个共同的特点，即天资绝高、异常勤奋，并积极利用身边的金石资料。如果说赵之谦的成功得益于融浙、皖二派之长，于“印外求印”中独辟蹊径，那么吴昌硕则是在汲取浙、皖二派特点的基础上，将书法、篆刻、金石资料进一步归纳总结，最终完成了浙、皖二派的合流之势。

吴昌硕（1844—1927年），初名俊、俊卿，字昌硕，别号缶庐、苦铁、大聋等，浙江安吉人。吴昌硕印章的集谱，辑有《吴昌硕印存》《吴昌硕印谱全集》《吴昌硕印谱》等。吴昌硕在清代晚期是一位诸艺皆精的艺术人才，他工于诗，诗作古朴浑厚，别具意味。在书坛上，吴昌硕也是一位丰碑式的人物，其书法以篆书、行草书成就最高，他的篆书力摹《石鼓文》，经过常年摸索，逐渐创作出一种结体纵向伸展，重心下移，而右肩倾斜的书体，晚年其篆书更见苍劲雄浑，独步一时，为后世取法《石鼓文》成就绝高者。他的行草书亦纵横无匹，拙茂而生动，为碑帖结合之典范。他还精于绘画，画风豪迈而鲜活，极具金石之气，为继海派任伯年之后的画坛盟主。这些综合素养对吴昌硕的篆刻影响至深，成为其篆刻之外的特殊养料，最终奠定了吴昌硕一代巨匠的地位。

吴昌硕很小即喜好刻印，最初得到了父亲的指引，后人生经历异常坎坷，直到五十一岁时还从吴大澂出关抗敌，可以说吴昌硕的前半生是在四处飘零和窘迫中度过的。常年的奔波和游历，使他广泛地结交了全国各地的人才，其中有很多人或是清代晚期著名学者，或是学识渊博的金石家，或为知名的书法家、篆刻家、画家，如俞樾、杨岘、潘祖荫、谭献、吴云、吴大澂、蒲华、任伯年、张熊、胡公寿、郑文焯、高邕、吴谷祥、陆恢、顾麟士等。在与他们的交往中，吴昌硕眼界大开，不仅得见很多前人未睹的金石器物、拓本和文字资料，同时他的很多友人均有过人之长，其中一些人还与钱松、吴熙载、赵之谦等篆刻名家有过深厚的交往。如吴昌硕的好友杨岘，他与浙派宗师钱松生前为好友，有很深的交往，从杨的回忆和收藏中，吴昌硕可对前贤钱松的艺事有所了解。而潘祖荫和谭献对篆刻家赵之谦知之较深，且交往不浅，潘祖荫藏有一大批赵之谦为他所制的印章，吴昌硕通过二人的追忆和藏品，辗转得见赵之谦篆刻的原貌，并加深了对赵印风的理解。他的友人吴云与皖派宗师吴熙载有近三十年的交往，吴昌硕通过与吴云的交往，

图 5.2.5
吴昌硕“俊卿之印”，朱文印

图 5.2.6
吴昌硕“高邕印信”，朱文印

图 5.2.7
吴昌硕“石人子室”，朱文印

图 5.2.8
吴昌硕“泰山残石楼”，朱文印

图 5.2.9
吴昌硕“湖州吉安县”，朱文印

得见吴熙载为吴云所制的一大批印章，对皖派吴熙载印风有了更深入的了解。吴昌硕见到了数量庞大的浙皖名家作品，从长年摸索体味中，与前贤拉近了距离，也从中汲取了重要的养分。因此，吴昌硕印风最初是孕育在浙派、皖派中，他的刀法受钱松启发，篆法受皖派邓石如、吴熙载影响，逐渐打通了两派中的壁垒。在杨岘、吴云、吴大澂的指引下，二十余岁的吴昌硕从汉印、封泥、汉砖入手，结合了钱松、吴熙载、赵之谦等印风之长。

吴昌硕早期的篆刻从钱松得精密，从吴熙载得婉转，从赵之谦得精巧，于汉印、封泥、汉砖得古茂浑厚，然而从天资来看，吴昌硕终究不是凡才，无论是书法还是篆刻，他自始至终都有着不甘为人下的雄心和壮志，最终以“封泥”作为载体创造出带有浓郁个人面貌的篆刻风格。这种被赵之谦误认为是“印范”和“泥封”的实物，得到了吴昌硕极大的重视，他通过勤加临习，以自身的天资和智慧，将这种看似朴拙的实物赋以艺术的生命。他对于封泥的学习不仅仅在于文字和边栏的离合，还通过研究形成了自己独到的认识，如“葛书徵”印边款“方劲处而兼圆转，古封泥时或见之”[2]，“聋缶”印边款“刀拙而锋锐，貌古而神虚，学封泥者宜守此二语”[3]。可见，吴昌硕对封泥的喜好绝不是浮于浅表，而是真正意义上的研究借鉴。在吴昌硕的倡导下，“封泥”逐渐为人所知，进而衍生出一批标榜封泥的篆刻大家，如吴昌硕弟子王个簃、诸乐三、陈师曾、沙孟海、赵古泥、陈半丁等，而齐白石、邓散木亦借鉴吴昌硕印风而成就了自己的风格。除封泥外，吴昌硕还从《石鼓文》、汉碑额、瓦当、汉砖、金文、陶文、泉布、秦权量、镜铭中汲取养分，并将这些被前人忽视的书法、文字素材运用于篆刻之中。吴昌硕篆刻中最可贵的是他能打破前人难以逾越的藩篱，将自己的书法融于篆刻之中，逐渐将朱白文印风实现了真正意义上的统一。细致观察吴昌硕的印章，可以发现，他晚年的印风高度和谐，甚至以当今的图像技术进行朱文白文转换后再对比，风格还是那样的一致，这是浙、皖两派合流中的一种创新的尝试。

吴昌硕的篆刻成就以“封泥”最为世人称著，朱文印“俊卿之印”（图5.2.5）、“高邕印信”（图5.2.6）都是遵循封泥风格基础上的艺术深加工，强化了边栏和字的呼应，强调了“古”“拙”“茂密”的特点。而“石人子室”（图5.2.7）、“泰山残石楼”（图5.2.8）、“湖州吉安县”（图5.2.9）是在封泥内部继续叠加边栏，通过边栏突出文字的张力和造型，这是一种纯艺术性的再创造，此种残破、支离而不破碎的风格正是吴昌硕所提倡的“貌

2 茅子良：《吴昌硕流派印风》，重庆出版社，2011，第 92 页。

3 沈乐平：《吴昌硕全集·篆刻卷》，上海书画出版社，2015，第 552 页。

古而神虚”。而“破荷亭”（图5.2.10）一印尤显示出吴的雄心和胆识，“荷”字下部大胆呈开张之势，自然而不局促，而“亭”下侧采用大篆结体，并大面积留白，所余的空间以极厚的边栏托起，与印上部的残边形成了鲜明的呼应。而他的白文印能在汉印的基础上进一步进行“封泥”化处理，大胆对字的四周实现有限的破残，加之吴昌硕深谙画理，能自由地对空间实现重组，因此其所治白文印古拙而平淡，如“吴俊卿信印日利长寿”（图5.2.11）即是采用汉凿印，能于拙茂中不失精密，结字锐利而不失苍劲，对于线条的控制，吴昌硕已经达到了登峰造极之势。总之，吴昌硕的印风微露圭角，陆离璀璨之间无丝毫浑噩之象，堪称一代大家。

图 5.2.10
吴昌硕“破荷亭”，朱文印

三、浙皖合流印风的实践者——胡镬

胡镬（1840—1910年），字匊邻，亦署老匊，号晚翠亭长、竹林外史，浙江桐乡人。胡镬印章的集谱，辑有《晚翠亭长印储》《晚翠亭藏印》《胡匊邻印存》《胡镬印谱》等。清代晚期，吴熙载、赵之谦、吴昌硕曾与胡镬并称为“晚清四大家”，其中赵之谦、吴昌硕、胡镬对浙派、皖派的合流均做出了一定的贡献。但谈到在印坛的影响，胡镬似逊于以上三家，甚至沙孟海在《印学史》中对胡的成就并未系统谈到。可见胡镬的篆刻未受到世人的普遍重视，且以全国来看，胡镬的印风影响也不是很大。但他确是一生致力于浙派、皖派的融合，最初治印从浙派学起，标榜蒋仁、陈鸿寿、胡震三家，后追摹徐三庚印风，他的篆刻之所以能位列“晚清四大家”之一，主要还得益于赵之谦印风，以对赵的理解学习汉印，进而取法玉印。后世学者对胡镬的篆刻总以“静穆”加以评价，胡镬除受浙派、徐三庚、赵之谦印风影响外，其印风基本上是取玉印之光洁，融赵之谦篆刻之刀法，堪称善学之士。但论艺术的成就和贡献，胡镬很难颉颃于吴熙载、赵之谦、吴昌硕三家，可贵之处在于他能师法汉印，兼取各流派之所长，保持自身独有的面貌而不为流派风所吞噬。

图 5.2.11
吴昌硕“吴俊卿信印日利长寿”，白文印

胡镬白文印“玉芝堂”印（图5.2.12）是他的篆刻代表之作，他在边款中记“曾见古玉印色泽甚佳，文曰玉芝堂，颇有汉刻意，惜无钮，未得，今卜居郡中，背橅其文，即以名吾堂”，所以胡镬的成就还是与玉印分不开的。

图 5.2.12
胡镬“玉芝堂”，白文印

四、黟山派创始人——黄牧甫

在清末能与吴昌硕并论的还有黄牧甫。黄牧甫（1849—1908年），名士陵，字牧甫，又作牧父、穆父、穆甫，别署黟山人、黟山病叟、倦叟等。黄牧甫印章的集谱，有《黄士陵印存》《黄牧甫印存》《黄牧甫印存续补》

《黄牧甫先生印谱》《黟山人黄牧甫先生印存》等。黄牧甫比吴昌硕小五岁，其人生经历的曲折及艺术家的天分丝毫不逊于吴。他也是浙、皖两派合流中出现的另一丰碑式的人物，黄牧甫所开创门派被称为“黟山派”，在广州一带影响较大，后又衍生为“粤派”，甚至流传至香港、台湾及东南亚一带。时至今日，黄牧甫篆刻仍然是岭南地区印风的主体。对于黄牧甫的篆刻艺术成就，黄的弟子李尹桑曾对其师的艺术成就评价：“悲厂（赵之谦）之学在贞石，黟山之学在吉金；悲厂之功在秦、汉以下，黟山之功在三代以上。”[4]而他的另一位私淑弟子邓尔雅谈到黄牧甫的章法说，“尤长于布白，方员（圆）并用，牝牡相衔，参伍错综，变化不可方物”[5]。学者马国权经过进一步研究黄牧甫的篆刻，谈道：“牧甫所画的钟鼎彝器及花卉等，其阴阳向背与摄影效果极近，这或许与其职业影响有关”[6]。

据说黄牧甫也是八九岁开始学习篆刻，十余岁到南昌随兄开设过照相馆，其间一直以篆刻维持生计，他的师法面很广，并未只恪守单一门派的印风。他学过浙派的丁敬、陈鸿寿及皖派的邓石如、吴熙载，尤喜好赵之谦印风，曾精心临仿过赵的作品，步趋于赵的“印外求印”的方法。他对金石古物文字涉猎很广，并由于勤奋和聪慧，成为清代晚期浙派、皖派合流中衍生出的又一位具有开拓性的篆刻家。他一生篆刻数量愈万方，然而早年治印迫于生计，也曾屈服于世俗的要求，刻过一些适应市场需要的作品。

光绪十一年（1885年），黄牧甫入国子监南学学习近三年，其间接触了大量的青铜器，加之他擅长摹写鼎彝，故曾为吴大澂、端方等金石收藏家编辑图籍。在游历北京、广州、武昌期间，逐渐开阔了视野。黄牧甫还有幸向盛昱、王懿荣、张之洞、蔡赓年、缪荃孙等学者请教。基于这些经历，黄牧甫的篆刻实现了质的提升。此时期，他以金文入印，因与吴大澂交往较久，故在书法上受吴的影响，其篆刻所取的一些商周金文也参考吴大澂的《说文古籀补》。由于黄牧甫一生服膺赵之谦的篆刻，对赵提倡的“光洁”“整齐”佩服有加，故他在“欧阳耘印”边款中记“赵益甫（赵之谦）仿汉，无一印不完整，无一画不光洁，如玉人治玉，绝无断续处，而古气穆然，何其神也……”[7]，进而在“叔铭”印边款中提出“伊汀洲隶书，光洁无伦，而能

4 易忠箓：《黟山人黄牧甫先生印存题记》，载黄惇编著《中国印论类编》，荣宝斋出版社，2010，第523页。

5 邓尔雅：《序黄士陵印谱》，载黄惇编著《中国印论类编》，荣宝斋出版社，2010，第471页。

6 李刚田：《黄牧甫的篆刻艺术及其流派》，载《中国历代印风系列·黄牧甫流派印风》，重庆出版社，1999，第7页。

7 李刚田：《中国历代印风系列·黄牧甫流派印风》，重庆出版社，1999，第89页。

图 5.2.13
黄牧甫"国钧长寿"，白文印

图 5.2.14
黄牧甫"臣受性愚陋人事多所不通"，白文印

图 5.2.15
黄牧甫"人生识字忧患始"，白文印

图 5.2.16
黄牧甫"祗雅楼印"，白文印

图 5.2.17
黄牧甫"器父"，朱文印

不失古趣，所已独高，牧甫师其意"[8]。可见，黄牧甫对古趣的理解是建立在其深厚的金石学底蕴的基础上，进而寻求一种"不失古趣"的"光洁"的。因此也正如他的弟子李尹桑所说，黄牧甫篆刻成就主要体现在"金"字，从金石文字入手，对金文构图进行了系统的分析，是清代晚期印坛一位有远见卓识的篆刻家。如果说吴昌硕篆刻的成功在于对"封泥"的深入发掘，治印追求质朴厚实的斑驳陆离之貌，那么黄牧甫就是凭借着自己对金石文字的理解再创造，于篆刻中实现了对古典之美的复兴和重塑。黄牧甫篆刻很好地运用了浙派丁敬、陈鸿寿的"刚劲"和皖派吴熙载的"温婉"，并借助自己对绘画的理解，通过对印面构图的排列，注重取字整体的呼应和联系，使看似平实无华的印作呈现出意蕴深远的人文内涵。在刀法上，黄牧甫篆刻以冲刀为主，辅以切刀，能于光洁的印面中刻出古貌的清澈，时而以刀法表现书法的"涨墨"，堪称大家本色。

总体来说，黄牧甫的印风成就得益于对浙派、皖派印风的吸纳，对赵之谦篆刻诸多理念的进一步强化，再者就是通过常年的游历，结交了清代晚期一批优秀的文人、学者、金石家，得遍览其所藏的金石文字资料，通过研究这些资料，将所得运用于治印之中，最终他的篆刻逐渐脱去凡胎，蜕化成蝶，完成了自身印风的第二次演进。黄牧甫篆刻的边款也很有特色，他继承了邓石如的双刀法，并参考北碑笔势，时而作篆隶书体，亦清新可喜。除篆刻外，黄牧甫书法亦自成一家，他早期师法吴熙载，一度受徐三庚的影响，后与吴大澂的交往中，深得吴金文古拙之趣，最终形成自家面貌。但黄牧甫的书法成就显然不及吴昌硕，加之黄牧甫早殁于吴昌硕十九年，1904年即归老故里，故此他晚年在印坛的影响也难比肩于吴昌硕。

黄牧甫的白文印基本上继承皖派吴熙载，他亲眼见过吴原拓印谱，故对吴的印风了解很深。他以锋利的薄刃进行创作，如"国钧长寿"（图5.2.13）、"臣受性愚陋人事多所不通"（图5.2.14）即带有着强烈的吴熙载篆刻风格，但黄牧甫用刀求"光洁"之质，因此印风刚劲挺拔而爽利，一改吴熙载温婉腴润的风格，进而形成具有黄牧甫自己面貌的印风。而他所治"人生识字忧患始"（图5.2.15）、"祗雅楼印"（图5.2.16）在字的排列上，遵从汉印之法，体现出一种稳健浑穆的姿态，观之有大智若愚之感。

黄牧甫的朱文印更为精湛，尤其是以金文入印者，如"器父"（图5.2.17）、"壶公"（图5.2.18）、"季平"（图5.2.19）等。"器父"代表了黄牧甫成熟的金文印风格，也是黟山派印风中具有独创性的风格，其中"器""父"二字深得周秦金文排列之妙法，注重空间的排列，在黄牧甫精

8 戴山青编《黄牧甫印影》，荣宝斋出版社，1997，第155页。

图 5.2.18
黄牧甫“壶公”，朱文印

图 5.2.19
黄牧甫“季平”，朱文印

图 5.2.20
黄牧甫“十六金符斋”，朱文印

心的设计下，此印灵动而富有生趣，且具有浓郁的金石之气。“壶公”印空间布局合理，布局简洁大方，紧凑而不局促，兼具古玺印之神髓。“季平”印设计极为大胆，能让易呆滞的“季”字放到与极正的“平”字相呼应，整体活泼而古气不减丝毫。“十六金符斋”印（图5.2.20）则是突出印左右的反差，左侧字排列密不透风，而右侧则疏可走马，在强烈的反差中寻求对立统一之美，且“十”“金”“符”“斋”四字体现了金文的方折和黄牧甫的几何构图理念，而“六”字则安排了一个圆的线条，此印展现了清代晚期印人黄牧甫超前的创作理念。

第三节　新派印风的崛起

清代晚期，赵之谦、吴昌硕、黄牧甫的出现，无疑将浙派、皖派合流印风发展至了一个新高度。赵、吴、黄三人，在艺术上都具有深邃的洞察力，且眼界宽广，最终使他们从前贤的成就中走出。他们既有师法前贤的经历，将“印从书出”“印外求印”发挥得淋漓尽致，借助前人未见或未予重视的资料，丰富了各自的篆刻风格，他们的艺术道路看似殊途，实是同归。赵之谦以古玺印创作为基础，以玺印外的资料为突破，率先开启了“印外求印”的方法；吴昌硕、黄牧甫继其之后，吴积极利用封泥、砖瓦、古陶碑碣等剥蚀的金石资料来洗练自己淳朴厚重的篆刻风格；黄牧甫则将古意反向思维，从三代之上的钟鼎彝器入手，力求光洁典丽的古趣。吴昌硕、黄牧甫为同时期的两位篆刻大家，且均有各自的独门绝技，印风并存但未相互依附，形成了对后世深具影响的吴派、黟山派两大重要派别，尤属难能可贵。因此，赵之谦、吴昌硕、黄牧甫之后，步趋三人的旧路而自成一家，其中难度不言而喻。而齐白石的出现，适应了新时代的需要，这位来自民间的艺人，以他卓绝的天资和辛勤的耕耘，最终打破了艺术界的沉寂，逐渐登上了篆刻艺术的神坛，开启具有新派意义上的印风。

一、齐派印风创始人——齐白石

清代晚期篆刻界最后一位宗师当属木匠出身的齐白石。齐白石（1864—1957年），原名纯芝，后改名璜，字渭清，号白石，湖南湘潭人。齐白石印章的集谱，辑有《齐濒生印稿》《白石印草》《白石山翁印存》《齐白石印影》。他生于1864年，小吴昌硕二十岁，小黄牧甫十五岁，有的学者将齐白石的篆刻称为“京派”，且视其为浙派、皖派合流之后印坛的另一位宗师。但严格地从时代划分，齐白石接触篆刻不是很早，在二三十岁开始，崭露头角于民国初年，将他归入清代晚期篆刻家群体有些牵强，然按年龄算，民国时齐白石已是年过花甲的老人，因此暂将齐白石归为清代晚期印人研究范畴。而齐白石是否能代表京派印风的全部，这也是一个值得深入探讨的问题。齐白石在北京印坛闻名之前及同时，北京还盘踞着一大批印人，他们的风格迥异，印风面貌多样，既有标榜吴昌硕印风的陈师曾、陈半丁、钟刚中，还有推崇黄牧甫印风的寿石工、乔大壮，同时有恪守清末传统派印风的王石经、周康元、张樾丞，而文人学者中也有许多篆刻风格个性十足且影响深远的，如马衡、王福厂、陆和九等，因此只能说齐白石印风是京派印风中的一部分，虽然齐白石自己说“旧京篆刻得时名者，非吾门生即吾私淑，不学吾者不成技”[9]，但这也是白石老人晚年的自说自道。齐白石的印风并不能代表旧京所有的篆刻风格，即使是1949年后北京篆刻风格还存有许多种。但不可否认的是齐白石印风在清代晚期民国时期影响比较大且是比较重要的一派，故此称他的篆刻风格为齐派印风是比较恰当的。

齐白石的成才之路也极为艰辛，他出身贫寒，早年未受过正规的私塾教育，做过雕花木匠，因此他的成功并不易于吴昌硕、黄牧甫。但齐白石的成就也是多方面的，用他自己的话说，“我的诗第一，印第二，字第三，画第四”。他的诗与传统文人不同，具有一种清澈的“泥土气”，虽一度被人讥为“薛蟠体”，但与当时遗老遗少的传统旧式文人诗相比，确实给人以耳目一新之感。他的书法自成一派，是清末民初碑派书坛一位重要的书法家，其成就以行书、篆书、隶书最为世人所知。他的行书取法较广，早年曾师法何绍基，后致力于李邕，而且不是坚守传统文人所谓的中锋行笔，而是多取侧锋，强调笔力的强健。他的篆书早年取法《祀三公山碑》、《天发神谶碑》、《禅国山碑》及秦诏版权量等，与陈师曾定交后，陈对他的篆刻提出“纵横有余，古拙不足”的批评，自此他痛下功夫，从秦汉魏晋碑刻入手，遍临古印、权量。他的隶书早年受清人何绍基影响较深，认识李筠庵后，曾习魏碑《张玄墓志》《爨龙颜碑》，后专习清人金农，还临习过《郑文公碑》《曹子建碑》。齐白石的篆刻学习面也很广，他早年师法丁、黄，旁及汉印；中年以后，取法赵之谦，逐渐形成自家面目，不袭古人，不重修饰，治印大刀阔斧，自抒胸臆；晚年治印从《天发神谶碑》悟得刀法，辅助以《祀三公山碑》《禅国山碑》的篆法，熔汉碑篆法、赵之谦章法、秦权铭文于一炉，用刀侧锋直冲，独来独往，名震中外。

据笔者研究，齐白石习篆刻虽曾取法浙派丁敬、黄易、赵之谦，对吴昌

9 王明明、郎绍君：《北京画院藏齐白石全集·手稿卷》，文化艺术出版社，2010，第543页。

硕、黄牧甫印风有所借鉴，早年对流派印风下过一定的功夫，但齐白石篆刻面目的形成与其说是师法前人的成果，弗如说是白石老人经胆敢独造、独立摸索而成。他是一位来自湖南民间的画师，其艺术的形成得益于他敢于破除前人的藩篱，固执倔强的性格使其不受传统印风的束缚，属于民间篆刻印人中成就绝大者。诚然，齐白石印风在当时并非得到普遍的认同，而是被认为“村气”“火气”“野气”，或统称为“俚俗之气”，对其印风抨击者举出齐白石篆刻选字有些不合“六书”，甚至用一些僻字、俗字入印，这些做法在同时期传统印人眼中是一种不讲究的匠人之习。但从另一角度审视，这也是齐白石作为民间印人张扬个性、不拘成法的一面。清代晚期，赵之谦、吴昌硕、黄牧甫等人基本上已经将浙派、皖派合流印风发展至了一个后人难以逾越的高度，非有超世之才者绝难冲出重围。齐白石就是其中一个特例的人物，他对前代印人的取法仅是形式上的追摹、阶段上的尝试，对陈师曾“纵横有余，古拙不足”的批评，他也是有所取舍的。他的篆刻刀法追求“刻字之解意，不为摹、作、削三字所害”[10]，凭借着自己无人能及的腕力大胆奏刀，独抒胸臆。齐白石在《白石老人自述》中说“我刻印，同写字一样。写字，下笔不重描，刻印，一刀下去，决不回刀。我的刻法，纵横各一刀，只有两个方向，不同一般人所刻的，去一刀，回一刀，纵横来回各一刀，要有四个方向……我刻时，随着字的笔势，顺刻下去，并不需要先在石上描好字形，才去下刀”[11]。从自述中可知，齐白石治印奉行“印从书出”的理念，但刀法主要还是依靠自己的体悟和实践，他并未依附于前代印人。作为近现代著名的画家，他善于将绘画中的虚实对比用于治印之中，追求一种对立统一的矛盾之美。而白石老人的篆刻印风的形成与书法的联系亦极为紧密，他借助《天发神谶碑》的篆法来驾驭手中的刻刀，从秦诏版来钻研凿刻的意味，对于浙派、皖派印风，他仅仅是从中汲取所需的元素；仅从刀法上看，齐白石篆刻与浙派、皖派距离还是很大的，其篆刻风格的异军突起代表了清末民初民间艺术家的创造。齐白石通过常年和名士交流和切磋，为其艺术融入了一定的文人气息，但他本性是难以改变的，齐白石的自信、自负、天资及所处的时代，成就了他独有的齐派篆刻风格。

齐白石的篆刻与吴昌硕一样也实现了朱文和白文的高度统一性，且受到了赵之谦“丁文蔚”印（图5.2.1）的启发，用刀追求爽劲凌厉，朱文印如“师曾小诗”（图5.3.1）、“陈朽”（图5.3.2）。“师曾小诗”印很好地借

图 5.3.1
齐白石“师曾小诗”，朱文印

图 5.3.2
齐白石“陈朽”，朱文印

10　齐白石：《白石老人生平略记》，载朱天曙选编《齐白石论艺》，上海书画出版社，2012，第 185 页。

11　同上书，第 85-86 页。

助了四周的边框处理，在“师曾小诗”四字中，“师”“曾”“诗”诸字均借用了印章边栏，而在布局上此印故意将右下侧加厚，对结构进行重组，为了不使章法紧凑，于左上侧和右上侧加以破残，使印面整体生动而存宽舒之感。从此印中还可以看出齐白石和陈师曾篆刻风格的联系，他们的印风都是在汲取古玺印字形大小参差、布局错落的规律上，同时发挥自身果断凌厉的用刀特点，利用残破手法加以调节和化解章法上的沉闷。“陈朽”印是齐白石为陈师曾所制。齐白石对陈师曾极为敬重，而此印为齐白石仿封泥风格，结字中明显有参照陈师曾印风之处，且从二人师法来看，陈师曾和齐白石均服膺清人赵之谦风格，尝试用多种文字资料作“印外求印”。同时陈师曾早年得到吴昌硕的指导，因此其印风保存着诸多的吴氏印风特点，故齐白石制“陈朽”印亦和吴昌硕印风有一定联系。但吴昌硕治印中的线条多呈曲线，而齐白石以直线为多，“陈朽”印中之“朽”最后一笔即直接折过，这和他取法《祀三公山碑》不无关系。齐白石在近代印坛中堪称善学前人之长，但能于篆刻中做到始终有我，确属难能。

图 5.3.3
齐白石“石桧书巢”，白文印

齐白石治白文印如“石桧书巢”（图5.3.3），此印是齐白石为周肇祥所制，属齐氏早年篆刻风格，虽然他这一时期的篆刻面目不甚鲜明，但从布局中看得出齐白石对于篆刻的悟性和苦功。和他晚年的印风不同的是，此印似乎采用了双刀法，在笔画上相对讲究，但行刀中还是追求速度和力量，可能此印是为周肇祥所制，故别加用心。在面貌上还是和清人黄牧甫的印风存有一定联系，黄亦以冲刀治印，追求印面的光洁和整饬，而齐白石在布局上喜出奇制胜，不依托于常见的汉印风格，更多的是自抒胸臆，将印文字体灵活调整，并依托于《祀三公山碑》的结体特点。从此印中可知齐白石早年亦制精整的篆刻作品。

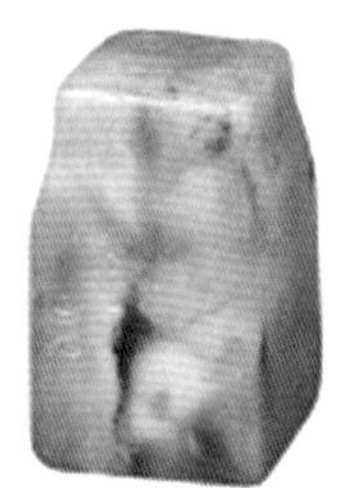

图 5.3.4
齐白石“大无畏”，白文印

“大无畏”白文印（图5.3.4）应是齐白石为周肇祥所刻，“无畏”是周氏的别号，此印无创作年代，但从风格上看应为20世纪20年代的作品。此印尺寸和常见之汉将军印相似，但风格取魏晋南北朝凿印式，加之齐白石特有的刻印构图理念而制成。他将爽快的刀法辅以《天发神谶碑》《祀三公山碑》的结体，将笔画简单的“大”字与相对复杂的“无”“畏”二字分两部分排列。在行刀中不注重笔画的完整，更多的是追求用刀的爽快淋漓，故在巧妙构图的支撑下，创造出面貌强烈的新印风。尤为难能可贵者在于齐白石能于行刀中很好地把握笔画的粗细和伸展，这是同时期的印人难以企及之处。

“中国长沙湘潭人也”白文印（图5.3.5）是齐白石篆刻成熟期的作品。此印是白石老人常年实践和探索的代表之作。从这方印中看，他已经熟练于布局设计，如老将将兵，字体纵横而法度不乱。他将《天发神谶碑》《祀三

图 5.3.5
齐白石“中国长沙湘潭人也”，白文印

公山碑》中的字倾斜处理，转折处绝无单纯的直角，且行刀如刀砍斧劈淋漓痛快，既有书法之线条，又得绘画构图之虚实，堪称神来之作。

◎ 本章小结

清代晚期是篆刻的鼎盛期，自皖派吴熙载始，以齐派齐白石终。在短短的七十余年间，篆刻的发展进入黄金期。其间名家辈出，各领风骚，篆刻风格经历了皖派的发展成熟至浙皖两派的融合借鉴，进而衍生出赵之谦、吴派、黟山派、齐派等篆刻印风，极大地丰富了篆刻艺术的内涵。

民国以后，篆刻艺术的发展依然未能脱离清代晚期篆刻风格的影响，且活跃于主流印坛的篆刻家或为吴派、黟山派、齐派的弟子，或为私淑，或深受其艺术理念影响。因此，民国时期篆刻的发展是基于清代晚期篆刻的成就的，清代晚期篆刻在印章史上无疑是一个鼎盛的时期。虽然在政治上，常年的内忧外患为中华民族带来了重大的灾难，但由于西方思想的涌入，中国思想界发生了根本性的变革，思想的活跃带动了艺术的大发展大繁荣，因此，研究清代晚期篆刻史对当今篆刻艺术的发展也有着重要的时代意义。

第六章

过渡期——民国

中华民国时期（1912—1949年）是中国社会与帝制逐步脱离的时期，也是中国在外力干扰下打破固有社会关系并预备重组的关键阶段。在这短短的三十八年里，中国经历多次外敌侵略，甚至一度到了亡国的边缘。同时，中国社会也遭受政权更替带来的社会混乱，以及各种思潮、运动带来的冲击，社会在风雨飘摇中充满了不确定性。

乱世往往催生大学问家、大艺术家。民国学风继踵清代朴学，学者群体中不乏国学根底深厚者。鸦片战争后，西方的教育、学说涌进国门，士大夫阶层中的许多人都有留学海外的经历，比如胡适、王国维、陈寅恪等，他们回国后在各自领域引领风气，传播西方思想。1915年，新文化运动兴起；1919年，五四运动发生；1927年，北伐战争结束，国民政府定都南京。政治局势的暂时安定与知识阶层倡导科学、自由、民主的呼声相互作用，使这一时期的知识界充满了活力，并体现出三个特点：高度的民族自尊心与责任心、兼容中西、学风正派。[1]这样的社会风气对学术发展无疑是有积极意义的，而篆刻作为传统艺术中的一支，自然也迎来了蓬勃发展的机遇。

清代晚期印坛相继出现赵之谦、徐三庚、黄牧甫、吴昌硕等几位巨匠，一改以往文人篆刻的羸弱习气。他们在用字、刀法、边款等诸多方面均取得巨大进步，印人数量也因为上海等通商口岸市场经济的繁荣而较之清代晚期大大增加。同时，海外探险家们在中国西域的发现、掠夺，以及中国考古学家发端于中原地区的科学发掘，使得大量新资料出土面世。这些资料在为历史学研究服务的同时，也大大丰富了篆刻家的视野，简帛、甲骨文字的引入刺激着印人在"印外求印"的路上越走越远、越走越深。

随着印人群体的扩大，市场需求也变得愈发多样。在此之前，篆刻创作中并没有出现明显的工稳与写意的区分，也未因地域等因素而细分出太多流派与印人团体。风格、流派、地域的分野使篆刻真正具备了一个独立的艺术门类应该具有的内在矛盾，而在这一过程中，市场无疑是影响印人创作的主要原因。

总之，民国时期的篆刻同政治、文学、哲学一样，呈现出较之以往明显不同的面貌。

1 孙洵：《民国书法篆刻史》，上海交通大学出版社，2011，第10-11页。

第一节 继承清代晚期与地域流派的出现

承接清代晚期流派印风是民国篆刻的发展基础。如今公认的清代晚期较有创造力，并取得较大成就的三位篆刻家是赵之谦、吴昌硕和黄牧甫，他们三位的创作意象各有不同，创作手法大相径庭。

赵之谦兼习皖、浙两派，但并不固步自封，对于前贤作品中作茧自缚的现象颇有微词，对继承和创新自有一番想法。他曾在《书扬州吴让之印稿》序中评价吴让之的印作："让之于印，宗邓氏而归于汉人。年力久，手指皆实，谨守师法，不敢逾越，于印为能品。""能品"之誉，实际上是对吴让之很不客气的批评了，也体现出赵之谦不满足于"手指皆实，谨守师法"的创作状态。而吴昌硕在创作手法上显得更加不择手段，他利用刀法变化和各种做印手法，力图使线条产生虚实、疾涩等艺术效果，从而营造出斑驳高古、气势强健的意趣，开创了大写意印风，且其篆刻与书法、绘画气息相通，将"印从书出"的创作理念贯彻到极致。黄牧甫与赵之谦在审美观、创作观上有许多相近之处，他们都推崇光洁、雅正的印风，在对入印文字的选择上，两人均极力主张"印外求印"，但黄牧甫创作量大，风格特征极为明显，追随者众多。

孙洵曾将民国印坛分为五大流派，分别是吴（昌硕）流派、赵（时棡）流派、浙派、黟山派和齐（白石）流派。[2]这一说法颇具影响力，研究者多遵循这一分法。孙慰祖的分法则略有不同，他将吴（昌硕）派、浙派和黟山派视为此一期印坛的传统流派，而将余下"无派系可归"的新风格群体分出三种类型来：强调写意的粗犷雄健印风类型；以精整细腻的工笔形态表现的古典风格类型；介乎于以上两种类型之间的崇尚自然本真，再现秦汉玺印古风的类型。[3]在孙慰祖所说的新风格群体中，前两类无疑还是以齐白石和赵时棡为代表，其艺术水准之高，个性特征之鲜明，非同时期其他印人可比，且这两人门下弟子及其再传甚多，称其为"流派"名副其实；至于同群体中的赵石、邓散木、钱瘦铁诸人，从师承关系和篆刻风格来看，均可被视为缶庐遗风。而孙慰祖所说的第三种新风格，即以再现秦汉玺印古风为归依的群体，可算是民国印坛的新事物，这一群体的出现得益于彼时方兴未艾的考古发现，此外，从今天的篆刻创作来谈，这一群体也是解放个性、印宗秦汉的有力践行者，对于开时代之风气意义重大。所以，笔者认为在孙洵的"五大

2 孙洵：《民国书法篆刻史》，上海交通大学出版社，2011，第378-464页。

3 孙慰祖：《中国玺印篆刻通史》，东方出版中心，2016，第428页。

流派”基础上，加上这一群体，应该可以较为全面地概括民国印坛流派及其面貌。

一、雄强苍茫的吴昌硕流派

吴昌硕印作与其绘画、书法相通，极具书写意味，深刻影响了其身后一百多年的篆刻家们，并且影响力跨越海洋，在日本也拥有大批拥趸。追慕缶翁的印人们治印皆善于营造虚实对比，在边框和线条的经营上用心良苦，但自然、古拙皆远不及缶翁。吴昌硕流派中较有代表性的印人有徐新周、赵石、陈衡恪、寿钵、钱瘦铁等。

图 6.1.1
徐新周“与黄鹄比翼”，朱文印

徐新周（1853—1925年），字星舟、星州，室号耦花盦。江苏吴县（治所在今苏州市）人。徐新周师从吴昌硕学习六书、金石，刻印与吴昌硕中年风格极其相似，故吴昌硕晚年常唤徐新周代刀。1918年，徐新周辑自刻印成《耦花盦印存》，吴昌硕为之序，赞曰：“精粹如秦玺，古拙如汉碣，兼以彝器封泥，靡不采精撷华，运智抱拙，星周之心力俱瘁矣，星周之造诣亦深矣。”应当说，徐新周自作印是在继承吴昌硕的基础上略参己意而成，如“与黄鹄比翼”（图6.1.1），下边框粗而其余边框虚化，是明显的缶翁手段，同时印文刻制舒展、洗练，可见其用刀收放自如的功力。再如“能事不受相促迫”（图6.1.2），粗边框配上战国文字，明显是效仿三晋宽边朱文玺，但在边框虚实效果的营造上，又不脱缶翁痕迹。此外，这两方印的边款也很有特色，都采用了造像题记的形式，与吴昌硕“明月前身”（图6.1.3）一印类似。

赵石（1874—1933年），字石农，号古泥，别署泥道人，因拜吴昌硕为师故颜其居曰“拜缶庐”。江苏常熟人。少时在药店学徒，又以摹帖、篆砚自给。曾为沈汝瑾门客，为其刻制砚铭，遂遍观沈氏所藏文物。书法、篆刻师从吴昌硕，参合己意，时人以“虞山派”称之。弟子邓散木传其衣钵。所做朱文参封泥意味，变缶翁的圆转为方折，如朱文“汝舟”（图6.1.4），采用宽边古玺的形式，字法却是吴昌硕的路数，边框残破带有封泥的斑驳效果。再如白文“范曾灏印”（图6.1.5），虽然做印效果与缶翁如出一辙，但笔画方折，显得比较凌厉外露，较之乃师少内敛气质。赵古泥所作亦不乏大印，如“芥弥精舍”（图6.1.6）、“虞山沈煦孙字成伯号师米监藏金石印”（图6.1.7），俱在六厘米见方以上，而气韵不散，殊为不易。刻印辑有《拜缶庐印存》《赵古泥印存》《泥道人印存》等，诗作辑有《泥道人诗草》。

图 6.1.2
徐新周“能事不受相促迫”，朱文印

陈衡恪（1876—1923年），字师曾，室名染仓室。江西义宁（今修水）人。祖父陈宝箴曾任湖南巡抚，父亲陈三立是文坛领袖，所以陈衡恪幼承家学，根柢深厚。年轻时曾留学日本，能书善画。篆刻初宗黄牧甫、赵之谦，

图 6.1.4
赵石“汝舟”，朱文印

图 6.1.3
吴昌硕“明月前身”，朱文印

图 6.1.5
赵石“范曾灏印”，白文印

图 6.1.6
赵石“芥弥精舍”，朱文印

图 6.1.7
赵石“虞山沈煦孙字成伯号
师米监藏金石印”，朱文印

后师事吴昌硕，得古拙之趣。他取法多元，治印多文气，少霸悍味道。陈氏治印以朱文为佳，如“染仓室”（图6.1.8）、“壶中天”（图6.1.9），大体承袭缶翁手段，但较之缶翁更加劲健而秀润。吴昌硕对陈衡恪评价颇高，曾在陈氏画册上题写“朽者不朽”四字，可惜天不假年，衡恪壮年病故。其印作辑成《染仓室印存》。

图 6.1.8
陈衡恪“染仓室”，朱文印

寿鉨（1885—1949年），字石工，号印丐，别号珏盦、石尊者等，室名不食鱼斋。浙江会稽（今绍兴）人。毕业于山西大学，后赴辽东，与王希哲同好金石论交。继而定居北京，受聘于北京大学、国立北平艺术专科学校（今中央美术学院）等院校，讲授诗词和金石篆刻。善书法，工于词，精蓄古墨，尤擅治印。早年学吴让之、吴昌硕，后借鉴黄牧甫。印风与缶翁不同，特别是朱文，如“千秋愿”（图6.1.10）、“伯子石尊”（图6.1.11），牧甫风格明显。但白文又多用缶翁法，如“园丁长年”（图6.1.12）、“十亩园丁五湖印丐”（图6.1.13）等。辑有《蝶芜斋自制印逐年存稿》《铸梦庐逐年印稿》，著有《铸梦庐篆刻学》《篆刻学讲义》《重玄琐记》《珏盦词》等。

图 6.1.9
陈衡恪“壶中天”，朱文印

钱瘦铁（1897—1967年），名厓，一作厓，字瘦铁，号数青峰馆主、天池龙泓斋斋主。江苏无锡人。受教于金石学家郑文焯，又结识吴昌硕。后寓居上海，加入海上题襟馆，与陆廉夫、王一亭、黄宾虹、吴待秋等交游，艺事大进。1923年赴日办画展。书画兼善，篆刻宗缶翁，参以汉印、《天发神谶碑》、唐宋公印风格，颇有创造性。如“文字炳然”（图6.1.14），以《天发神谶碑》字法入印，妥帖自然，仿唐宋公印的作品更是奇崛纵横，饶有趣味，朱文如“万水千山只等闲”（图6.1.15）、“梁溪钱氏图书”（图6.1.16），白文如“闲消长日写云山”（图6.1.17），在当时可谓大胆的尝试。钱瘦铁早年与吴昌硕（苦铁）、王大炘（冰铁）并称为“江南三铁”。辑有《瘦铁印存》等。

民国时期吴派的代表印人还有赵云壑、陈半丁、李苦李、楼村、吴涵等。

二、精工秀雅的赵时㭎流派

赵时㭎（1874—1945年），原名润祥，字献忱，号纫苌，后改名时㭎，字叔孺，晚号二弩老人。因收藏有两把汉代纪年铭文弩，故名其室曰“二弩精舍”。浙江鄞县（今宁波市鄞州区）人。据张原炜撰《鄞县赵叔孺先生传》载，赵时㭎是赵宋皇室后裔。其岳父林颖叔乃福建世家大族，收藏宏富，赵时㭎曾居住在岳父家三年，竟日研究金石、书画，并钻研篆刻、绘画，艺事大进。清光绪末至宣统年间，他曾出任泉州府及福州府同知等职。辛亥革命后，定居上海靠艺事立身。

图 6.1.10
寿鉨“千秋愿”，朱文印

图 6.1.11
寿鉨“伯子石尊”，朱文印

图 6.1.12
寿鉨“园丁长年”，白文印

图 6.1.13
寿鉨“十亩园丁五湖印丐”，白文印

图 6.1.14
钱瘦铁“文字炳然”，白文印

图 6.1.15
钱瘦铁“万水千山只等闲”，朱文印

图 6.1.16
钱瘦铁“梁溪钱氏图书”，朱文印

图 6.1.17
钱瘦铁“闲消长日写云山”，白文印

赵时㭎书法宗赵孟頫、赵之谦，小篆、楷书、行书俱能得静气，其中小篆最为精熟。绘事以画马驰名，用笔直追宋元。其收藏也是秉承赵、林两家所藏，广收青铜器、砖瓦、造像等，眼界极高。在书画、鉴赏水平皆达到较高水准的基础上，他的篆刻便很自然地具备相当水平。时人常将赵时㭎与吴昌硕相提并论，沙孟海曾说："若安吉吴氏之雄浑，则太阳也；吾乡赵氏之肃穆，则太阴也。"从美学意象论，赵时㭎的篆刻也确实达到了"太阴"的境界，如"安和室"（图6.1.18）、"月上簃"（图6.1.19）等，含蓄内敛到达极致，罕有能匹。而就取法途径而言，陈巨来在《安持精舍印话》中说道："叔孺先生则自㧑叔以上窥汉铸印，朱文则参以周秦小玺，旁及币文、镜铭，故其成就开整饬一派。"观赵时㭎作品，他固然受惠于先秦两汉玺印、镜铭等甚多，但也透露出其学习汪关、邓石如、赵之谦、黄牧甫等篆刻家的痕迹，如"周梦坡所藏金石文字"（图6.1.20）、"饱香室"（图6.1.21）等。赵时㭎流派及门弟子有六十多人，卓有成就者有沙孟海、方介堪、陈巨来、叶潞渊等人。

图 6.1.18
赵时㭎"安和室"，朱文印

图 6.1.19
赵时㭎"月上簃"，朱文印

沙孟海（1900—1992年），原名文若，号石荒、沙村、兰沙、决明、僧孚，斋号兰沙馆。浙江鄞县人。书法、篆刻师从吴昌硕、赵时㭎，兼善古文字学、金石学。曾任浙江美术学院（今中国美术学院）教授、西泠印社社长等职。书法雄强刚健，尤善作擘窠大字。篆刻入古极深，工写兼善，取法广泛，"弟德校读"（图6.1.22）的汉凿印味道十分醇正，"巨摩室印"（图6.1.23）、"丽娃乡循吏祠奉祀生"（图6.1.24）皆为早年治细朱文印，婉转秀丽，当然也不乏师法吴昌硕的作品，如"夜雨雷斋"（图6.1.25），沙氏学习的广泛与深入由此可见。1925年，沙孟海辑自刻印成《兰沙馆印式》一册，又著有《印学史》《沙孟海论书丛稿》《沙村印话》《近三百年书学》等。

图 6.1.20
赵时㭎"周梦坡所藏金石文字"，白文印

方介堪（1901—1987年），初名文渠，后更名岩，字介堪，号介盦，晚号蝉园老人。浙江温州人。先从谢磊明整理典籍，帮助钩摹古今印谱。后至上海，拜赵时㭎为师。曾任上海美术专科学校（今南京艺术学院）教授、西泠印社副社长、温州博物馆馆长。通诗词、书画，尤善篆刻，以在鸟虫篆印领域取得的成就最高。方介堪曾钩填摹录了战国秦汉玉印四百多方，辑成《古玉印汇》，每字不差分毫，其刻印当得力于此甚多。方介堪为张大千刻过一组用印，如"张爰"（图6.1.26）、"大风堂藏"（图6.1.27）、"张爰私印"（图6.1.28）、"张氏大千"（图6.1.29）等，以鸟虫篆为主，精炼典雅，保持了汉玉印端庄、安详的特点，后世刻鸟虫篆不乏高手，但论气息平和，未有超过方介堪的。当然，方介堪不仅精于鸟虫篆和玉印的刻制，对战国秦汉其他印风也很擅长，如"徐亡（无）闻"（图6.1.30）、"溪流几

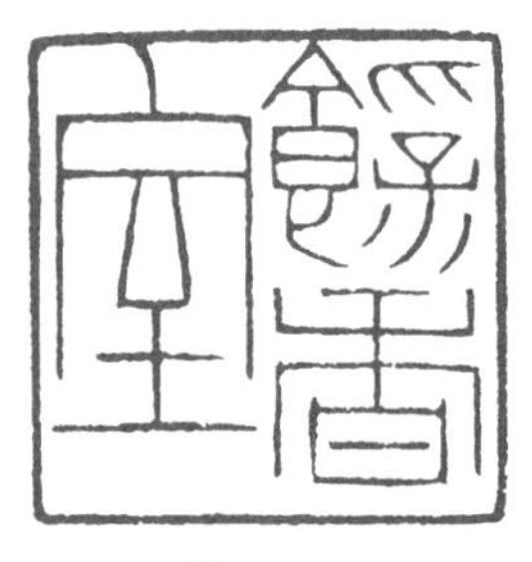
图 6.1.21
赵时㭎"饱香室"，朱文印

图 6.1.22
沙孟海“弟德校读”，
白文印

图 6.1.23
沙孟海“巨摩室印”，
朱文印

图 6.1.24
沙孟海“丽娃乡循吏祠奉祀生”，
朱文印

图 6.1.25
沙孟海“夜雨雷斋”，朱文印

图 6.1.26
方介堪“张爰”，白文印

图 6.1.27
方介堪“大风堂藏”，白文印

图 6.1.28
方介堪“张爰私印”，白文印

图 6.1.29
方介堪“张氏大千”，白文印

图 6.1.30
方介堪“徐亡（无）闻”，朱文印

曲似回肠”（图6.1.31）等，这与赵时㭿是一脉相承的。辑有《介堪印谱》《方介堪篆刻》《介堪印存》《介堪手刻晶玉印》等。

陈巨来（1905—1984年），名斝，字巨来，号安持，斋号安持精舍。浙江平湖人。师从赵时㭿，又由赵时㭿介绍认识吴湖帆，从吴氏处借得珍本《宝印斋印式》十二册，潜心钻研，亦观摩黄牧甫，兼及程穆倩、巴慰祖诸家，后得见《元明清三代象牙犀角印存》，便专攻元朱文。赵时㭿曾评其“元朱文为近代第一”，张大千、吴湖帆、溥心畬等画家常用印章皆出自陈巨来之手。所作布局匀整，静雅秀润，如朱文印“浙江博物馆藏”（图6.1.32），用刀简净，观之如清风拂面。此类鉴藏印虽十分强调实用性，但对艺术性的要求也极高，非功力卓绝者不能胜任，此印以稳重为基调，穿插若干具有流动性的笔画，去其死板。再看白文印“张縠”（图6.1.33），安持以元朱、满白得享大名，但其手段多样，俱臻高妙，此印仿秦半通印式，格局端正，摆脱了印人多以边框或分割线歪斜求秦印奇趣的做法，仅“张”字左边稍微倾斜，但整体气息与秦印相通，宛若出土之物，精彩自足。陈巨来也刻有不少自用印，其中有15枚印文俱为“安持”（图6.1.34），风格涉及战国白文玺、秦半通、三晋小玺、连珠、鸟虫、汉满白、肖形等，精彩至极，尤其几方朱文小玺，平正有之，灵动亦有之，为后人模仿的典范。从这组印中不难看出，陈巨来的治印技巧十分全面。著有《安持精舍印话》，辑有《古印举式》《安持精舍印聚》等。

图 6.1.31
方介堪“溪流几曲似回肠”，白文印

叶潞渊（1907—1994年），名丰，号露园，后改字潞渊，斋号静乐簃、且住轩。江苏苏州人。1926年成为赵时㭿入室弟子。工书画，擅绘花鸟、蔬果，取法恽南田、华新罗，风格清新。篆刻期初师法陈曼生，后广采金石文字入印，工整秀逸，较之赵时㭿和陈巨来，则线条毛涩感强，略显苍茫。“笔歌墨舞”（图6.1.35）为叶潞渊晚年所作，布局虽然端正匀称，但用刀苍茫大气，巧施残破，俗手难及。叶氏作朱文喜以烂铜印意味刻制，如“河山壮丽”（图6.1.36）、“志辉画印”（图6.1.37）、“海宁钱氏”（图6.1.38）等，表面粗服乱头，其实处处精心收拾。与钱君匋合著《中国玺印源流》，刻印辑成《静乐簃印存》《静乐簃印稿》《叶潞渊印存》《潞翁自刻百印集》等。

图 6.1.32
陈巨来“浙江博物馆藏”，朱文印

三、萧散飘逸的浙派

赵之琛之后，浙派一度低迷，创作形式渐趋僵化，难以创新。后有吴让之、赵之谦融合浙皖，印从书出，印外求印，为印坛注入了新的活力。而浙派的真正重焕生机，源于西泠印社的创建。印社的建立，说明兼具艺术水平和领导能力的印人出现。其中，王禔和唐源邺就是代表性的篆刻家。

图 6.1.33
陈巨来“张縠”，白文印

图 6.1.34
陈巨来“安持”组印 15 枚

图 6.1.35
叶潞渊“笔歌墨舞”，白文印

图 6.1.36
叶潞渊“河山壮丽”，朱文印

图 6.1.37
叶潞渊“志辉画印”，朱文印

图 6.1.38
叶潞渊“海宁钱氏”，朱文印

王禔（1880—1960年），原名寿祺，字维季，后更名禔，字福庵，号印佣、屈瓠、罗刹江民，晚号持默老人，斋号麋砚斋、春住楼。浙江杭州人。其父王同是光绪三年（1877年）的进士，工诗文，善书印。故王禔幼承家学，对文字学、训诂学的接触较早，这为他日后作篆书、刻印用字打下坚实的基础。北伐战争结束后，他在北京任印铸局技正，同时还兼任故宫博物院古物陈列所委员。抗战爆发后，王禔定居上海，鬻印自给。

图 6.1.39
王禔“愿得黄金三百万交尽美人名士更结尽燕邯侠子”，朱文印

王禔书法以篆、隶为主，善于写铁线小篆，笔法凝练，章法安详，一时无双。他也写大篆，但笔法、章法与小篆相同。王氏刻印最得大名，能得浙派精髓，工稳朴茂，以铁线篆入印尤佳。据门人江成之回忆，王禔运刀稳而准，全靠两臂发力，刀口呈波浪式的起伏，徐疾适度。如朱文印“愿得黄金三百万交尽美人名士更结尽燕邯侠子”（图6.1.39），字数虽多，但不显杂乱，线条边缘有微微的毛涩感，略无匠气，由边款可知此印内容是王禔第二次刻，对于这次的表现印人自己也觉得比较满意。在继承浙派和模拟汉印的基础上，王氏的白文印加入了更多的书写意味，如“有穷遐方绝域尽天下古文奇字之志”（图6.1.40），边框时断时续，文字也不作规矩排布，揖让伸缩，转折处如见挥毫，这是王禔高于一般工稳印作者之处。1904年王禔与叶为铭、丁仁、吴隐创建西泠印社。辑有《福庵藏印》《麋砚斋印存》《罗刹江民印存》等。

图 6.1.40
王禔“有穷遐方绝域尽天下古文奇字之志”，白文印

唐源邺（1886—1969年），字李侯，号醉龙、醉农，晚年以醉石号行。湖南长沙人。曾在故宫博物院初创时被聘为顾问，后与王禔同任印铸局技正。精于碑石鉴赏，作书以汉隶为主，严谨高古。篆刻宗浙派，上窥秦汉，布局谨严，用刀稳健，能在稳健苍茫中传达出清新多变的味道，如自用印“唐源邺”（图6.1.41）采用汉铸印的形式，结体、线条十分松快，富有金石意味。印作辑有《醉石山农印稿》《唐醉石印存》《唐醉石治印选集》。

王、唐都是浙派的主力，整体面貌相近，但在细节处又有不同。具体而言，王禔更加精工，唐源邺则略显写意。二人之后，浙派又有韩登安、吴朴堂等取得较大成就的印人，但因其活跃的时间在新中国成立后，故留待下一章再作介绍。

图 6.1.41
唐源邺“唐源邺”，朱文印

四、取法多元的黟山派

在清代晚期印坛，黄牧甫的篆刻以富于创新精神擅名一时，在对浙、皖两派的充分吸纳基础上，进一步强化赵之谦“印外求印”的思想。由于黄牧甫长期生活在广东，所以他的传人大多数都在岭南。其中较为突出的有易孺、李尹桑、邓尔雅、乔曾劬等，他们在继承黄牧甫印风的基础上结合其他金石资料，有所发展。

图 6.1.42
易孺“彊（强）宧”，朱文印

图 6.1.43
易孺“宋玉故里辞人”，朱文印

图 6.1.44
易孺“大岸居士”，白文印

图 6.1.45
易孺“前休后已盦主”，朱文印

图 6.1.46
李尹桑“秋台戊午后作”，朱文印

易孺（1874—1941年），原名廷熹，后更名孺，字季复，号大厂（庵）、大厂（庵）居士等。广东鹤山人。早年肄业于广雅书院，后游学日本。曾从杨文会学佛。历任北京高等师范学校（今北京师范大学）、上海音乐学院教授，于诗文、音乐、书画、训诂皆有造诣，篆刻尤精。篆刻得黄牧甫教益，但又能不囿于师法，作印多仿古玺、封泥，刀法率意，章法也不回避残破，同黟山一脉追求光洁挺劲的印风很不一样。易孺的篆刻创作可大致分为前后两期，前期基本承袭牧甫“无一印不完整，无一画不光洁”的印风，线条挺劲，如“彊（强）宧”（图6.1.42）、“宋玉故里辞人”（图6.1.43）等，十分精到。后期由于不断学习古玺印，同时深研金石文字，所以能渐渐从黄牧甫的规范中脱离出来，转而吸收粗放的审美趣味，用刀大胆、放纵，如“大岸居士”（图6.1.44），线条含蓄浑厚，书写意味很浓，边框也接近随形的状态，使得印面整体呈现出一种朦胧的美感。再比如朱文印“前休后已盦主”（图6.1.45），好似将三晋古玺的字法用吴昌硕的刀法表现出来，独具特点。邓散木、沙孟海等都对其评价甚高。易孺著有《大厂词稿》，辑印成《孺斋自刻印存》《玦亭印谱》《大厂印谱》《魏斋玺印存稿》《魏斋印集》等。

李尹桑（1880—1945年），原名茗柯，号壶父，又称玺斋、秦斋。江苏吴县人，寄居广州。因为父亲的关系得以师从黄牧甫，向黄牧甫学习书法篆刻、文字训诂，后又从谭延闿学习诗文、易学。中年后始以鬻印作为生计，篆刻名满岭南。李尹桑篆刻完全承袭了黄牧甫光洁古雅的风格，同时又善刻古玺，将黟山派的特点发展到极致，如“秋台戊午后作”（图6.1.46），置于三晋印中也算是精悍的。再如大印“静乐园”（图6.1.47），线条光洁而无匠气，透过印面也不难感受到其用刀的速度，但就创造力而言，就不如乃师和易孺了。边款风格与黄牧甫不同，且常有“仿古玺”“仿秦汉印”“颇得古玺气味”等内容，可见其学古之执着。书法学赵之谦，真伪莫辨。辑自刻印有《大同石佛龛玺印稿》《大同石佛龛印存》《李茗柯玺印留真》，与易孺合辑《秦斋魏斋玺印合稿》。

邓尔雅（1883—1954年），原名溥，后为避讳改名万岁，字尔雅，一作尔疋，号邓斋，广东东莞人。翰林学士邓莲裳第四子。少承家学，研习文字训诂，二十一岁时赴日本留学。后举家移居香港，颇擅诗文、书画。治印初宗邓石如，继学黄牧甫，崇尚敦厚平实、光洁古穆之美，并采纳汉铜器文字、图案入印，文气十足，邓氏曾作诗论及刻印“上追甲金石，旁及陶瓦砖，三代同风气，印人所以传”，这也可看作他对自己篆刻取法的坦白。此外，他还采纳魏碑风格文字入印，如“皖黟之间”（图6.1.48）、“尔疋写经”（图6.1.49）等都取得了不错的艺术效果。甚至非汉字系统文字也成为邓尔雅治印的重要素材，冼玉清在《广东印谱考》中对《尔雅印可》有这样的描述："又有'朱祖谋''罗迦陵''缪荃孙'等之章，尔雅以希腊古德邓尼尔与其姓名音相近，乃以希腊古代文、希腊后代文、腓尼基文、英吉利文四种文字为其刻印；又以法兰西教士费亚士久居云南苗区，著《苗氏字典》，尔雅又用苗文刻'我道我所知'一印。此亦印章中之别开生面者也。"此类印章如"天一山人""天一"，使用的是巴比伦楔形文；"DHEP"使用的是英文；"尔之书"和"隐几五下"使用的是罗马文；"黄三""天水""得天"使用的是西夏文等，独创一格，在民国篆刻家中显得很突出。[4]著有《篆刻卮言》《印媵》《邓斋印雅》《艺觚草稿》《文字源流》等。

乔曾劬（1892—1948年），字大壮，别号壮翁、壮殴、乔瘁、波外翁等。四川华阳（今双流）人。清末毕业于北京译学馆，专攻法文。曾执教于中央大学艺术系，1947年到台湾大学任教。后于苏州梅村桥投水自尽。篆刻初宗皖、浙派，与陈师曾、寿石工多有交往，后师法黄牧甫，用刀洁净爽利，圆融自然。乔大壮多以大篆文字入印，平整中能见巧思。著有《波外楼诗》《波外乐章》，治印辑有《乔大壮印蜕》。

除了上述四人，黟山派的重要印人还有黄少牧、冯康侯等。

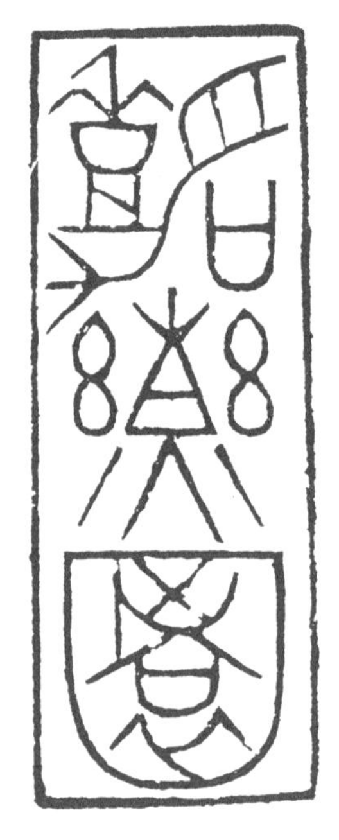

图 6.1.47
李尹桑"静乐园"，朱文印

五、大刀阔斧的齐白石流派

齐白石篆刻的特点很鲜明，无论刀法、字法、章法都极具感染力，为当代大写意篆刻的实践提供了宝贵的经验。其传人中较突出的有刘淑度、贺培新等。

刘淑度（1899—1985年），名师仪，字淑度。山东德县（今德州陵城区）人，寓居北京。毕业于北京女子师范大学（现为北京师范大学）中文系，为齐白石弟子。齐白石曾称赞她："篆法刀工无儿女气，取古人之长，舍师法之短，殊为闺阁特出也。"刘淑度的印作一派白石面目，大气淋漓，确实较少"儿女气"。

图 6.1.48
邓尔雅"皖黟之间"，朱文印

贺培新（1903—1951年），字孔才，号迂轩。河北武强人。曾任燕京大学造型美术研究会导师、北平特别市政府秘书、河北省通志馆纂修。师从齐白石，小章秀劲，大印浑厚。部分印作已经很少有齐白石的影子，如朱文印"亦誊之为婴儿"（图6.1.50），能在不大的印面中刻出大篆六字，笔画穿插得宜，凝练非常。1923年，辑印作成《武强贺培新印草》。

4　邓尔雅的非汉字系统文字入印行为可参见邝以明《基于邓尔雅的非汉字系统文字入印现象探讨近代岭南旧学新知对"粤派"篆刻艺术的影响》，载西泠印社编《篆物铭形——图形印与非汉字系统印章国际学术研讨会论文集》，西泠印社出版社，2016，第556-577页。

图 6.1.49
邓尔雅“尔疋写经”，朱文印

图 6.1.50
贺培新“亦誉之为婴儿”，朱文印

图 6.1.51
罗振玉“王国维”，朱白文印

图 6.1.52
罗振玉“上虞永丰乡人罗振玉字叔言亦字商遗”，白文印

六、以秦汉为宗而自成面目者

罗振玉（1866—1940年），字叔蕴、叔言等，号雪堂、贞松老人。浙江上虞人。罗振玉的大部分生命是在清朝度过的，但也在民国经历了军阀混战和抗日战争的爆发。笔者将他放在民国印人中讨论，是考虑到他身处中国传统金石学向现代考古学转变的关口，且在这一转变中起到了重要作用。他与王国维虽然不是现代考古学的实际参与者，却是首先将考古资料用于历史研究并取得重大成绩的学者。此外，罗振玉也治印，所作印章以古玺、汉印为宗，稍参以皖派用刀，清淡平远，风韵自在。与鬻艺自给的印人不同，罗振玉所刻印章中有许多都是自用印，这让他沉浸古印的趣味发挥得更加自由，如“王国维”（图6.1.51）、“上虞永丰乡人罗振玉字叔言亦字商遗”（图6.1.52）、“上虞罗氏”（图6.1.53）等，结字渊雅，古意盎然。罗氏一生著述众多，仅玺印一项就辑有《贞松堂唐宋以来官印集存》《隋唐以来官印集存》《赫连泉馆古印存》《雪堂印存》《西夏官印集存》《齐鲁封泥集存》等。

简经纶（1888—1950年），字琴石，号琴斋，别署千石楼主。广东番禺人。篆刻浑厚朴茂，擅长以甲骨入印，自成一格，代表作如“玉虎”（图6.1.54），施甲骨文于亚形符号中，刀法老辣，线条充满毛涩感。他还喜好采《爨宝子碑》的字法入印，如“当保南岳”（图6.1.55）、“濯缨沧浪”（图6.1.56）等，将六朝楷书的拙朴表现得很好，此外，其边款亦具特色，十分生猛。简氏曾寓居香港、上海，门徒众多。辑有《千石楼印识》《琴斋印留》。

马衡（1881—1956年），字叔平，别署鄦庐。浙江鄞县人。曾任故宫博物院院长、西泠印社社长。作为现代考古学家，马衡于古代历史研究颇有建树，尤其对金石资料有深入的研究，遗稿被编成《凡将斋金石丛稿》。马衡亦能篆刻，印风稳健，辑有《凡将斋印存》《鄦庐印稿》。

朱复戡（1900—1989年），又名义方，字百行，号静龛。浙江宁波人。自幼便显示出极高的艺术天赋，七岁能作大字石鼓文，后得吴昌硕亲授。曾任上海美术专科学校教授、西泠印社理事。朱复戡书法以三代、秦汉金石为依归，善于作金文、诏版风格书法，行草富于顿挫，强化方折与迟涩的技巧，迥异时风。晚年致力于青铜器的研究。篆刻融合其书法和治学的心得，对于大篆文字运用十分熟练，用刀果断，线条如铸造一般铿锵有力，而边款则善以草书刻就，如“鄝城汪氏之鉥”（图6.1.57）、“潜龙泼墨”（图6.1.58）等作品都符合这样的特点。朱复戡1923年辑所刻之印成《静龛印集》，又著有《朱复戡篆刻》《朱复戡金石书画选》等。

图 6.1.53
罗振玉“上虞罗氏”，白文印

图 6.1.54
简经纶“玉虎”，朱文印

图 6.1.55
简经纶“当保南岳”，朱文印

图 6.1.56
简经纶“濯缨沧浪”，朱文印

图 6.1.57
朱复戡“嘐城汪氏之鉥”，白文印

图 6.1.58
朱复戡“潜龙泼墨”，朱文印

第二节 社团与学院

中国士人有结社之风，社会动荡之时尤甚。结社的目的往往在于影响社会，受儒家思想哺育的读书人大多有“经世”抱负，明清之际活跃的结社行为就说明这一点，民国时期也是如此。面对国力衰微、外敌入侵的现状，各地士子摩拳擦掌，或锐意革新，或倡议保皇，在这样以社会活动为主要目的的结社活动中，一些具有较高文艺素养的人自然会聚集起来。比如1909年成立于苏州虎丘的南社，鼎盛时社员人数达千人，以“操南音不忘其旧”为宗旨，积极鼓吹资产阶级民主活动，为辛亥革命做舆论准备。在参与政治活动的同时，南社中也聚集了柳亚子、苏曼殊、吕碧城等杰出诗人，以及邓尔雅、易孺这样具有相当艺术水准的篆刻家。大家在开展民主活动之余，也常有诗词唱和、金石赏鉴之举。

而为了在国难之中保存传统文化，专门性的篆刻团体在此时也表现得十分活跃。1904年，在杭州西湖之畔的孤山，丁仁、王禔、吴隐、叶为铭四人创建西泠印社，虽然创建时尚在清光绪年间，但正式开展社团活动要等到1913年。是年，印社在孤山召开成立大会，通过社约，确定社名，以“保存金石，研究印学，兼及书画”为宗旨，并推举吴昌硕为首任社长。印社成立后，积极开展艺术活动，并切实为国家保存了一批金石资料。西泠印社的存在，无疑在全国印人心中立起一个印学中心，大家在此切磋技艺、提高修养。

与西泠印社形成呼应的是成立于北京的冰社。冰社社员41人，社员中不仅有印人，还有像罗振玉、王国维、马衡这样名满天下的学者，以及齐如山、梅兰芳、尚小云等曲艺名流。冰社的雅集活动主要围绕鉴赏金石、考释文字展开。虽然冰社在1941年因故停止活动，但其体现的学术深度，恰好和西泠印社彰显的开阔胸襟互为补益，成为民国时期中国南北交相辉映的民间社团。

除了西泠印社和冰社，各地还有一些书法篆刻类的社团，如贞社（上海）、乐石社（杭州）、江苏省金石书画研究会（南京）、东池印社（长沙）等，这些团体在各地通过举办展览、开展雅集、印行刊物等活动传播印学，在国家飘摇之际为延续传统文化做出不朽的贡献。

相比民间印社，专业院校的专科教育显得比较惨淡，但这也是时局所致，无可奈何。中央大学设有艺术科，名家云集，该校规定书法、篆刻是学习中国画专业的“五大必修课”之一，吕凤子、乔曾劬、傅抱石先后讲授此课。新文化运动前后，全国美术专科学校纷纷创建，一批具有较高水平的书法篆刻家进入高校讲授，其中包括齐白石、易孺、陈衡恪等人。像上海美术专科学校还曾聘请钱瘦铁、方介堪、朱复戡、王个簃、来楚生为教师，且篆刻在中国画系的教程中占有四个学分，教授范围涵盖技法和篆刻史。[5]虽然专门的篆刻学科尚未出现，但此时多学科美术教育为日后高校的篆刻学科建设提供了宝贵经验。

第三节　出版物与理论研究

相比于印社和高校的直接传授，篆刻出版物的刊行可以提高传播效率。在今天，我们对字帖、印谱的出版习以为常，而在民国，对一般人而言这类资料是难以获得的。更可贵的是，到20世纪30年代初，近代意义上的印学文献体系便已经形成，这个体系包括印谱、工具书和理论著作。

印谱主要分为集古印谱和流派印谱两类。此一时期，罗振玉、马衡、周进、陈宝琛、黄宾虹、陈汉第等古印收藏家、鉴赏家自发辑印了一批高质量的古玺印、封泥钤拓谱录，其中《赫连泉馆古印存》《魏石经室古玺印景》《澂秋馆印存》《滨虹草堂藏古玺印》《伏庐考藏玺印》等直到今天仍是供印人学习的重要材料，而在当时，它们对印人深入学习古典，从而形成迥异于明清的个性面貌居功至伟。印人们通过这些秦汉古印留痕触摸到质朴、高古的艺术气息，从而在创作高度上远远超过明清流派。这些印谱的辑印，一来是因为批量制版、印制印谱更为容易，二来也是清代金石学发展到最后一个阶段的必然爆发。

明清流派印谱的印行在此时也十分繁盛。吴隐等创办西泠印社，先后印行明清名家印谱二十三种，当世名家印谱三十六种，促进了篆刻艺术的社会普及。此外，有正书局、扫叶山房、神州国光社、商务印书馆等机构也出力刊行明清印集，与古玺印谱出版交相辉映。

考古工作的展开和私人收藏的献出，促使学者进行整理和研究。罗振玉辑《殷虚书契》《三代吉金文存》对三代文字的收集可谓造极一时，对印人选择入印文字是极大的补充。此外，各种工具书的出现也为印人的创作提供便利，以《说文解字》为基础展开的有吴大澂著《说文古籀补》、丁佛言著《说文古籀补补》、丁福保编《说文解字诂林》等。以缪篆为主要内容的有孟昭鸿编《汉印分韵三集》，此书在袁日省、谢景卿基础上进一步校勘，因

5　黄惇：《民国时期上海美专的篆刻教育》，《南京艺术学院学报（美术与设计版）》2015年第1期。

内容为汉印文字，故极为实用。其他文字的字书也相继面世，要者有徐文镜编《古籀汇编》、汪仁寿编《金石大字典》、容庚编《金文编》等，这些工具书耗费编者精力，但嘉惠学林、印坛既深且广。

随着篆刻群体的扩大，相关理论研究和出版物的刊行也应运而生。此前，印人们的思想大多依靠诗文和序跋为人所知，未有专门著作问世。1927年，寿石工发表《篆刻学讲义》，从十二个方面阐述篆刻技法和基本常识；傅抱石分别在1926年、1934年撰成《摹印学》和《刻印概论》，这些都是作者的课堂讲义，较成体系。社会上印行流传有陈克恕著《篆刻针度》、孔云白撰《篆刻入门》、邓散木撰《篆刻学》等书，这些教材在传播印学的同时，也是对现代篆刻学学科建设的有效尝试。除了技法类的理论书籍，印学史的研究在这一时期也愈加深入，王献唐撰《五镫精舍印话》，涵盖了印史、印谱、玺印形制等各个方面，考证精深，虽缺乏体系，但其中许多观点至今仍为不刊之论。1931年，罗福颐撰《印谱考》刊行，是为印谱专门研究的先河。

以上三个部分构成的印学文献体系为民国篆刻超越前代提供了良好条件，我们在评价民国印人成就时不能忽视它们的贡献。

第四节　市场繁荣

鸦片战争后，中国东部沿海逐步开埠通商，到了辛亥革命时，北京、天津、上海、苏州、南京、杭州、广州等城市已经具备较大规模，人口众多，商业繁荣。书画家率先在市场上活跃起来，挂出润格售卖作品，为了满足书画家和工商业从业者的需求，印人也拿出自己的篆刻作品进入市场。据孙慰祖统计，1892—1949年间，在上海公开润例，或从事创作、教学活动并具有较大影响的有120人，而绝大多数都不是本地人，这一数量是惊人的。[6]印人数量的庞大意味着竞争也相对激烈，激烈的竞争则会带来艺术的创新和进步。

需要印章的除了书画家，一般都是社会中上层人士，而对于上层名流而言，印章不但是实用物品，也是审美品位的体现，所以名家治印很受欢迎。1942年3月9日，《申报》刊登的一则报道透露了当时社会对于印章的选择需求："图章虽非必需品，各界人士均需备印一颗。社会人士最喜宋元派印章及汉印。金石家不多，以陈巨来刻宋元印，赵叔孺刻汉印，浙派王禔最出色，陶寿伯、王开霖为后起之秀……"[7]

作为一名具有较高声誉的印人，王禔每年接件达两百枚以上，润金使他能够过上十分富足的生活，并且养活一家九口人。但民国时期像他这样的印人并不多，为了更好地适应市场，获得更高收入，大多数印人会选择趋附于某一位名家的风格，或登门拜师，或私淑仿作，这也许才是形成五大流派的根本原因。

6　孙慰祖：《保存文脉与艺术家的生存——民国海上篆刻群体的递承与经济生活》，《上海文博论丛》2006年第4期。

7　孙慰祖：《近现代篆刻艺术发展的历史条件》，载《中国玺印篆刻通史》，东方出版中心，2016，第407页。

◎ 本章小结

综上，不难看出，民国篆刻同那个时代的特点一样，充满个性，孕育变化。所谓派系的区分并非偶然，归根结底是由于市场需求催生的地域差异和印人流动。由于出版物的刊布与社团活动的兴起，印人们的学习资源较之明清大大丰富，印人作为一个团体受到人们的重视。古印原钤广见于世让一批印人得以摆脱“传统”束缚，进而去构建一个新的、更为高古的传统。眼界的打开，让一批天赋、审美俱佳的印人与同侪拉开差距，这种差距体现在润格上，也渐渐被后人认识到。这批篆刻家不是民国篆刻的全部，但他们代表了民国篆刻个性解放的一面，他们借助书法、绘画、金石鉴赏等手段滋养篆刻，在继承明清流派的基础上，找到属于自己的风格。

新中国成立之后，篆刻曾有很长时间的沉寂，但改革开放以后，印人的数量和质量都呈现井喷式增长，往日民国的几大流派印风在当代印坛依旧具有学术意义，历久弥新。更为重要的是，民国印人一反明清旧规，重视秦汉、发掘自我的治印精神被当代人不懈践行着。可以说，承继与出发就是民国篆刻艺术的现代意义。

第七章

腾飞期——现代

迈过民国，时间进入现代。自1949年新中国成立，各行各业迅速迎来改组。最先开始的是在农业、手工业、工商业领域进行的社会主义改造，生产资料由私有制迅速转化为公有制，在这一时代洪流下，传统的篆刻艺术也在悄然发生变化。自明代以来，私相授受的师徒传承模式不再一枝独秀，公益性的社会教学和逐步规范的高校专业设置，令现代印章艺术拥有更加广泛的学习人群，印章的受众也由传统的文人雅士，进而推广到更为广阔的社会阶层，各类政治宣传成为篆刻艺术新的绽放平台。同时，传统文人的创作活动并未消亡，从民国进入新时代的篆刻家们，在波折中与新的社会文化一道，共同形塑现代印章的时代特征。

第一节　现代印章的时代特征

现代印章的艺术特征主要体现在取法途径、印学团体和展示方式三个方面，此外，印材、出版、媒体等因素也发挥了各自影响。

一、取法

中华人民共和国成立之初，百废待兴，各项艺术形式近乎停滞。篆刻作为艺术中的一朵“小花”，更是如此。承接民国诸多流派遗绪，篆刻家们在这一时期的创作明显受到民国大家们的影响，并无太多个性化的表达。取法上也大多不过明清，直接模拟吴昌硕、赵时㭎、黄牧甫，或是学习当时尚在世的齐白石等。这一时期，篆刻因为不受重视，得以展示的机会很少，创作者在取法上几无收获。

“文化大革命”开始后，篆刻作为政治宣传的工具始得重视。因为需要刻制大量简化字标语和政治宣传画，一些瓦当、宋元押印、商业牌记、钱币、图画印的风格逐渐被印人吸收、改造，一时间，篆刻风格多样，取法广泛。应当说，政治运动的需求客观上刺激了印人去寻求新的取法元素。

改革开放之后，篆刻艺术迎来真正的春天，宽松的政治环境使得印人的创作心理得以解放，西方艺术理论的进入使“印外求印”不只限于金石领域，印人们可以将视野放宽到雕塑、版画、广告等各种艺术门类。与此同时，考古工作的全面开展及时为篆刻创作提供实物参考，简帛、封泥、陶文等资料的大大丰富，也让现代印人的取法视野开阔不少。

篆刻艺术不同于绘画，一般创作者难以直接师法自然，风格的形成更多依托于前人成果。在这一过程中，资料占有和想象力无异于印人创作的两翼，缺一不可。从这个角度来讲，现代印人的取法思维要远胜于明清时期。

二、团体

在篆刻艺术的发展中，各类书法篆刻团体的助力不可不提。社团成员们在互相交流和共同发起活动的时候，创作能力各自得到提高，同辈印人之间也可相互借鉴，取长补短。虽然这一时期的印学团体及其活动都摆脱不了政治因素的影响，但他们曾编订的印谱、举办的活动，无疑具有较大影响，难以忽视。其中，尤以杭州西泠印社最负盛名。虽然新中国成立后西泠印社曾一度停止活动，但1963年10月借建社六十周年的契机，印社选举张宗祥为社长，重新树立起印坛标杆。此外，北京中国书法研究社、上海中国金石篆刻研究社、江苏省书法印章研究会等团体也于新中国成立初期在全国各地为篆刻艺术延续香火。下面对“文化大革命”之前全国的主要印学团体做一简单介绍。

（一）杭州西泠印社

从1956年5月到1963年10月，西泠印社一直在做着复社准备，相继举办庆祝新中国成立十周年“金石书画大展”，以及“明清金石书画展”“四任画展”等活动。同时，印社持续重视对历代金石书画珍品的收藏，为学术研究奠定基础。1963年10月18日，西泠印社举办建社六十周年纪念大会，选举张宗祥为社长，潘天寿、傅抱石、王个簃、许钦文、孙晓泉为副社长，以放眼整个印坛的视野，重新确立西泠印社在中国印坛的领先地位。

（二）北京中国书法研究社

1956年，张伯驹主持成立“北京中国书法研究社”，立社宗旨“在于使书法这一朵艺术之花得到继承和发扬”，金石篆刻也被纳入其中。这个研究社的重要作用在于开启对外的篆刻交流，1957年，中国书法家一百件作品在日本东京、大阪、名古屋等地巡回展出；翌年3月，日本书道联盟送来五十幅书法、九幅印屏，分别在北京、上海、苏州、广州、成都、济南等地举办“日本书法篆刻展览会”，极大促进中日两国的民间交流。

（三）上海中国金石篆刻研究社

1957年1月20日，上海中国金石篆刻研究社正式成立，王福庵为社长，马公愚、钱瘦铁为副社长，张鲁盦为秘书长，具体日常社务由张鲁盦负责。该社的宗旨是“以研究和发扬我国几千年的金石篆刻，培养专门人才，适应广大人民学习文化艺术的要求并为政治和社会服务”。1956年，该社集体创作《鲁迅笔名印谱》捐赠给上海鲁迅纪念馆，是现代印学史的标杆事件。该社以上海为中心，主要成员都是当时印坛的中坚力量，拥有较大影响力，所以他们发动的几次集体创作活动均发挥了政治宣传的作用。

（四）江苏省书法印章研究会

1960年4月，江苏省书法印章研究会在南京市鼓楼成立，胡小石任会长，傅抱石、黄七五为副会长，丁吉甫任秘书长。丁吉甫在南京艺术学院开设印章课程，同全国的印人建立广泛联系。1961年7月，江苏省第一届书法印章展览在江苏美术馆展出，连续举办三年，影响很大。

除了上述四个具有较大影响力的印学团体，全国当时还有苏州“艺石斋”、上海中国书法篆刻研究会、武汉东湖印社、广东省书法篆刻研究会等团体在努力复兴金石篆刻艺术，基本囊括了新中国成立初期全国的金石篆刻高手。

1983年，上海《书法》杂志举办全国首届篆刻评比，在此次评比中涌现出一大批具有相当水平的篆刻爱好者，其中的很多人后来成长为印坛中坚力量，而这无异于在全国各地播下篆刻艺术的火种，日后渐成燎原之势。西泠印社则继续秉承“保存金石，研究印学，兼及书画”的宗旨，将全国最优秀的篆刻家、印学家聚集孤山，立足杭州，辐射全国。同时，其他省份也纷纷拥有自己的印学团体，较为突出的有南京印社、北京印社等。

三、展示方式

以往的篆刻作品依托印谱行世，而在这一时期，印屏成为更加适应展厅效果的选择。通过制作印屏，篆刻与书画拥有了相似的展示方式和视觉效果，而且由于印屏通常由宣纸粘贴制作，印人还可加上题签、题跋甚至绘画、拓片来增加艺术效果。

而且，随着市场经济的发达，印章的展示方式更加多样、亲民，展览上常常可以见到印章实物，对于爱好者的学习大有裨益。今天，策展人还可以将印章与装置、陶瓷、影像进行结合，篆刻的魅力在不断向外延伸。

第二节　代表人物及其作品

邓散木（1898—1963年），上海人。初名铁，字钝铁，三十后自号粪翁，四十后始称散木。1960年因动脉硬化，截去左腿，因此自署一足、夔，名居室为厕简楼，自榜“三长两短斋”（即长书、印、诗，短画、词）。晚年居北京。篆刻投于赵古泥门下，得赵氏真传，但较乃师有所创新。邓散木不断从封泥、古陶、砖瓦文中汲取养料，五十岁前后挣脱师门，自创新路，逐渐形成了雄奇茂密、疏密有致、严谨多变的自家风貌。其边款艺术尤为精

图 7.2.1
邓散木“换了人间”，朱文印

彩，楷书款从历代切刀法而来，结构匀称、稳健，结字规范。除楷书边款外，他还长于草、隶、篆书诸体，是一位印、款俱精的印学家。1931至1949年之间，曾在江南一带连开十二次展览，艺坛瞩目，有书坛的“江南祭酒”之称，曾有“北齐（白石）南邓（散木）”之誉。著有《篆刻学》。“换了人间”（图7.2.1），朱文，中有界格分割，此印字法和章法都采用古玺的样式，但中间将本应无形的分割线刻了出来，可谓新奇。虽然这一做法增加了印章的现代感，但稍欠自然。“没有共产党就没有新中国”（图7.2.2），白文，此印在这一时期的众多口号印中可谓难得的精品，章法谨严的同时利用刀法的残破和两个“有”字造成的空间留白使印面不失活泼，整体气息较为接近吴昌硕。尤其难得的是，在多字印的创作中还能够照顾到每一笔的书写性，笔画交接处清晰、自然，这一点直到今天仍是众多篆刻家孜孜以求的目标。

图 7.2.2
邓散木“没有共产党就没有新中国”，白文印

来楚生（1903—1975年），浙江萧山（今杭州市萧山区）人。原名稷勋，字楚凫，号然犀，别号很多，有负翁、一技、木人、非叶、怀旦等，晚年易字初生，亦作初升。书斋名有然犀室、安处楼。书、画、印兼善，其画清新朴茂、笔墨简练、格调隽逸，在现代花鸟画坛上独树一帜。书法拙中寓巧，草书和隶篆最为人称道。篆刻远师秦汉，近踵吴熙载、赵之谦、吴昌硕、齐白石等大家，而能不落前人窠臼，自出新意，开创一代印风。其肖形印更是熔汉画像、古肖形印于一炉。钱君匋曾评：“来氏刻印七十岁前后所作突变，朴质老辣，雄劲苍古，得未曾有。虽二吴（吴熙载、吴昌硕）亦当避舍，齐白石自谓变法，然斧凿之痕，造作之态犹难免诮，二十世纪七十年代能独立称雄于印坛者，唯楚生一人而已。”有《来楚生画集》《来楚生法书集》《然犀室肖形印存》行世。来楚生是吴昌硕后在写意印章上取得最大成就的印人，白文印生猛泼辣，豪气淋漓，如白文印“楚生一字初生又字初升”（图7.2.3）。此印共十字，分两列排布，左右两边均有大面积破边，中间红色界格十分显眼，左边只有四字，所以为了与右边平衡，破边更加彻底。来楚生结字很生动，宛若直接落墨书写，但线条边缘永远有毛毛刺刺的金石质感，这是来氏的印章特色。今天的很多写意印风作品在刀法上都是直接学习来楚生的。以隶书入印者不少，来楚生并不算早，但以汉简风格隶书入印，来楚生算是比较早，而且非常成功的。“然犀”（图7.2.4），朱文，此印用字师法汉简，一收一放，一紧一松，配合得宜。难得的是，此印通过巧妙作残，整体气息暗通残砖，解决了汉简难以印化的问题。真正写意印的作残是小心翼翼、毫发生死的，远如吴缶庐，近似马士达，都是以雕琢的心态对待每一处残破，以收得满意的艺术效果，“然犀”印的边框便能说明这一点，“犀”字掠笔粗重，与边框相交处施加残破可化解在此处臃肿的

图 7.2.3
来楚生“楚生一字初生又字初升”，白文印

图 7.2.4
来楚生“然犀”，朱文印

情况，右下部分的两点残破则是为了不使右边框过于死板，但中间尚留有一点红色，避免从此处泄气。至于印文部分的残破就更是处处小心了。佛造像（图7.2.5），白文，中间刻一佛，两侧各站立一名胁侍。图像印的创作是来楚生留给印坛的最大财富，他取法古代造像、画像石、肖形印元素，用独具金石意味的刀法表现出来，毫无雕琢感。作画者好以“写”景自名，以示少描摹气，刻印也是如此，最忌造作气，而图像印又很容易堕入描形的路数，故如何将图像用自然的刀法表现出来是刻此类印章的关键。来楚生作为书、画、印兼善的艺术家，早早勘破此点，所以他的图像印创作十分生动，以刀作画，神气独具。

图 7.2.5
来楚生刻佛造像

韩登安（1905—1976年），浙江萧山人。原名竞，一字仲铮，别署耿斋、安华、印农，晚年又号无待居士、本翁，少时从父居杭州，拜书画篆刻家周承德为师。成年后，就学于王福庵门下，造诣日深。其篆隶书法和治印较著名，而书以长瘦的玉筯篆为擅；治印则广采博览，上至周秦两汉下及明清篆刻诸流派，均有精深研究。其所刻细朱文，人称绝艺，擅长多字印与小字印。有《韩登安印存》《岁华集印谱》《西泠印社胜迹留痕》等印谱行世，辑《明清印篆选录》十二卷，共选明清两朝印人五十余家，按时代顺序先后，列名家印篆之字，还增补王福庵《作篆通假》二卷。晚年所刊《毛主席诗词刻石三十七首》，允为当代金石杰作。如朱文印“七律《冬云》”（图7.2.6），圆形印较方形印难刻，多字印更是如此。而韩登安最擅长的就是在异形石材上刻制长篇诗词，此印无论是在以毛主席诗词为印文的篆刻作品中，抑或在多字元朱文作品中，都是杰出的代表。此印印面整体气息醇和，章法妥帖，笔画屈伸有度，不显拥塞，特别是边框附近的笔画还能舒展开来，让人不得不佩服其手段高妙。元朱文作为典雅印风的代表，是流派印的传统，但多字元朱文属于创新。“西泠印社”（图7.2.7），白文，此印堪称众多以“西泠印社”为印文的作品中最为人熟知的一方。章法上采用汉白文最为平稳的样式，字法平平无奇，唯“西”与一般汉摹印篆不同，较为轻松。刀法上颇为用心，作者想用轻松的格调表现线条，这从“西”“印”“社”三字的笔画搭接处能够看到，但轻松并不轻佻，印面并无残破和过多的单刀，所以视觉上具有一种玉印的气质，如今也是作为西泠印社的标志之一出现在各种场合。

图 7.2.6
韩登安刻七律《冬云》，朱文印

图 7.2.7
韩登安“西泠印社”，白文印

钱君匋（1907—1998年），浙江桐乡人。曾任西泠印社副社长，上海文史研究馆馆员，中国美术家协会会员及上海分会常务理事，中国书法家协会会员及上海分会名誉理事，上海市政协第三、四、五、六届委员，君陶艺术院院长。出版有《长征印谱》《鲁迅印谱》《钱君匋印存》《君匋印选》《海月庵印剩》《无倦苦斋印剩》《君匋书籍装帧艺术选》等数十卷，

图 7.2.8
钱君匋“对待同志象春天般温暖”，白文印

图 7.2.9
钱君匋“对待工作象夏天般火热”，白文印

图 7.2.10
钱君匋“对待个人主义象秋风扫落叶一样”，白文印

图 7.2.11
钱君匋“对待敌人象严冬一样残酷无情”，白文印

美术短篇论集《艺陶苑论微》《钱君匋作品集》。“对待同志象春天般温暖”（图7.2.8）、“对待工作象夏天般火热”（图7.2.9）、“对待个人主义象秋风扫落叶一样”（图7.2.10）、“对待敌人象严冬一样残酷无情”（图7.2.11），白文，以简化字入印的技巧在钱君匋的这一组印中可谓登峰造极。简化字入印不容易印化，难以产生金石气，其原因在于简化字结构缺乏平衡感和设计感，钱君匋将每个字、每方印都撑满四角，用隶书笔法去刻，隐隐有伊汀州的感觉，但融入更多巧思。由于刻得饱满，远远看去与汉印气息相通，加上用刀果断，金石意味也就随之而来了。

罗叔子（1913—1968年），湖南新化人，名弢叔，别署范球、崇艺，室名无华龛。著名美术史论家、篆刻家、书画家。1948年毕业于国立杭州艺术专科学校（现中国美术学院）国画系，擅长篆刻、书画、美术理论，兼擅书法。曾师从马万里、潘天寿学艺，深受二者以及徐悲鸿、黄牧甫影响。其篆刻形成了自己独到的风格，被张友宪、朱光耀称为“罗氏印风”，尤以细朱文独具特点。其书画表现出的才情有宋元以来杰出文人画家所特有的标志，无论意境、笔墨、图式均显示出过人之处。若说韩登安的“西泠印社”（图7.2.7）最深入人心，那么罗叔子的这方“西泠印社”（图7.2.12），可能是最有设计感的。一眼看去，此印具有黄牧甫的光洁劲挺和汉金文的拙态，但细审之下并不仅仅如此，罗叔子的汉金文是经过他改造的，借鉴了所谓青花碗底画押，线质在平直之下蕴含变化，特别是笔画交界处的细节，耐人寻味。这种印风在罗叔子手上已经十分成熟，“江山如此多娇”（图7.2.13）便较之“西泠印社”更加典型。罗叔子的朱文印富于创新，白文印更加大气，如“缶庐继起迈先行”（图7.2.14），此印印文还是脱胎于汉金文，但改造较明显，笔画轻重变化幅度大，大胆使用借边、错位、盘屈，使整个印面显示出不可遏制的动感。值得一提的还有此印的边款，纯用单刀刻就，风格依然是汉金文中铜鉴铭文一路，但由于十分熟练，罗叔子能够把毛笔书写的特性在边款中表现出来，边款将篆、隶、楷杂糅在一起，潇洒率意。

方去疾（1922—2001年），浙江温州人，原名正孚、超、之木，号心斋、四角草堂、宋玺斋、岳阳书楼等。曾任中国书法家协会副主席、西泠印社副社长等，一生致力于印学研究，贡献卓著。编订《明清篆刻流派印谱》，对一百二十四位印家的风格、师承渊源逐一进行评析，发掘了一批被历史尘封的印人印作，纠正了以往史料中诸多不详不当之处，填补了五百年流派印章综合研究的空白。此后，他还借整理出版《上海博物馆藏印选》《汪关印谱》《赵之谦印谱》《吴让之印谱》等书，系统刊布一批历史上优秀的印人印作，并在《书法》杂志的篆刻专页中提供了许多他收藏的珍贵印

图 7.2.12
罗叔子“西泠印社”，朱文印

图 7.2.13
罗叔子“江山如此多娇”，朱文印

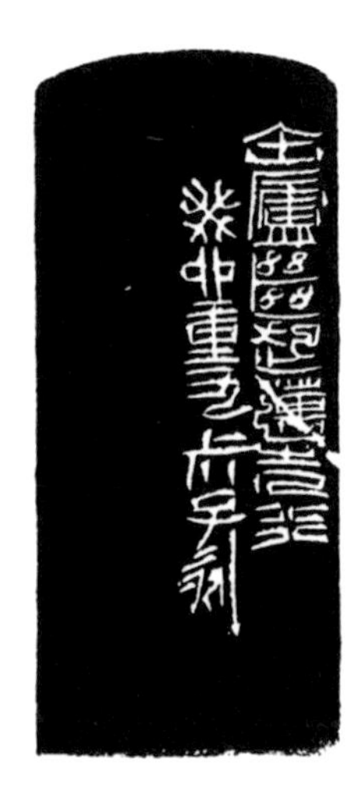

图 7.2.14
罗叔子“缶庐继起迈先行”，白文印

图 7.2.15
方去疾“苏舜君”，白文印

图 7.2.16
方去疾“千里江陵一日还”，朱文印

稿。他还先后和吴朴堂、单晓天合作出版《瞿秋白笔名印谱》《古巴谚语印谱》等专题印谱，在书法篆刻界产生强烈反响。“苏舜君”（图7.2.15），白文，方去疾善以秦汉金文意味创作，此方白文姓名印就是成功的代表。章法上守住汉印规矩的布白方式，但字法取敧侧之势，富于动感。为了配合字法，此印刀法也大胆使用单刀，“苏”字右侧破边处理，却不显松懈，几处掠画收笔饱含隶意，书写性极强。今天印坛中以秦汉金文入印者不在少数，但能将之印化得如此醇正者不多。“千里江陵一日还”（图7.2.16），朱文，同样是金文入印，此印从字法到笔画带有明显的诏版意味。朱文的刻制刀法与白文大相径庭，如同做减法，所以方去疾在刻此印时强调了收笔末端的粗笔效果，意在与简帛书写共通。

第三节　书画家及学者的参与

与前章所述民国时期一样，这一时期的篆刻活动仍有许多并非以印事擅名的书画家、学者参与，他们审美经验的多元化，是现代印章艺术强盛生命力的重要来源。

图 7.3.1
傅抱石“往往醉后”，朱文印

傅抱石（1904—1965年），原名长生、瑞麟，号抱石斋主人。生于江西南昌，祖籍江西新余。早年留学日本，回国后执教于中央大学。1949年后任南京师范学院教授、江苏省国画院院长等职。擅画山水，中年创为“抱石皴”，笔致放逸，气势豪放，尤擅作泉瀑雨雾之景。晚年多作大幅，气魄雄健，具有强烈的时代感。人物画多作仕女、高士，形象高古。著有《中国绘画变迁史纲》《摹印学》《中国古代山水画史的研究》等。傅氏治印颇多，还有篆刻印论传行于世。“往往醉后”（图7.3.1），朱文，此印是傅抱石绘画自用印，钤盖于得意之时，整体典雅秀丽，与其画作气息想通。“毛泽东印”（图7.3.2），白文，此印大概是受了齐白石的影响，从篆法到大块的留红都有齐白石流派风格，但毕竟是画家业余操刀，此印仅得平稳，用刀显得迟疑。

图 7.3.2
傅抱石“毛泽东印”，白文印

白蕉（1907—1969年），本姓何，名馥，字远香，号旭如，别署复生。上海金山人。善书法，尤以小字行草为人称道，宗法二王，参以日本“三笔三迹”的气息，笔势潇洒。又善于写兰，清雅脱俗。篆刻较少作，但能不俗，取法封泥、汉私印，多金石趣味，如朱文印“兰王”（图7.3.3），取法汉烂铜印，在边框上加入锈蚀效果，特别是下边框的摆动随字势生发，极其精彩。著有《云间谈艺录》《书法十讲》《济庐诗词》等，其创作理论的影响很大。

罗福颐（1905—1981年），浙江上虞人。字子期，又署紫溪、梓溪，七十岁后自号偻翁。为近代著名金石学家罗振玉第五子，自幼秉承家学，由父兄为他教授四书五经，并无其他学历。课余写字刻印，阅读家藏古印谱，手拓青铜器铭文，并开始摹集玺印文字。与其父门生容庚、商承祚是青年时代的学友，二十五岁时即出版《古玺文字徵》《汉印文字徵》，一生著述多达二百余种。“文化大革命”中被下放至湖北干校备受迫害。“文化大革命”后，他克服年迈力衰，三年中足迹遍涉大江南北十五个省、市，访问了二十七个博物馆及文化机构，采集古玺印资料近万件。罗福颐研究文物考古的面极广，除玺印、古文字外，对清廷史料、古代官制、甲骨、汉简、古尺度、古量器、镜鉴、银锭、石刻、墓志、汉魏石经、古代医书及西夏、辽、金、元少数民族等均有著述。其中《汉印文字徵》、《古玺文编》、《古玺汇编》、《古玺印概论》、《印章概述》（合著）等考证严谨，对篆刻艺术影响极大。他生前供职于故宫博物院，兼任国家文物局咨议委员会委员，又任中国科学院考古学会、中国古文字学会、西泠印社理事等职。罗福颐一生治印谨守先秦、秦汉规矩，极少个性表达，但因为家学和长期从事学术研究，故对印章理解极深，也许一力复古就是他的个性表达。（图7.3.4—图7.3.6）

图 7.3.3
白蕉“兰王”，朱文印

图 7.3.4
罗福颐“罗福颐印”，白文印

图 7.3.5
罗福颐“吴颐人”，朱文印

徐无闻（1931—1993年），四川成都人。原名永年，字嘉龄，三十岁后耳失聪，更字无闻，凡书法篆刻及论艺之作皆以无闻署名。徐无闻幼承庭训，七岁即由父督习欧书，年十二兼攻《峄山碑》《三坟记》《石鼓文》，同时并操刀摹习古印，及泛览明清印家之作。十五岁获识著名学者、鉴藏家潜江易均室。易均室尽出所藏王福庵、李尹桑、唐醉石、赵叔孺、方介堪、邓尔雅等当代大家印作供其摩挲学习，遂眼界大开。曾担任中国书法协会理事、四川省文联全省委员会委员等职务。主编《汉语古文字字形表》《秦汉魏晋篆隶字形表》《甲金篆隶大字典》等。“云从龙”（图7.3.7），白文，此印是徐无闻较为少见的尝试之作，意在仿甲骨文刻画，与一般的甲骨文入印不同，徐无闻去掉了边框、分界等印章的形式构成，就是单纯地仿造一片甲骨形制。在此之后，这类创作也少继踵者。

◎ 本章小结

图 7.3.6
罗福颐“张翼之印”，朱白文印

图 7.3.7
徐无闻“云从龙”，白文印

实际上，现代篆刻家与民国印人群体间有相当大的重合，我们一般根据其在1949年后的生活时长决定是否剥离，但有时也需考量其在新中国成立后社会事务中的参与度。比如罗福颐、钱君匋、傅抱石、罗叔子等，均有逾三十年的民国生活经历，在新中国成立后也深度参与文博单位、高等院校的筹建和教学、科研工作，其中不乏为领导人刻印，甚至以简化字入印者，故将其归入本章更加合理。

相比于民国印人的“野蛮生长”，现代篆刻家不仅具备类似的家学、师友资源，还较之受到更多来自公共事务的规范。这种规范未必被印人自觉，却毫无疑问地参与其艺术风格的形塑。例如，本章涉及的印人很多都刻过伟人诗词、标语、口号等内容，书画家如傅抱石、白蕉也有大量类似书画作品传世，这种命题创作在民国印人身上比较少见，但在现代是不容忽视的艺术现象，以至于提起方去疾、单晓天，人们便立马联想到《瞿秋白笔名印谱》《养猪印谱》这些时代特征鲜明的事物。除了来自政治环境的规训，印人参与高校教学、科研也有助于规范的生成，再考虑到他们中的很多人还积极参与各级协会、社团事务，并担任要职，他们的印风必然深刻影响了一批年轻人，而这些年轻人又成为20世纪80年代后中国印坛的中坚力量，例如，来楚生、钱君匋印风在上海，罗叔子印风在南京，徐无闻印风在四川，直到今天都还能见到传习衣钵者。

规范并不意味风格的单一乏味，它同时促使更多印人深入传统，寻找秦汉印以外有助于创作的一切资源。这种“印外求印”在清代晚期、民国可能只是一二印人的个体行为，但在现代，借助高校和协会的力量，尤其受惠于出版事业的日益昌明，更多学习篆刻的人可以自由采撷自己心仪的金石材料，参考前辈印人经验将之融进自己的篆刻创作中。改革开放以后，以西泠印社为代表的艺术社团积极组织展览、比赛，让来自全国各地的印人们获得彼此交流的机会，从而渐渐改变民国以来篆刻呈现强烈地域特征的状态。可以说，规范与多元，就是现代印章艺术磅礴生命力的体现。

中卷图片索引

续表

续表

图　序	图　名	印面原文	页 码
图 1.3.17c	“野夫”边款：十有二月，十有四日，与予同生，命之曰同	十有二月，十有四日，與予同生，命之曰同	025
图 1.3.18	趞	趞	026
图 1.3.19	卢逌	盧逌	026
图 1.3.20	钱氏文房	錢氏文房	026
图 1.3.21	千里共明月	千里共明月	026
图 1.3.22	沙随程迥	沙随程迥	026
图 1.3.23	刘东	劉東	027
图 1.3.24	埋轮之后	埋輪之後	029
图 1.4.1	参政帖		032
图 2.2.1	舜（舜）举	舜舉	044
图 2.2.2	霅溪翁钱选舜（舜）举画印	霅谿翁錢選舜舉畫印	044
图 2.2.3	钱选之印	錢選之印	044
图 2.2.4	舜（舜）举印章	舜舉印章	044
图 2.2.5	赵	趙	046
图 2.2.6	赵氏子卬（昂）	趙氏子卬	046
图 2.2.7	大雅	大雅	046
图 2.2.8	天水郡图书印	天水郡圖書印	046
图 2.2.9	松䨮（雪）斋	松䨮齋	046
图 2.2.10	孟頫	孟頫	046
图 2.2.11	吾衍私印	吾衍私印	049
图 2.2.12	布衣道士	布衣道士	049
图 2.2.13	青云生	青云生	049
图 2.2.14	自得斋	自得齋	050
图 2.2.15	云涛轩	雲濤軒	050
图 2.2.16	濮阳	濮陽	050
图 2.2.17	聊消（逍）摇（遥）兮容与	聊消摇兮容与	050
图 2.2.18	吴叡私印	吴叡私印	050
图 2.2.19	俯仰自得	俯仰自得	050
图 2.2.20	吴孟思章	吴孟思章	050
图 2.2.21	濮阳世裔	濮陽世裔	050
图 2.2.22	汉广平侯之孙	漢廣平矦之孫	050
图 2.2.23	王氏	王氏	052
图 2.2.24	王元章	王元章	052
图 2.2.25	王冕私印	王冕私印	052
图 2.2.26	王元章氏	王元章氏	053

续表

续表

续表

续表

续表

图 序	图 名	印面原文	页 码
图 4.1.10	戴本孝凤栖铎形印		108
图 4.1.11	癸卯仲春鹰阿山樵戴本孝作	癸卯仲春鹰阿山樵戴本孝作	108
图 4.1.12	石涛“我何济之有”，白文印	我何濟之有	108
图 4.1.13	石涛“大涤堂”，白文印	大滌堂	109
图 4.1.14	石涛“向年苦瓜”，朱文印	向年苦瓜	109
图 4.1.15	石涛“靖江后人”，白文印	靖江後人	109
图 4.1.16	张在辛“安丘张在辛印”，朱文印	安丘張在辛印	110
图 4.1.17	张在辛“如庵”，白文印	如菴	110
图 4.1.18	张在辛“张在辛”，白文印	張在辛	110
图 4.1.19	张在辛“凤翰”，白文印	鳳翰	111
图 4.1.20	张在辛“自来草阁”，朱文印	自来艸閣	111
图 4.1.21	张在辛“兰雪（雪）斋”，白文印	蘭䨮齋	111
图 4.1.22	张在辛“柏庭老人”，白文印	柏庭老人	111
图 4.1.23	沈世和“家在菱湖橘社之间”，白文印	家在菱湖橘社之間	111
图 4.1.24	傅山“韩岩私印”，白文印	韓巖私印	111
图 4.1.25	顾苓“传是楼”，朱文印	傳是樓	111
图 4.1.26	顾苓“眇眇兮予褢（怀）”，朱文印	眇眇兮予褢	112
图 4.1.27	顾苓“仌（冰）䨮（雪）为心”，白文印	仌䨮爲心	113
图 4.1.28	顾苓“枫落吴江冷”，白文印	楓落吳江冷	113
图 4.1.29	顾苓“抱琴卧华（花）”，白文印	抱琴卧華	113
图 4.1.30	沈世和“石阑斜点笔桐叶坐题诗”，白文印	石闌斜點筆桐葉坐題詩	113
图 4.1.31	周亮工“纸窗竹屋灯火青荧”，白文印	紙窗竹屋燈火青熒	113
图 4.1.32	林皋“家无别况唐诗晋字汉文章”，朱文印	家無别况唐詩晉字漢文章	114
图 4.1.33	林皋“晴窗一日几回看”，朱文印	晴窗一日幾回看	114
图 4.1.34	林皋“身居城市意在山林”，朱文印	身居城市意在山林	114
图 4.1.35	林皋“桉（案）有黄庭尊有酒”，朱文印	桉有黄庭尊有酒	115
图 4.1.36	林皋“碧云馆”，朱文印	碧雲館	115
图 4.1.37	林皋“诸缘忘尽未忘诗”，白文印	諸缘忘盡未忘詩	116
图 4.1.38	林皋“智（智）者自知仁者自悉（爱）”，白文印	智者自知仁者自悉	116
图 4.1.39	林皋“佛少风流一种神多堀强三分”，白文印	佛少風流一種神多堀強三分	117
图 4.1.40	许容“胡昇猷印”，白文印	胡昇猷印	117
图 4.1.41	许容“若邪溪上人家”，白文印	若邪谿上人家	117
图 4.1.42	王玉如“扫地焚香”，朱文印	掃地焚香	117
图 4.1.43	吴先声“多情怀酒伴余事作诗人”，白文印	多情懷酒伴餘事作詩人	117
图 4.1.44	高翔“高翔印信”，白文印	高翔印信	118

续表

图 序	图 名	印面原文	页 码
图 4.1.45	高翔“长啸呼风”，白文印	長歗呼風	118
图 4.1.46	高翔“弯弓挂扶桑长剑倚天外”，朱文印	彎弓掛扶桑長劍倚天外	118
图 4.1.47	高翔“福寿臻人”，白文印	福壽臻人	118
图 4.1.48	高凤翰“家在齐鲁之间”，白文印	家在齊魯之間	119
图 4.1.49	高凤翰“雪鸿亭长”，白文印	雪鴻亭長	119
图 4.1.50	高凤翰“别存古意”，白文印	别存古意	120
图 4.1.51	高凤翰“生有印癖”，白文印	生有印癖	120
图 4.1.52	高凤翰“左臂”，白文印	左臂	120
图 4.1.53	高凤翰“丁巳残人”，白文印	丁巳殘人	120
图 4.1.54	高凤翰“左画”，朱文印	左畫	121
图 4.1.55	沈凤“凤印”，朱文印	鳳印	121
图 4.1.56	沈凤“补萝外史”，白文印	補蘿外史	121
图 4.1.57	沈凤“沈凤私印”，白文印	沈鳳私印	121
图 4.1.58	沈凤“凡民临古”，白文印	凡民臨古	121
图 4.1.59	潘西凤“寄兴於烟霞之外”，白文印	寄興於煙霞之外	121
图 4.1.60	潘西凤“白发多时故人少”，白文印	白髮多旹故人少	121
图 4.1.61	潘西凤“有容德乃大”，白文印	有容德迺大	121
图 4.1.62	潘西凤“画禅”，白文印	画禪	121
图 4.1.63	汪士慎“汪士慎”，白文印	汪士慎	121
图 4.1.64	汪士慎“我法”，白文印	我灋	122
图 4.1.65	汪士慎“七峰草堂”，朱文印	七峰艸堂	122
图 4.1.66	汪士慎“士慎”，朱文印	士眘	122
图 4.1.67	巴慰祖“下里巴人”，朱文印	下里巴人	123
图 4.1.68	巴慰祖“巴慰祖手橅（摹）魏晋以前金石文字之印”，朱文印	巴慰祖手橅魏晉以前金石文字之印	123
图 4.1.69	巴慰祖“巴氏八分”，朱文印	巴氏八分	123
图 4.1.70	巴树烜“清闲自可齐三寿”，白文印	清閒自可齊三壽	123
图 4.1.71	胡唐“白发书生”，朱文印	白髮書生	124
图 4.1.72	汪肇龙“尚书郎印”，白文印	尚書郎印	124
图 4.1.73	董洵“曹溪一派流香”，朱文印	曹谿一派流香	124
图 4.1.74	董洵“中年陶写”，朱文印	中年陶寫	125
图 4.1.75	董洵“直沽渔隐”，白文印	直沽漁隱	125
图 4.1.76	董洵“曾经沧海”，白文印	曾經滄海	125
图 4.1.77	董洵“小琅嬛”，白文印	小琅嬛	126
图 4.1.78	邓石如“江流有声断斥（岸）千尺”，朱文印	江流有聲斷斥千尺	127
图 4.1.79	邓石如“意与古会”，朱文印	意與古會	127

续表

图序	图名	印面原文	页码
图 4.1.80	邓石如“一日之迹”，朱文印	一日之跡	127
图 4.1.81	邓石如“乱臿（插）緐（繁）枝向晴昊”，朱文印	亂臿緐枝向晴昊	127
图 4.1.82	邓石如“雷轮”五面印	雷輪	128
图 4.1.83	邓石如“灵石山长”，白文印	靈石山長	129
图 4.1.84	邓石如“缪城一户长”，白文印	繆城一户長	129
图 4.1.85	邓石如“淫读古文日闻异言”，白文印	淫讀古文日聞異言	129
图 4.2.1	丁敬“丁氏敬身”，朱文印	丁氏敬身	131
图 4.2.2	丁敬“上下钓鱼山人”，朱文印	上下釣魚山人	131
图 4.2.3	丁敬“砚林亦石”，朱文印	硯林亦石	131
图 4.2.4	丁敬“丁敬身印”，朱文印	丁敬身印	132
图 4.2.5	丁敬“汪鱼亭藏阅书”，朱文印	汪魚亭藏閲書	132
图 4.2.6	丁敬“胡姓翰墨”，朱文印	胡姓翰墨	132
图 4.2.7	丁敬“陈鸿宾印”，白文印	陳鴻賓印	132
图 4.2.8	丁敬“两湖三竺卍（万）壑千岩”，白文印	兩湖三竺卍壑千巖	132
图 4.2.9	丁敬“钱琦之印”，白文印	錢琦之印	132
图 4.2.10	丁敬“敬身父印”，白文印	敬身父印	133
图 4.2.11	丁敬“丁居士”，白文印	丁居士	133
图 4.2.12	丁敬“卫尗（叔）”，白文印	衛尗	133
图 4.2.13	丁敬“玉几翁”，白文印	玉几翁	133
图 4.2.14	丁敬“下调无人采”廿字印，白文印	下調無人采	134
图 4.2.15	丁敬“烎虚”，白文印	烎虛	134
图 4.2.16	丁敬“小山居”，朱文印	小山居	134
图 4.2.17	丁敬“山舟”，朱文印	山舟	134
图 4.2.18	丁敬“杉屋”，朱文印	杉屋	134
图 4.2.19	丁敬“烟云共（供）养”，朱文印	烟雲共養	135
图 4.2.20	蒋仁“火莲道人”，朱文印	火蓮道人	136
图 4.2.21	黄易“五砚楼”，白文印	五硯樓	136
图 4.2.22	奚冈“飡胜”，白文印	飡勝	137
图 4.2.23	陈鸿寿“陈文述印宜身至前迫事毋闲愿君自发封完印信”，白文印	陳文述印宜身至前迫事毋閒顧君自發封完印信	137
图 4.2.24	赵之琛“雷溪旧庐”，朱文印	雷溪舊廬	137
图 4.2.25	钱松“我书意造本无法”，白文印	我書意造本無法	137
图 4.2.26	蒋仁“蒋山堂印”，朱文印	蔣山堂印	138
图 4.2.27	蒋仁“真水无香”，朱文印	眞水無香	138
图 4.2.28	蒋仁“蒋仁印”，白文印	蔣仁印	138
图 4.2.29	蒋仁“邵志纯字曰褱（怀）粹印信”，白文印	邵志純字曰褱粹印信	139

续表

图　序	图　名	印面原文	页 码
图 4.2.30	蒋仁“火中莲”，白文印	火中蓮	139
图 4.2.31	黄易“茶孰（熟）香昷（温）且自看”，朱文印	茶孰香昷且自看	140
图 4.2.32	黄易“茶孰（熟）香昷（温）且自看”，朱文印	茶孰香昷且自看	140
图 4.2.33	黄易“一笑百虑忘”，白文印	一笑百慮忘	141
图 4.2.34	黄易“小松所得金石”，白文印	小松所得金石	141
图 4.2.35	黄易“寉（鹤）渚生”，朱文印	寉渚生	141
图 4.2.36	黄易“湘管斋”，朱文印	湘管齋	141
图 4.2.37	黄易“陈氏八分”，朱白文相间印	陳氏八分	141
图 4.2.38	黄易“大司马总宪河东河道总督章”，朱文印	大司馬總憲河東河道總督章	142
图 4.2.39	黄易“河南山东河道总督之章”，朱文印	河南山東河道總督之章	142
图 4.2.40	奚冈“寉（鹤）渚散人”，白文印	寉渚散人	143
图 4.2.41	奚冈“何元锡印”，白文印	何元錫印	143
图 4.2.42	奚冈“奚冈言事”，朱文印	奚岡言事	144
图 4.2.43	奚冈“蒙泉外史”，朱文印	蒙泉外史	144
图 4.2.44	奚冈“频罗庵主”，朱文印	頻羅菴主	144
图 4.2.45	奚冈“龙尾山房”，朱文印	龍尾山房	145
图 4.2.46	奚冈“姚氏八分”，朱文印	姚氏八分	145
图 4.2.47	奚冈“秋声馆主”，朱文印	秋聲館主	145
图 4.2.48	陈豫钟“文章有神交有道”，白文印	文章有神交有道	146
图 4.2.49	陈豫钟“几生修得到某（梅）华（花）”，白文印	幾生修得到某華	146
图 4.2.50	陈豫钟“最爱热肠人”，白文印	最愛熱腸人	147
图 4.2.51	陈豫钟“洗翠轩”，朱文印	洗翠軒	147
图 4.2.52	陈豫钟“天水香凝六一泉”，朱文印	天水香凝六一泉	147
图 4.2.53	陈豫钟“快晴阁”，朱文印	快晴閣	147
图 4.2.54	陈豫钟“素门所�（藏）金石”，朱文印	素門所匧金石	147
图 4.2.55	陈豫钟“卢小凫印”，朱文印	盧小鳧印	147
图 4.2.56	陈鸿寿“寿雪山房”，朱文印	壽雪山房	149
图 4.2.57	陈鸿寿“江郎山馆”，朱文印	江郎山館	150
图 4.2.58	陈鸿寿“元某（梅）之印”，白文印	元某之印	150
图 4.2.59	陈鸿寿“双红豆斋”，白文印	雙紅豆齋	150
图 4.2.60	陈鸿寿“问梅消息”，朱文印	問梅消息	150
图 4.2.61	陈鸿寿“霝（灵）华僊（仙）馆”，白文印	霝華僊館	150
图 4.2.62	陈鸿寿“南宫弟（第）一”，朱文印	南宫弟一	151
图 4.2.63	陈鸿寿“许氏子咏”，朱文印	許氏子詠	151
图 4.2.64	陈鸿寿“玉人天际之斋”，朱文印	玉人天際之齋	151

续表

续表

图 序	图 名	印面原文	页 码
图 4.2.99	钱松“曾经沧海”，白文印	曾經滄海	161
图 4.2.100	钱松“鼻山匩（藏）”，朱文印	鼻山匩	161
图 4.2.101	钱松“集虚斋”，朱文印	集虛齋	162
图 4.2.102	钱松“受经堂”，朱文印	受經堂	162
图 4.2.103	钱松“小吉羊室赏真之印”，白文印	小吉羊室賞眞之印	162
图 4.2.104	钱松“南宫弟（第）一对策弟（第）二”，白文印	南宫弟弌對策弟二	162
图 4.2.105	钱松“老夫平生好奇古”，白文印	老夫平生好奇古	162
图 4.2.106	钱松“不露文章世已惊”，白文印	不露文章世已驚	162
图 4.2.107	钱松“富春胡震伯恐甫印信－胡鼻山人宋绍圣后十二丁丑生”，两面印	富春胡震伯恐甫印信－胡鼻山人宋紹聖後十二丁丑生	163
图 4.2.108	张燕昌“翼之”，两面印，朱文印	翼之	163
图 4.2.109	张燕昌“听碧处”，朱文印	聽碧處	164
图 4.2.110	张燕昌“小瀛洲”，白文印	小瀛洲	164
图 4.2.111	张燕昌“沧海一粟”，白文印	滄海一粟	165
图 4.2.112	张燕昌“金石契”，白文印	金石契	165
图 4.2.113	钱善扬“张廷济印”，白文印	張廷濟印	165
图 4.2.114	钱善扬“钱善扬”，白文印	錢善揚	165
图 4.2.115	钱善扬“白圭三复”，白文印	白圭三復	165
图 4.2.116	文鼎“张尗（叔）未”，白文印	張尗未	165
图 4.2.117	文鼎“文鼎”，朱文印	文鼎	166
图 4.2.118	文鼎“八砖精舍”，朱文印	八甎精舍	166
图 4.2.119	文鼎“移家白沙翠竹江村”，朱文印	移家白沙翠竹江邨	166
图 4.2.120	孙三锡“郭止亭”，朱文印	郭止亭	166
图 4.2.121	孙三锡“万氏九沙草堂匩（藏）书记”，朱文印	萬氏九沙艸堂匩書記	166
图 4.2.122	孙三锡“家在莺声细雨中”，白文印	家在鶯聲細雨中	166
图 4.2.123	孙三锡“温不增华（花）寒不改叶”，白文印	温不增華寒不改葉	166
图 4.2.124	郭麐“骚之苗裔”，朱文印	騷之苗裔	167
图 4.2.125	郭麐“郭麐印信”，朱文印	郭麐印信	167
图 4.2.126	江介“寸心千里”，白文印	寸心千里	168
图 4.2.127	江介“壮心不已”，白文印	壯心不已	168
图 4.2.128	张镠“江州司马”，白文印	江州司馬	168
图 4.2.129	张镠“许乃济印”，白文印	許乃濟印	168
图 4.2.130	张镠“郭麐祥伯”，白文印	郭麐祥伯	168
图 4.2.131	高垲“诗杂仙心”，白文印	詩雜仙心	169
图 4.2.132	高垲“频伽居士”，朱文印	頻伽居士	169
图 4.2.133	高垲“华（花）竹安乐斋”，朱文印	華竹安樂齋	169

续表

图 序	图 名	印面原文	页 码
图 4.2.134	瞿中溶“浮眉词客”，白文印	浮眉詞客	169
图 4.2.135	瞿中溶“汪熤之印”，白文印	汪熤之印	169
图 4.2.136	瞿中溶“郭廖祥伯氏印”，白文印	郭廖祥伯氏印	169
图 4.2.137	孙均“吉祥云室”，朱文印	吉祥云室	170
图 4.2.138	孙均“大富千万”，朱文印	大富千萬	171
图 4.2.139	项朝藁“饮酒游山”，朱文印	飲酒游山	171
图 4.2.140	项朝藁“白凤堂印”，朱文印	白鳳堂印	171
图 4.2.141	项朝藁“结翰墨缘”，白文印	結翰墨緣	172
图 4.2.142	屠倬“三分水阁”，朱文印	三分水閣	172
图 4.2.143	屠倬“吾亦澹荡人”，朱文印	吾亦澹蕩人	172
图 4.2.144	屠倬“桃华（花）山馆”，朱文印	桃華山館	172
图 4.2.145	屠倬“周官私印”，白文印	周官私印	172
图 4.2.146	屠倬“查揆字伯葵印”，白文印	查揆字伯葵印	172
图 4.2.147	屠倬“憨道人”，白文印	憨道人	173
图 4.2.148	杨澥“悦我生涯”，朱文印	悦我生涯	173
图 4.2.149	杨澥“昭文张约轩鉴定”，朱文印	昭文張約軒鑒定	173
图 4.2.150	杨澥“白溪听香主人姚秦之印”，朱文印	白溪聽香主人姚秦之印	173
图 4.2.151	杨澥“林则徐印”，白文印	林則徐印	173
图 4.2.152	杨澥“此道芒（茫）炊（然）”，白文印	此道芒炊	173
图 4.2.153	王应绶“为善最乐”，白文印	爲善最樂	174
图 4.2.154	王应绶“新兴冶库督印”，白文印	新興冶庫督印	174
图 4.2.155	王应绶“卧游仙馆”，白文印	卧游僊館	175
图 4.2.156	王应绶“凌江将军章”，白文印	凌江將軍章	175
图 4.2.157	沈爱蘐“闲来写幅丹青卖不使人间造孽钱”，白文印	閒來寫幅丹青賣不使人間造孽錢	175
图 4.2.158	沈爱蘐“甲辰岁华（花）甲一周”，朱文印	甲辰歲華甲一周	175
图 4.2.159	沈爱蘐“十研楼图书记”，朱文印	十研樓圖書記	175
图 4.2.160	程庭鹭“文伯”，白文印	文伯	176
图 4.2.161	程庭鹭“济父所藏”，朱文印	濟父所藏	176
图 4.2.162	程庭鹭“二十六宜梅华（花）屋”，朱文印	二十六宜梅華屋	176
图 4.2.163	杨大受“琅玕室”，白文印	琅玕室	176
图 4.2.164	高日濬“南渡循王之子孙”，白文印	南渡循王之子孫	176
图 4.2.165	高日濬“为耽华（花）月不神仙”，朱文印	爲耽華月不神僊	176
图 4.2.166	高日濬“隔华（花）人远天涯近”，朱文印	隔華人遠天涯近	176
图 4.2.167	高日濬“玉人天际”，朱文印	玉人天際	176

续表

图 序	图 名	印面原文	页 码
图 4.2.168	高日濬“郭桐孙初氏诗书画印”，朱文印	郭桐孫初氏詩書画印	177
图 4.2.169	徐楙“臣希曾印”，白文印	臣希曾印	177
图 4.2.170	徐楙“二十八宿罗心胸”，白文印	二十八宿羅心胸	177
图 4.2.171	徐楙“小沧山房”，朱文印	小滄山房	177
图 4.2.172	赵懿“纫荼（庵）”，朱文印	紉荼	178
图 4.2.173	赵懿“豪气未除”，朱文印	豪氣未除	178
图 4.2.174	赵懿“隅上小老”，朱文印	隅上小老	179
图 4.2.175	赵懿“平翁”，白文印	平翁	179
图 4.2.176	赵懿“听香书屋”，白文印	聽香書屋	179
图 4.2.177	赵懿“陆宣忠公后裔”，白文印	陸宣忠公後裔	179
图 4.2.178	胡震“富春大岭长”，朱文印	富春大嶺長	179
图 4.2.179	胡震“敦复之印”，朱文印	敦復之印	179
图 4.2.180	胡震“金石长年”，朱文印	金石長年	180
图 4.2.181	胡震“汝南伯子”，白文印	汝南伯子	180
图 4.2.182	胡震“富春胡鼻山”，白文印	富春胡鼻山	180
图 4.2.183	江尊“愿君替忏楳（梅）华（花）梦”，白文印	願君替懺楳華夢	181
图 4.2.184	江尊“秀野亭人”，白文印	秀野亭人	181
图 4.2.185	江尊“不惹盦”，朱文印	不惹盦	181
图 4.2.186	江尊“得意唐诗晋帖间”，朱文印	得意唐詩晉帖間	181
图 4.2.187	江尊“钱唐张氏寒香馆藏”，朱文印	錢唐張氏寒香館藏	181
图 4.2.188	汪之虞“宝晋英光之阁”，朱文印	寶晉英光之閣	181
图 4.2.189	汪之虞“碧梧吟室”，白文印	碧梧吟室	181
图 4.2.190	严坤“只此是学”，朱文印	只此是學	182
图 4.2.191	严坤“酒气拂拂从十指出”，朱文印	酒气拂拂從十指出	182
图 4.2.192	严坤“陆氏家藏”，朱文印	陸氏家藏	182
图 4.2.193	严坤“铁山”，朱文印	鐵山	182
图 4.2.194	严坤“复翁”，朱文印	復翁	183
图 4.2.195	严坤“斗寅之印”，白文印	斗寅之印	183
图 4.2.196	严坤“万潮字文光号斛泉印”，白文印	萬潮字文光號斛泉印	184
图 4.2.197	严坤“秀水姚观光六榆行七藏金石书画处曰宝甗堂曰墨林如意室读书处曰小云东仙馆种竹处曰碧雨轩莳花处曰湖西小筑”，朱文印	秀水姚觀光六榆行七藏金石書畫處曰寶甗堂曰墨林如意室讀書處曰小雲東仙館種竹處曰碧雨軒蒔花處曰湖西小築	184
图 4.2.198	杨与泰“仁和张日衔思素氏印”，朱文印	仁和張日銜思素氏印	184
图 4.2.199	杨与泰“紫阳氏沛然鉴藏”，朱文印	紫陽氏沛然鑒藏	185
图 4.2.200	杨与泰“孤山梅窪（鹤）是吾家”，朱文印	孤山梅窪是吾家	185

续表

图 序	图 名	印面原文	页 码
图 4.2.201	杨与泰“钮承第印”，白文印	钮承第印	185
图 4.2.202	杨与泰“书生昔日也从军”，白文印	書生昔日也從軍	185
图 4.2.203	杨与泰“火灭修容慎戒必恭恭则寿”，白文印	火滅脩容慎戒必恭恭則壽	185
图 4.2.204	陈祖望“七印斋所得金石”，朱文印	七印齋所得金石	186
图 4.2.205	陈祖望“恬素先生”，朱文印	恬素先生	186
图 4.2.206	陈祖望“借汝闲看几十年”，朱文印	借汝閒看幾十年	186
图 4.2.207	陈祖望“钱唐夏凤翔子仪甫书画印”，朱文印	錢唐夏鳳翔子儀甫書画印	186
图 4.2.208	陈祖望“横渠苗裔忠靖云仍”，白文印	横渠苗裔忠靖雲仍	186
图 4.2.209	张光浛“兰为香祖”，朱文印	蘭爲香祖	186
图 4.2.210	张光浛“又峰”，白文印	又峯	187
图 4.2.211	钟权“亦亭陈敬”，朱文印	亦亭陳敬	187
图 4.2.212	钟权“丁文蔚印”，白文印	丁文蔚印	187
图 4.2.213	钟权“恨长”，白文印	恨長	187
图 4.2.214	钟权“韵琴书画”，白文印	韻琴書画	187
图 4.3.1	潘有为《看篆楼古铜印谱》四册本（扉页），私人藏		195
图 4.3.2	谢景卿“长生安乐”，白文印	長生安樂	196
图 4.3.3	谢景卿“浒闻”，朱文印	滸聞	196
图 4.3.4	谢景卿“慷慨悲歌之士”，白文印	慷慨悲歌之士	196
图 4.3.5	谢景卿“云洲”，朱文印	雲洲	197
图 4.3.6	黎简“长毋相忘”，朱文印	長毋相忘	197
图 4.3.7	黎简“其狂不可及”，白文印	其狂不可及	197
图 4.3.8	黎简“小子狂简”，朱白文印	小子狂簡	197
图 4.3.9	黎简“黎简私印”，白文印	黎簡私印	197
图 4.3.10	尹青乔“温遂之仿古印”，白文印	温遂之仿古印	197
图 4.3.11	尹青乔“遂之审定”，白文印	遂之審定	197
图 4.3.12	尹青乔“吴饶之印”，白文印	吴饒之印	197
图 4.3.13	尹青乔“保家”，白文印	保家	197
图 4.3.14	尹青乔“遂之戏墨”，白文印	遂之戲墨	197
图 4.3.15	尹青乔“梦生”，朱文印	夢生	197
图 5.1.1	吴熙载“文节公孙”，朱文印	文節公孫	200
图 5.1.2	吴熙载“子鸿”，朱文印	子鴻	200
图 5.1.3	吴熙载“观海者难为水”，朱文印	觀海者難爲水	201
图 5.1.4	吴熙载“仲陶所得石墨”，朱文印	仲陶所得石墨	201
图 5.1.5	吴熙载“足吾所好玩而老焉”，朱文印	足吾所好翫而老焉	201
图 5.1.6	吴熙载“宛邻弟子”，白文印	宛鄰弟子	201

续表

图 序	图 名	印面原文	页 码
图 5.1.7	吴熙载“丹青不知老将至”，白文印	丹青不知老將至	202
图 5.1.8	吴熙载“二金蝶堂”，白文印	二金蜨堂	202
图 5.1.9	徐三庚“秀水蒲华作英”，朱文印	秀水蒲華作英	203
图 5.1.10	徐三庚“放怀楚水吴山外得意唐诗晋帖间”，朱文印	放懷楚水吳山外得意唐詩晉帖間	203
图 5.1.11	徐三庚“袖中有东海”，朱文印	袖中有東海	203
图 5.2.1	赵之谦“丁文蔚”，白文印	丁文蔚	205
图 5.2.2	赵之谦“灵寿华（花）馆”，朱文印	靈壽華館	205
图 5.2.3	赵之谦“绩溪胡澍川沙沈树镛仁和魏锡曾会稽赵之谦同时审定印”，白文印	績溪胡澍川沙沈樹鏞仁和魏錫曾會稽趙之謙同時審定印	205
图 5.2.4	赵之谦“寿如金石佳且好兮”，朱文印	壽如金石佳且好兮	205
图 5.2.5	吴昌硕“俊卿之印”，朱文印	俊卿之印	206
图 5.2.6	吴昌硕“高邕印信”，朱文印	高邕印信	207
图 5.2.7	吴昌硕“石人子室”，朱文印	石人子室	207
图 5.2.8	吴昌硕“泰山残石楼”，朱文印	泰山殘石樓	207
图 5.2.9	吴昌硕“湖州吉安县”，朱文印	湖州吉安縣	207
图 5.2.10	吴昌硕“破荷亭”，朱文印	破荷亭	208
图 5.2.11	吴昌硕“吴俊卿信印日利长寿”，白文印	吳俊卿信印日利長壽	208
图 5.2.12	胡钁“玉芝堂”，白文印	玉芝堂	208
图 5.2.13	黄牧甫“国钧长寿”，白文印	國鈞長壽	210
图 5.2.14	黄牧甫“臣受性愚陋人事多所不通”，白文印	臣受性愚陋人事多所不通	210
图 5.2.15	黄牧甫“人生识字忧患始”，白文印	人生識字憂患始	210
图 5.2.16	黄牧甫“祗雅楼印”，白文印	祗雅樓印	210
图 5.2.17	黄牧甫“器父”，朱文印	器父	210
图 5.2.18	黄牧甫“壶公”，朱文印	壺公	211
图 5.2.19	黄牧甫“季平”，朱文印	季平	211
图 5.2.20	黄牧甫“十六金符斋”，朱文印	十六金符齋	211
图 5.3.1	齐白石“师曾小诗”，朱文印	師曾小詩	213
图 5.3.2	齐白石“陈朽”，朱文印	陳朽	213
图 5.3.3	齐白石“石桧书巢”，白文印	石檜書巢	214
图 5.3.4	齐白石“大无畏”，白文印	大无畏	214
图 5.3.5	齐白石“中国长沙湘潭人也”，白文印	中國長沙湘潭人也	214
图 6.1.1	徐新周“与黄鹄比翼”，朱文印	與黄鵠比翼	220
图 6.1.2	徐新周“能事不受相促迫”，朱文印	能事不受相促迫	220
图 6.1.3	吴昌硕“明月前身”，朱文印	明月前身	221

续表

图 序	图 名	印面原文	页 码
图 6.1.4	赵石“汝舟”，朱文印	汝舟	221
图 6.1.5	赵石“范曾灏印”，白文印	范曾灝印	221
图 6.1.6	赵石“芥弥精舍”，朱文印	芥彌精舍	221
图 6.1.7	赵石“虞山沈煦孙字成伯号师米监藏金石印”，朱文印	虞山沈煦孫字成伯號師米監藏金石印	221
图 6.1.8	陈衡恪“染仓室”，朱文印	染倉室	222
图 6.1.9	陈衡恪“壶中天”，朱文印	壺中天	222
图 6.1.10	寿鉨“千秋愿”，朱文印	千秋願	223
图 6.1.11	寿鉨“伯子石尊”，朱文印	伯子石尊	223
图 6.1.12	寿鉨“园丁长年”，白文印	園丁長年	223
图 6.1.13	寿鉨“十亩园丁五湖印丐”，白文印	十畝園丁五湖印丐	223
图 6.1.14	钱瘦铁“文字炳然”，白文印	文字炳然	223
图 6.1.15	钱瘦铁“万水千山只等闲”，朱文印	萬水千山只等閒	223
图 6.1.16	钱瘦铁“梁溪钱氏图书”，朱文印	梁谿錢氏圖書	223
图 6.1.17	钱瘦铁“闲消长日写云山”，白文印	閒消長日寫雲山	223
图 6.1.18	赵时枫“安和室”，朱文印	安龢室	224
图 6.1.19	赵时枫“月上簃”，朱文印	月上簃	224
图 6.1.20	赵时枫“周梦坡所藏金石文字”，白文印	周夢坡所藏金石文字	224
图 6.1.21	赵时枫“饱香室”，朱文印	飽香室	224
图 6.1.22	沙孟海“弟德校读”，白文印	弟德校讀	225
图 6.1.23	沙孟海“巨摩室印”，朱文印	巨摩室印	225
图 6.1.24	沙孟海“丽娃乡循吏祠奉祀生”，朱文印	麗娃鄉循吏祠奉祀生	225
图 6.1.25	沙孟海“夜雨雷斋”，朱文印	夜雨雷齋	225
图 6.1.26	方介堪“张爰”，白文印	張爰	225
图 6.1.27	方介堪“大风堂藏”，白文印	大風堂藏	225
图 6.1.28	方介堪“张爰私印”，白文印	張爰私印	225
图 6.1.29	方介堪“张氏大千”，白文印	張氏大千	225
图 6.1.30	方介堪“徐亡（无）闻”，朱文印	徐亡聞	225
图 6.1.31	方介堪“溪流几曲似回肠”，白文印	谿流幾曲似回腸	226
图 6.1.32	陈巨来“浙江博物馆藏”，朱文印	浙江博物館藏	226
图 6.1.33	陈巨来“张彀”，白文印	張彀	226
图 6.1.34	陈巨来“安持”组印 15 枚	安持	227
图 6.1.35	叶潞渊“笔歌墨舞”，白文印	筆謌墨舞	227
图 6.1.36	叶潞渊“河山壮丽”，朱文印	河山壯麗	227
图 6.1.37	叶潞渊“志辉画印”，朱文印	志輝畫印	227
图 6.1.38	叶潞渊“海宁钱氏”，朱文印	海寧錢氏	227

续表

图 序	图 名	印面原文	页 码
图 6.1.39	王禔“愿得黄金三百万交尽美人名士更结尽燕邯侠子”，朱文印	願得黄金三百萬交盡美人名士更結盡燕邯俠子	228
图 6.1.40	王禔“有穷遐方绝域尽天下古文奇字之志”，白文印	有窮遐方絶域盡天下古文奇字之志	228
图 6.1.41	唐源邺“唐源邺”，朱文印	唐源鄴	228
图 6.1.42	易孺“彊（强）宦”，朱文印	彊宦	229
图 6.1.43	易孺“宋玉故里辞人”，朱文印	宋玉故里辭人	229
图 6.1.44	易孺“大岸居士”，白文印	大岸居士	229
图 6.1.45	易孺“前休后已盦主”，朱文印	前休後已盦主	229
图 6.1.46	李尹桑“秋台戊午后作”，朱文印	秋臺戊午後作	229
图 6.1.47	李尹桑“静乐园”，朱文印	静樂園	230
图 6.1.48	邓尔雅“皖黟之间”，朱文印	皖黟之間	230
图 6.1.49	邓尔雅“尔疋写经”，朱文印	尔疋寫經	231
图 6.1.50	贺培新“亦誉之为婴儿”，朱文印	亦譽之爲嬰兒	231
图 6.1.51	罗振玉“王国维”，朱白文印	王國維	231
图 6.1.52	罗振玉“上虞永丰乡人罗振玉字叔言亦字商遗”，白文印	上虞永豐鄉人羅振玉字叔言亦字商遺	231
图 6.1.53	罗振玉“上虞罗氏”，白文印	上虞羅氏	232
图 6.1.54	简经纶“玉虎”，朱文印	玉虎	232
图 6.1.55	简经纶“当保南岳”，朱文印	當保南岳	232
图 6.1.56	简经纶“濯缨沧浪”，朱文印	濯纓滄浪	232
图 6.1.57	朱复戡“畛城汪氏之鉨”，白文印	畛城汪氏之鉨	232
图 6.1.58	朱复戡“潜龙泼墨”，朱文印	潛龍潑墨	232
图 7.2.1	邓散木“换了人间”，朱文印	換了人間	243
图 7.2.2	邓散木“没有共产党就没有新中国”，白文印	没有共産黨就没有新中國	243
图 7.2.3	来楚生“楚生一字初生又字初升”，白文印	楚生一字初生又字初升	243
图 7.2.4	来楚生“然犀”，朱文印	然犀	243
图 7.2.5	来楚生刻佛造像		244
图 7.2.6	韩登安刻七律《冬云》，朱文印		244
图 7.2.7	韩登安“西泠印社”，白文印	西泠印社	244
图 7.2.8	钱君匋“对待同志象春天般温暖”，白文印	对待同志象春天般温暖	245
图 7.2.9	钱君匋“对待工作象夏天般火热”，白文印	对待工作象夏天般火热	245
图 7.2.10	钱君匋“对待个人主义象秋风扫落叶一样”，白文印	对待个人主义象秋风扫落叶一样	245
图 7.2.11	钱君匋“对待敌人象严冬一样残酷无情”，白文印	对待敌人象严冬一样残酷无情	245
图 7.2.12	罗叔子“西泠印社”，朱文印	西泠印社	246

续表

图　序	图　名	印面原文	页 码
图 7.2.13	罗叔子“江山如此多娇”，朱文印	江山如此多嬌	246
图 7.2.14	罗叔子“缶庐继起迈先行”，白文印	缶廬繼起邁先行	246
图 7.2.15	方去疾“苏舜君”，白文印	蘇舜君	246
图 7.2.16	方去疾“千里江陵一日还”，朱文印	千里江陵一日還	246
图 7.3.1	傅抱石“往往醉后”，朱文印	往往醉後	247
图 7.3.2	傅抱石“毛泽东印”，白文印	毛澤東印	247
图 7.3.3	白蕉“兰王”，朱文印	蘭王	248
图 7.3.4	罗福颐“罗福颐印”，白文印	羅福頤印	248
图 7.3.5	罗福颐“吴颐人”，朱文印	吳頤人	248
图 7.3.6	罗福颐“张翼之印”，朱白文印	張翼之印	249
图 7.3.7	徐无闻“云从龙”，白文印	雲從龍	249